BGB AT 2

2015

Josef A. Alpmann
Rechtsanwalt

ALPMANN UND SCHMIDT Juristische Lehrgänge Verlagsges. mbH & Co. KG
48143 Münster, Alter Fischmarkt 8, 48001 Postfach 1169, Telefon (0251) 98109-0
AS-Online: www.alpmann-schmidt.de

Zitiervorschlag: Alpmann, BGB AT 2, Rn.

Alpmann, Josef A.
BGB AT 2
19. Auflage 2015
ISBN: 978-3-86752-415-5

Verlag Alpmann und Schmidt Juristische Lehrgänge
Verlagsgesellschaft mbH & Co. KG, Münster

Unterstützen Sie uns bei der Weiterentwicklung unserer Produkte.
Wir freuen uns über Anregungen, Wünsche, Lob oder Kritik an:
feedback@alpmann-schmidt.de.

INHALTSVERZEICHNIS

LITERATURVERZEICHNIS

Bamberger/Roth	Beck'scher Online Kommentar BGB (zitiert: BeckOK BGB/Bearbeiter)
Bork	Allgemeiner Teil des Bürgerlichen Gesetzbuchs 3. Auflage 2011
Brox/Walker	Allgemeiner Teil des BGB 36. Auflage 2014
Erman	Handkommentar zum Bürgerlichen Recht 1. Band (1–853) 12. Auflage 2012 (zitiert: Erman/Bearbeiter)
Flume	Allgemeiner Teil des bürgerlichen Rechts 2. Band Das Rechtsgeschäft 4. Auflage 1992
Herberger/Martinek Rüssmann/Weth	juris Praxiskommentar BGB Allgemeiner Teil, Band 1 7. Auflage 2014 (zitiert: jurisPK/Bearbeiter)
Jauernig	Bürgerliches Gesetzbuch, Kommentar 15. Auflage 2014 (zitiert: Jauernig/Bearbeiter)
Köhler	BGB-Allgemeiner Teil 38. Auflage 2014
Medicus	Allgemeiner Teil des BGB 10. Auflage 2010 (zitiert: Medicus AT)
Medicus/Petersen	Bürgerliches Recht 24. Auflage 2013
Münchener Kommentar	zum Bürgerlichen Gesetzbuch Band 1, 1. Halbband Allgemeiner Teil (§§ 1–240) 6. Auflage 2012 Band 2 Schuldrecht Allgemeiner Teil (§§ 241–432) 6. Auflage 2012 Band 8 Familienrecht II (§§ 1589–1921) 6. Auflage 2012

Palandt	Bürgerliches Gesetzbuch 74. Auflage 2015 (zitiert: Palandt/Bearbeiter)
Schulze/Dörner/Ebert/Eckert Hoeren/Kemper/Saenger/ Schulte-Nölke/Staudinger	Bürgerliches Gesetzbuch Handkommentar 8. Auflage 2014 zitiert: Hk/Bearbeiter
Soergel	Bürgerliches Gesetzbuch Band 1 Allgemeiner Teil 1 (§§ 1–103) 13. Auflage 2000 Band 2 Allgemeiner Teil 2 (§§ 104–240) 13. Auflage 1999 (zitiert: Soergel/Bearbeiter)
Staudinger	Kommentar zum Bürgerlichen Gesetzbuch Erstes Buch: Allgemeiner Teil §§ 90–124; 130–133 (2012) §§ 134–138; Anh zu § 138: ProstG (2011) §§ 139–163 (2010) §§ 164–240 (2014) §§ 255–304 (2014) §§ 311b, 311c (2012) §§ 535–562d (2014) §§ 812–822 (2007) §§ 1922–1966 (2008) (zitiert: Staudinger/Bearbeiter)
Wolf/Neuner	Allgemeiner Teil des deutschen Bürgerlichen Rechts 10. Auflage 2012

1. Teil: Die Nichtigkeit der Willenserklärung und des Vertrags

Auch wenn ein Vertrag durch übereinstimmende Willenserklärungen geschlossen wurde oder eine einseitige Erklärung abgegeben wurde, treten die erstrebten Rechtsfolgen nicht ein, wenn Nichtigkeitsgründe vorliegen. Die Nichtigkeitsgründe verhindern, außer im Falle der Anfechtung, das Entstehen der mit dem Rechtsgeschäft erstrebten Rechtsfolgen. Es handelt sich daher um rechtshindernde Einwendungen. Als **Nichtigkeitsgründe** kommen in Betracht:

■ Die **mangelnde Geschäftsfähigkeit** (§§ 104 ff.[1]) – 1. Abschnitt –.

■ Der Verstoß gegen ein **gesetzliches Verbot** (§ 134), sowie die **Sittenwidrigkeit** (§ 138 Abs. 1) und der **Wucher** (§ 138 Abs. 2) – 2. Abschnitt –.

■ Die **mangelnde Form** (§ 125) – 3. Abschnitt –.

■ Die **Anfechtung** (§ 142 Abs. 1), diese setzt grundsätzlich das Entstehen des Rechtsgeschäfts voraus. Durch die Anfechtung wird das entstandene Rechtsgeschäft rückwirkend vernichtet – 4. Abschnitt –.

Teilnichtigkeit, **Umdeutung** und **Bestätigung** werden im 5. Abschnitt behandelt.

Sind **Allgemeine Geschäftsbedingungen** wirksam in den Vertrag einbezogen worden und halten einzelne Vertragsbestimmungen der Inhaltskontrolle nicht stand, so sind diese einzelnen Vertragsbestimmungen unwirksam, doch bleibt die Wirksamkeit des Vertrags im Übrigen unberührt (§ 306 Abs. 1, vgl. dazu im 2. Teil).

1

1. Abschnitt: Die mangelnde Geschäftsfähigkeit

Im Zivilrecht gilt der Grundsatz der Privatautonomie. Jede Person kann ihre Rechtsbeziehungen zu einer anderen Person entsprechend ihren Bedürfnissen und Interessen durch Abgabe von **Willenserklärungen** regeln. Sie kann das Entstehen, Verändern und Beenden schuldrechtlicher Pflichten regeln. Sie kann Rechte übertragen, belasten, inhaltlich verändern und aufgeben, familienrechtliche, erbrechtliche Regelungen treffen, Gesellschaften begründen usw.

2

Um die Rechtsfolgen der abgegebenen Willenserklärungen abschätzen zu können, ist eine gewisse Einsichtsfähigkeit erforderlich. Daher ist der Erklärende an seine Willenserklärung nur gebunden, wenn er geschäftsfähig ist. Die **Geschäftsfähigkeit** ist die Fähigkeit, durch Abgabe von Willenserklärungen Rechtsfolgen herbeizuführen. Sie muss gegeben sein, um im rechtsgeschäftlichen Bereich handlungsfähig zu sein. Im Interesse der Rechtssicherheit ist eine Generalisierung erforderlich: Im Gesetz ist bestimmt, dass die Geschäftsfähigkeit mit der Vollendung des 18. Lebensjahres gegeben ist (§§ 2, 106).

Sonderfälle der Geschäftsfähigkeit sind

■ die Ehefähigkeit (§ 1303) und

■ die Testierfähigkeit (§ 2229 Abs. 1),

bei denen das Gesetz für die dort geregelten Rechtsgeschäfte den Zeitpunkt der Mündigkeit vorverlegt.

---

1 §§ ohne Gesetzesangabe sind solche des BGB.

3   Derjenige, der das 18. Lebensjahr noch nicht vollendet hat, ist **minderjährig**. Die Minderjährigkeit ist der Gegenbegriff zur Volljährigkeit (§ 2); innerhalb der Minderjährigkeit muss unterschieden werden zwischen der Geschäftsunfähigkeit (§ 104 Nr. 1) und der beschränkten Geschäftsfähigkeit (§ 106).

Im Einzelnen gelten für die Geschäftsunfähigkeit und die beschränkte Geschäftsfähigkeit folgende Regelungen:

■ Die Willenserklärung ist nichtig, wenn sie von einem **Geschäftsunfähigen** abgegeben worden ist (**§ 105 Abs. 1**) – dazu A. –.

■ Willenserklärungen sind auch nichtig, wenn sie im Zustand der Bewusstlosigkeit oder vorübergehenden Störung der Geistestätigkeit abgegeben werden (**§ 105 Abs. 2**) – dazu B. –.

■ Für die Willenserklärung einer in der **Geschäftsfähigkeit beschränkten** Person gelten die §§ 106 ff. – dazu C. –.

■ Der nicht voll Geschäftsfähige – Geschäftsunfähige und beschränkt Geschäftsfähige –, der keine wirksamen Willenserklärungen abgeben kann, wird vom **gesetzlichen Vertreter** vertreten – dazu D. –.

■ Die Deliktsfähigkeit ist in den §§ 827, 828 geregelt. Im Gesetz ist nicht geregelt, inwieweit der nicht voll Geschäftsfähige andere Rechtshandlungen wirksam vornehmen kann – dazu E. –.

A. Die Geschäftsunfähigkeit

4   Nach § 104 ist geschäftsunfähig,

■ wer das 7. Lebensjahr noch nicht vollendet hat (Nr. 1) oder

■ wer sich nicht nur vorübergehend in einem die freie Willensbestimmung ausschließenden Zustand krankhafter Störung der Geistestätigkeit befindet (Nr. 2).

Ein Zustand, der die freie Willensbestimmung ausschließt, ist gegeben, wenn jemand nicht imstande ist, seinen Willen frei und unbeeinflusst von der vorliegenden Geistesstörung zu bilden und der Einsicht gemäß zu handeln. Abzustellen ist dabei darauf, ob eine sachliche Prüfung, die inhaltlich nicht unbedingt zu einem richtigen Ergebnis kommen muss, überhaupt stattfinden konnte.[2]

Im Rahmen des § 104 Nr. 2 sind lichte Momente (lucida intervalla) zu beachten. Soweit die geistige Störung zeitliche Unterbrechungen erfährt, in denen Urteils- und Motivationsvermögen normal sind, ist während dieser Zwischenzeiten auch die Geschäftsfähigkeit vorhanden.

5   Nach h.A. gilt § 104 Nr. 2 auch für die **partielle Geschäftsunfähigkeit**, d.h. dann, wenn dem Erklärenden für einen bestimmten, gegenständlich abgegrenzten Kreis von Geschäften die erforderliche Einsichtsfähigkeit fehlt.[3] Die Anerkennung der partiellen Geschäftsunfähigkeit rechtfertigt sich aus dem Grundsatz der Verhältnismäßigkeit. Es wäre

---

2 BGH NJW 1996, 918.

3 BVerfG, Beschl. v. 18.12.2002 – 1 BvL 14/02, NJW 2003, 1382; BGHZ 18, 184, 186; 30, 112, 117; Bork Rn. 983.

unbillig, jemanden, der nur in bestimmten Bereichen unter Zwangsvorstellungen steht, generell für geschäftsunfähig zu erklären.[4]

Im Gegensatz zur partiellen Geschäftsunfähigkeit, die sich auf bestimmte Lebensgebiete bezieht, wird die **relative Geschäftsunfähigkeit** für besonders schwierige Geschäfte von der h.M. abgelehnt, weil es zu einer erheblichen Rechtsunsicherheit führen würde, wenn die Geschäftsfähigkeit einer Person je nach der Schwierigkeit des einzelnen Geschäfts abgestuft werden müsste.[5]   **6**

Die Willenserklärung eines Geschäftsunfähigen ist gemäß **§ 105 Abs. 1 nichtig**.   **7**

Bei einem Volljährigen kann sie gemäß **§ 105a S. 1 als wirksam gelten**. Durch die Regelung in § 105a S. 1 wird es volljährigen Geschäftsunfähigen ermöglicht, dasjenige zu behalten, was sie durch Geschäfte des täglichen Lebens erlangt haben. Voraussetzungen hierfür sind: **8**

- Ein volljähriger Geschäftsunfähiger muss das Geschäft abschließen.

- Es muss sich um ein Geschäft des täglichen Lebens handeln (z.B. Kauf von Lebensmitteln).

- Das Geschäft muss mit geringwertigen Mitteln bewirkt werden können.

  Die Geringwertigkeit richtet sich nach dem durchschnittlichen Preis- und Einkommensniveau.[6]

- Leistung und Gegenleistung müssen bewirkt sein.

- Es darf kein Fall des § 105a S. 2 vorliegen.

Bezüglich der **Rechtsfolge** ist zu unterscheiden.

Der **schuldrechtliche** Vertrag gilt gemäß § 105a S. 1 als wirksam. Es liegt aber nur eine Wirksamkeitsfiktion vor. Im Rechtssinn ist der Vertrag nicht wirksam.

Das **dingliche** Rechtsgeschäft, das der Geschäftsunfähige zur Erfüllung vornimmt, ist wirksam. Der Geschäftsunfähige kann in diesem Rahmen Eigentum erwerben und verlieren.[7]

Umstritten ist, welche Rechte der volljährige Geschäftsunfähige bei Vertragsverletzungen seitens des Geschäftspartners geltend machen kann. Zum Teil wird die Auffassung vertreten, dass keine vertraglichen Sekundärleistungsansprüche bestünden. Da kein Vertrag im Rechtssinne vorliege, könnten vertragliche Ansprüche auch nicht entstehen. Es könnten allerdings Ansprüche wegen Verletzung eines rechtsgeschäftsähnlichen Schuldverhältnisses aus §§ 311 Abs. 2 Nr. 3, 241 Abs. 2, 280 Abs. 1 entstehen.[8] Nach der Gegenauffassung stehen dem Geschäftsunfähigen im Falle des § 105a S. 1 alle vertraglichen Folgeansprüche zu. Hierunter fielen insbesondere Gewährleistungsrechte, aber auch das Anfechtungsrecht.[9]   **9**

---

4 Wolf/Neuner § 34 Rn. 5.

5 BayObLG NJW 1989, 1679; BGH NJW 1970, 1680; a.A. Flume § 13, 5.

6 BR-Drucks. 107/02, S. 16.

7 Ulrici Jura 2003, 520; Casper NJW 2002, 3428; Joussen ZGS 2003, 101.

8 Staudinger/Knothe § 105a Rn. 12; Heim JuS 2003, 141; Ulrici Jura 2003, 522.

9 Palandt/Ellenberger § 105a Rn. 4; MünchKomm/Schmitt § 105a Rn. 20; Casper NJW 2002, 3427.

10 Für den **Zugang** von Willenserklärungen gegenüber einem Geschäftsunfähigen gilt **§ 131 Abs. 1**: Die Willenserklärung wird erst wirksam, wenn sie dem gesetzlichen Vertreter zugeht. Für den Zugang ist erforderlich, dass die Willenserklärung an den gesetzlichen Vertreter gerichtet oder zumindest für diesen bestimmt ist und dass sie in seinen Machtbereich gelangt ist. Die bloße Kenntnisnahme durch den gesetzlichen Vertreter reicht nicht aus.

Beispiel: Der Arbeitgeber kündigt einem geschäftsunfähigen Arbeitnehmer. Die Kündigung ist nur wirksam, wenn sie an den Betreuer des Arbeitnehmers gerichtet ist und in dessen Machtbereich gelangt.[10]

B. Die Nichtigkeit der Willenserklärung nach § 105 Abs. 2

11 Nach § 105 Abs. 2 ist auch eine Willenserklärung nichtig, die der Erklärende, ohne geschäftsunfähig zu sein, im Zustand der **Bewusstlosigkeit oder vorübergehender Störung der Geistestätigkeit** abgibt. Die vorübergehende Störung der Geistestätigkeit und die Bewusstlosigkeit (Rausch, Fieberwahn) bewirken keine Geschäftsunfähigkeit. Aber soweit sie tatsächlich reichen, tritt die gleiche Folge ein wie bei einem Geschäftsunfähigen: Nichtigkeit der Erklärung.

Die Trunkenheit kann eine vorübergehende Störung der Geistestätigkeit zur Folge haben. Die Nichtigkeit einer während dieses Zustandes abgegebenen Willenserklärung tritt nach allgemeiner Ansicht nur dann ein, wenn die Störung ein solches Ausmaß erreicht, dass die freie Willensbestimmung ausgeschlossen ist. Dieses Erfordernis ist zwar in § 105 Abs. 2 nicht erwähnt, aber aus § 104 zu ergänzen.[11]

12 Beim **Zugang** der Willenserklärung ist zu unterscheiden:

■ Die mündliche Erklärung gegenüber demjenigen, der sich im Zustand des § 105 Abs. 2 befindet, wird nicht wirksam, da er sie nicht verstehen kann.

■ Die schriftliche Erklärung wird dagegen mit ihrem Zugang wirksam, z.B. Einwurf eines Briefes in den Briefkasten des sinnlos betrunkenen Empfängers.[12]

C. Die beschränkte Geschäftsfähigkeit

13 **Beschränkt geschäftsfähig** ist der Minderjährige, der das 7. Lebensjahr vollendet hat (§ 106).

Bei der rechtlichen Prüfung von Rechtsgeschäften, an denen ein Minderjähriger beteiligt ist, empfiehlt sich folgende Reihenfolge.

■ Folgende Rechtsgeschäfte des Minderjährigen sind wirksam:

▪ Nach § 112 und § 113 ist der Minderjährige für einen bestimmten Teilbereich unbeschränkt geschäftsfähig.

▪ Der Minderjährige kann alle Rechtsgeschäfte allein wirksam tätigen, die lediglich rechtlich vorteilhaft i.S.d. § 107 sind. Das Gleiche gilt für neutrale Rechtsgeschäfte.

---

10 BAG, Urt. v. 28.10.2010 – 2 AZR 794/09, NJW 2011, 872.

11 BGH WM 1972, 972; Palandt/Ellenberger § 105 Rn. 3.

12 Soergel/Hefermehl § 131 Rn. 2; Erman/Arnold § 131 Rn. 11.

- Auch rechtlich nachteilige Rechtsgeschäfte sind wirksam, wenn sie mit der Einwilligung (vorherigen Zustimmung) des gesetzlichen Vertreters getätigt werden (§ 107).

- Die ohne eine erforderliche Einwilligung getätigten Rechtsgeschäfte sind wirksam, wenn der Minderjährige die Leistung mit Mitteln bewirkt, die ihm zur freien Verfügung überlassen wurden (§ 110).

- Greifen die oben aufgeführten Regeln nicht ein, sind einseitige Rechtsgeschäfte gemäß § 111 S. 1 (endgültig) unwirksam. Verträge sind zunächst schwebend unwirksam.

  - Nach § 108 werden Verträge wirksam, wenn der gesetzliche Vertreter (oder der volljährig Gewordene) die Genehmigung erteilt. Sie werden endgültig unwirksam, wenn die Genehmigung verweigert wird.

  - Bis zur Genehmigung besteht ein Widerrufsrecht des Vertragspartners im Rahmen des § 109.

I. Wirksame Rechtsgeschäfte des Minderjährigen

1. Die Teilgeschäftsfähigkeit gemäß § 112 und § 113

Der Minderjährige kann **für bestimmte gesetzlich festgelegte Lebensbereiche** mit **14** Ermächtigung des gesetzlichen Vertreters (im Fall des § 112 auch des Familiengerichts) volle Geschäftsfähigkeit – sogenannte Teilgeschäftsfähigkeit – erhalten:

Nach § 112 ist der Minderjährige, wenn er vom gesetzlichen Vertreter mit Genehmigung **15** des Familiengerichts zum **selbstständigen Betrieb eines Erwerbsgeschäfts** ermächtigt worden ist, für solche Rechtsgeschäfte, die der Geschäftsbetrieb mit sich bringt, unbeschränkt geschäftsfähig. Er kann jedoch keine Rechtsgeschäfte tätigen, die der gesetzliche Vertreter nur mit Genehmigung des Familiengerichts vornehmen darf, §§ 112 Abs. 1 S. 2, 1643, 1821 f. Die Abschlussberechtigung des Minderjährigen kann nicht weitergehender sein als die des gesetzlichen Vertreters.

Beispiel: Der Minderjährige kann in seinem Erwerbsgeschäft gemäß §§ 112 Abs. 1 S. 2, 1643 Abs. 1, 1822 Nr. 11 keine Prokura erteilen.

Wenn der Minderjährige vom gesetzlichen Vertreter zur **Eingehung eines Dienst- oder** **16** **Arbeitsverhältnisses** ermächtigt wird, so ist er gemäß § 113 für solche Geschäfte unbeschränkt geschäftsfähig, welche die Eingehung oder Aufhebung eines Dienst- oder Arbeitsverhältnisses der gestatteten Art oder die Erfüllung der sich aus einem solchen Verhältnis ergebenden Pflichten betreffen; dabei sind jedoch – wie in § 112 Abs. 1 S. 2 – solche Geschäfte ausgenommen, zu denen der gesetzliche Vertreter der Genehmigung des Familiengerichts bedarf (§ 113 Abs. 1 S. 2).

Beispiel: Die Ermächtigung im Rahmen des § 113 umfasst etwa den Beitritt des Minderjährigen zu einer Gewerkschaft[13] oder die Ausübung tariflicher Wahlrechte.[14]

---

13 Gilles/Westphal JuS 1981, 899, 901.

14 BAG NZA 2000, 34.

2. Das lediglich rechtlich vorteilhafte Rechtsgeschäft gemäß § 107 und das neutrale Rechtsgeschäft

17 Gemäß § 107 bedarf der Minderjährige der Einwilligung seines gesetzlichen Vertreters für jede Willenserklärung, durch die er **nicht lediglich einen rechtlichen Vorteil** erlangt. Abzustellen ist allein auf die rechtlichen Folgen eines Rechtsgeschäfts, nicht auf die wirtschaftlichen Auswirkungen. Die Formulierung „nicht lediglich rechtlich vorteilhaft" wird allerdings als misslungen angesehen, da mit ihr auch neutrale Rechtsgeschäfte erfasst werden, die nach ihrer rechtlichen Bedeutung keiner Zustimmung durch den gesetzlichen Vertreter bedürfen. Das Erfordernis der Einwilligung besteht gemäß § 107 für alle Rechtsgeschäfte, die **rechtlich nachteilig** sind.

18 Auch mit einer Beschränkung auf rechtliche Nachteile ist der Wortlaut des § 107 nach einhelliger Ansicht zu weit, da jeder noch so geringfügige rechtliche Nachteil erfasst wird. Umstritten ist, wie eine **weitere Einschränkung** des § 107 vorzunehmen ist.

19 ■ Nach früher h.M. sind nur die **unmittelbaren** rechtlichen Folgen für die Bewertung entscheidend. Die **mittelbaren** Rechtsnachteile, die als weitere Rechtsfolge der Willenserklärung eintreten, ohne dass der Wille darauf gerichtet sein müsste, bleiben außer Betracht. Als mittelbare Rechtsnachteile werden z.B. die Vertragskosten, die steuerrechtlichen Folgen, die Polizeipflichtigkeit bezüglich der Sache und die öffentlichen Abgaben angesehen.[15]

20 ■ Der BGH hat diese Differenzierung abgelehnt. Es komme nicht darauf an, ob ein rechtlicher Nachteil Gegenstand der zwischen den Parteien getroffenen rechtsgeschäftlichen Abrede oder nur deren mittelbare Folge sei. Denn das Vermögen des Minderjährigen ist nicht weniger gefährdet, wenn der Eintritt eines Rechtsnachteils zwar von den Parteien des Rechtsgeschäfts nicht gewollt, vom Gesetzgeber jedoch als dessen Folge angeordnet ist.[16] § 107 sei vielmehr in der Weise einschränkend auszulegen, dass von dem Anwendungsbereich der Vorschrift bestimmte Rechtsnachteile nicht erfasst werden, die **nach ihrer abstrakten Natur typischerweise keine Gefährdung** des Minderjährigen mit sich bringen.[17]

Eine derartige Fallgruppe stellt beispielsweise die Verpflichtung des Minderjährigen dar, die laufenden öffentlichen Lasten zu tragen.[18] Sie sind ihrem Umfang nach begrenzt, können in der Regel aus den laufenden Erträgen des Grundstücks gedeckt werden und führen typischerweise zu keiner Vermögensgefährdung. Weitere Fallgruppen dürften die oben als mittelbare Nachteile genannten Vertragskosten, steuerrechtlichen Folgen und die Polizeipflichtigkeit sein, sodass im Ergebnis zwischen den beiden Ansichten kein Unterschied besteht.

21 Bei der Beurteilung, ob ein Rechtsgeschäft lediglich rechtlich vorteilhaft ist, ist zu unterscheiden

---

15 Staudinger/Knothe § 107 Rn. 6; Köbler JuS 1979, 789, 791.

16 BGH, Beschl. v. 25.11.2004 – V ZB 13/04, BGHZ 161, 170, 178; BGH, Beschl. v. 03.02.2005 – V ZB 44/04, BGHZ 162, 137, 141.

17 BGH, Beschl. v. 25.11.2004 – V ZB 13/04, BGHZ 161, 170, 179; Schmitt NJW 2005, 1090, 1092; Palandt/Ellenberger § 107 Rn. 3.

18 BGH, Beschl. v. 25.11.2004 – V ZB 13/04, BGHZ 161, 170, 179; Preuß JuS 2006, 305, 307; a.A. Röthel/Krackhardt Jura 2006, 161, 165.

- zwischen den Verfügungen,

- den Verpflichtungsverträgen und

- den einseitigen Rechtsgeschäften.

a) Für das Verfügungsgeschäft gilt

Rechtlich nachteilig sind die Rechtsgeschäfte, durch die der Minderjährige über **ein ihm zustehendes Recht verfügt**, indem er es überträgt, belastet, inhaltlich ändert oder aufgibt.

22

Lediglich rechtlich vorteilhaft ist grundsätzlich der **Erwerb** von Rechten, des Eigentums an Sachen, einer Hypothek, Grundschuld, Forderung usw. Ein auf den Erwerb eines Gegenstands gerichtetes Rechtsgeschäft ist aber dann **nicht** lediglich rechtlich vorteilhaft, wenn der Minderjährige mit Verpflichtungen belastet wird, für die er nicht nur dinglich mit dem erworbenen Gegenstand, sondern auch **persönlich mit seinem sonstigen Vermögen haftet.**

aa) Problematisch ist der Erwerb eines Grundstücks durch einen Minderjährigen, wenn das Grundstück belastet ist.

Der Erwerb eines mit einer **Grundschuld** belasteten Grundstücks ist lediglich rechtlich vorteilhaft, weil bei einer Grundschuld der Grundstückseigentümer gemäß §§ 1192 Abs. 1, 1147 nur mit dem Grundstück und nicht mit dem sonstigen Vermögen haftet.

23

Eine persönliche Haftung des Grundstückseigentümers kann sich allerdings daraus ergeben, dass er die Kosten des zur Zwangsvollstreckung in das Grundstück erforderlichen Titels tragen muss. Der BGH hat offengelassen, ob dies dazu führt, dass der Erwerb eines mit einer Grundschuld belasteten Grundstücks als nicht lediglich rechtlich vorteilhaft anzusehen ist, da in dem zu entscheidenden Fall sich der Übertragende der sofortigen Zwangsvollstreckung (§§ 800 Abs. 1, 794 Abs. 1 Nr. 5 ZPO) unterworfen hatte und damit ein Vollstreckungstitel bereits vorlag.[19]

Der Erwerb eines **vermieteten oder verpachteten Grundstücks** ist nicht lediglich rechtlich vorteilhaft, da der Erwerber gemäß §§ 566 Abs. 1, 581 Abs. 2, 593 b mit dem Eigentumsübergang in sämtliche Rechte und Pflichten aus dem bestehenden Miet- oder Pachtverhältnis eintritt. Es können ihn Schadensersatz- und Aufwendungsersatzpflichten treffen (§ 536 a, 581 Abs. 2, 586 Abs. 2) oder die Pflicht zur Rückgewähr einer vom Mieter oder Pächter geleisteten Sicherheit (§§ 566 a, 581 Abs. 2, 593 b).[20]

24

Der Erwerb eines **mit einer Reallast belasteten Grundstücks** ist nicht lediglich rechtlich vorteilhaft, da der Grundstückseigentümer gemäß § 1108 persönlich zur Leistung verpflichtet ist.

25

Ist ein **Grundstück mit einem Nießbrauch** belastet, wird der Grundstückserwerb von der h.M. als lediglich rechtlich vorteilhaft angesehen. Zwar können den Eigentümer Verpflichtungen aus § 1049 und aus §§ 1056 i.V.m. 566 ff. treffen, diese entstehen aber nur aufgrund besonderer Handlungen des Nießbrauchers (Vornahme von Verwendungen, Versehen der Sache mit einer Einrichtung, Vermietung oder Verpachtung).[21]

26

---

19 BGH, Beschl. v. 25.11.2004 – V ZB 13/04, BGHZ 161, 170, 176 f.

20 BGH, Beschl. v. 03.02.2005 – V ZB 44/04, BGHZ 162, 137, 140.

21 Staudinger/Knothe § 107 Rn. 16; MünchKomm/Schmitt § 107 Rn. 40.

Der BGH hat den Erwerb eines mit einem Nießbrauch belasteten Grundstücks „jedenfalls dann" als lediglich rechtlich vorteilhaft angesehen, wenn der Nießbraucher über §§ 1042 S. 2, 1047 hinaus auch die Kosten außergewöhnlicher Grundstückslasten zu tragen hat.[22]

bb) Erwerb einer Eigentumswohnung

Anders als die früher herrschende Literatur hat der BGH entschieden, dass der Erwerb einer Eigentumswohnung nicht lediglich rechtlich vorteilhaft ist, weil der Minderjährige nicht nur einen Vermögensgegenstand erwirbt, sondern Mitglied der Wohnungseigentümergemeinschaft wird und dies mit **rechtlichen Nachteilen** verbunden ist.[23]

Als Mitglied der Wohnungseigentümergemeinschaft wäre der Minderjährige nach **§ 16 Abs. 2 WEG** den anderen Wohnungseigentümern verpflichtet, die Lasten des gemeinschaftlichen Eigentums sowie die Kosten der Instandhaltung, Instandsetzung, sonstigen Verwaltung und eines gemeinschaftlichen Gebrauchs zu tragen.

Weiterhin besteht gemäß **§ 10 Abs. 8 S. 1 WEG** eine Haftung gegenüber Gläubigern der Wohnungseigentümergemeinschaft.

cc) Sonstige Verfügungen

27   Die **Bestellung eines Nießbrauchs** zugunsten eines Minderjährigen ist nicht lediglich rechtlich vorteilhaft, da den Nießbraucher Pflichten zur Erhaltung (§ 1041), Versicherung (§ 1045) und zur Tragung der Lasten (§ 1047) treffen.

28   Der **rechtsgrundlose Erwerb einer Sache** ist lediglich rechtlich vorteilhaft. Der Minderjährige ist zwar gemäß § 812 Abs. 1 S. 1 Alt. 1 zur Rückgewähr verpflichtet. Diese Verpflichtung beschränkt sich aber gemäß § 818 Abs. 3 auf den noch vorhandenen Wert der rechtsgrundlosen Leistung. Das sonstige Vermögen ist nicht gefährdet.[24]

b) Verpflichtungsverträge

29   Verpflichtungsverträge sind rechtlich nachteilhaft, soweit sie den Minderjährigen **zu einer Leistung verpflichten**.

Nachteilig für den Minderjährigen sind demnach:

- die gegenseitig verpflichtenden Verträge wie Kauf-, Miet-, Werkvertrag usw.;

- die einseitig verpflichtenden Verträge zulasten des Minderjährigen (z.B.: Der Minderjährige gibt ein Bürgschaftsversprechen, ein Darlehensversprechen ab, er nimmt als Beauftragter einen Auftrag entgegen.);

- die einseitig verpflichtenden Verträge zulasten des Vertragspartners und die unvollkommen zweiseitig verpflichtenden Verträge, wenn durch sie aufgrund dispositiver Vorschriften des entsprechenden Vertragstypus eine Leistungsverpflichtung des

---

22 BGH, Beschl. v. 25.11.2004 – V ZB 13/04, BGHZ 161, 170, 177.
23 BGH, Beschl. v. 30.09.2010 – V ZB 206/10, Rn. 13, NJW 2010, 3642, RÜ 2010, 749.
24 BGH, Beschl. v. 25.11.2004 – V ZB 13/04, BGHZ 161, 170, 176.

Minderjährigen eintritt (z.B.: Der Minderjährige erteilt einen Auftrag; er ist kraft Gesetzes gemäß § 670 zum Aufwendungsersatz verpflichtet. Leiht sich der Minderjährige eine Sache, ist er gemäß § 604 zur Rückgabe verpflichtet.).

Bei den Verpflichtungsverträgen kann nur der **Schenkungsvertrag** lediglich rechtlich vorteilhaft sein, weil der Beschenkte grundsätzlich zu keiner Gegenleistung verpflichtet wird. Eine Schenkung kann aber dann für den beschenkten Minderjährigen rechtlich nachteilhaft sein, wenn in dem Vertrag weitere belastende Abreden enthalten sind, wie beispielsweise ein **Rücktrittsrecht**, das im Fall der Ausübung eine Verpflichtung zum Wertersatz oder Schadensersatz wegen einer zwischenzeitlich eingetretenen Verschlechterung des Grundstücks begründen kann.[25]   **30**

c) Gesamtbetrachtung von Verpflichtungs- und Verfügungsvertrag?

Nach der früher h.M. konnte in Ausnahmefällen eine Gesamtbetrachtung von Verpflichtungsgeschäft und Verfügungsgeschäft erforderlich sein, insbesondere bei der Schenkung eines belasteten Grundstücks oder einer Eigentumswohnung an den Minderjährigen durch die Eltern.   **31**

Fall 1: Geschenkte Belastung

Der verwitwete V schließt mit seinem minderjährigen Sohn S einen notariellen Schenkungsvertrag über ein Hausgrundstück, wobei S in eigenem Namen auftritt. V und S erklären auch die Auflassung. Das Grundstück ist auf fünf Jahre fest an M vermietet.

1. Ist der Schenkungsvertrag wirksam?

2. Ist die Auflassung wirksam?

A. Wirksamkeit der Schenkung   **32**

I. V und S haben sich formwirksam (§ 311b Abs. 1 S. 1) über eine Schenkung geeinigt. Die Schenkung könnte gemäß §§ 107, 108 Abs. 1 schwebend unwirksam sein. Sie bedarf gemäß § 107 der Einwilligung des gesetzlichen Vertreters, wenn sie nicht lediglich rechtlich vorteilhaft ist.

Die Schenkung ist, isoliert gesehen, lediglich rechtlich vorteilhaft. Der Schenkungsvertrag selbst enthält keine den minderjährigen S belastenden Abreden.

Der spätere Erwerb des Grundstücks durch Auflassung und Eintragung ist allerdings rechtlich nachteilhaft, da S gemäß § 566 Abs. 1 in sämtliche Rechte und Pflichten des Mietvertrags eintritt und ihn damit Schadensersatz- und Aufwendungsersatzpflichten treffen können. Es besteht nun die Gefahr, dass V als gesetzlicher Vertreter der Auflassung zustimmt und bei der Auflassung die Vertretungsbeschränkung aus §§ 1629 Abs. 2 S. 1, 1795 Abs. 2, 181 nicht eingreift, weil dieses Rechtsgeschäft ausschließlich in der Erfüllung einer wirksamen Schenkung be-

---

25 BGH, Beschl. v. 25.11.2004 – V ZB 13/04, BGHZ 161, 170, 174.

steht (§ 181 letzter Halbsatz). Der gesetzliche Vertreter könnte ohne die Zustimmung eines Ergänzungspflegers ein rechtlich nachteiliges Rechtsgeschäft als In-sich-Geschäft abschließen.

33

1. Nach der früheren Rechtsprechung des BGH[26] und einem Teil der Literatur[27] ist in diesen Fällen eine Gesamtbetrachtung vorzunehmen. Es sei mit dem Schutzzweck des § 107 nicht vereinbar, die Frage, ob die Schenkung lediglich rechtlich vorteilhaft sei, getrennt einerseits für den schuldrechtlichen Vertrag und andererseits für das dingliche Erfüllungsgeschäft vorzunehmen mit der Folge, dass bei lukrativem Charakter des Grundgeschäfts unbeschadet rechtlicher Nachteile, die mit der Übertragung des dinglichen Rechts verbunden sind, der gesetzliche Vertreter im Hinblick auf § 181 letzter Halbsatz befugt ist, den Minderjährigen bei der Annahme der Auflassung zu vertreten oder die von dem Minderjährigen selbst erklärte Auflassung zu genehmigen.

Nach dieser Ansicht ist schon die Schenkung rechtlich nachteilhaft, da mit der Eigentumsübertragung der S gemäß § 566 Abs. 1 in den Mietvertrag eintritt und ihn Schadensersatz- und Aufwendungsersatzpflichten (§ 536a) treffen können. Schon die Schenkung bedarf daher gemäß § 107 der Einwilligung des gesetzlichen Vertreters. Zwar kann man annehmen, dass der bei Vertragsschluss anwesende V zumindest konkludent die Einwilligung erteilt hat, die Einwilligung kann jedoch nur wirksam erteilt werden, wenn der gesetzliche Vertreter auch vertretungsberechtigt ist. Die Vertretungsmacht des V ist hier gemäß §§ 1629 Abs. 2 S. 1, 1795 Abs. 2, 181 ausgeschlossen, da V auf beiden Seiten des Rechtsgeschäfts auftritt. Bei einer Gesamtbetrachtung muss daher schon für die Schenkung ein Ergänzungspfleger (§ 1909 Abs. 1) bestellt werden, der diesem Rechtsgeschäft zustimmt.

34

2. In der Literatur wird diese Ansicht abgelehnt, weil die Gesamtbetrachtung die Wirksamkeit des schuldrechtlichen Verpflichtungsgeschäfts von der Wirksamkeit des Erfüllungsgeschäfts abhängig macht und damit das Trennungs- und Abstraktionsprinzip verletzt wird.[28] Der Minderjährigenschutz ist in der Weise zu gewährleisten, dass der letzte Halbsatz des § 181 nicht anwendbar sei, wenn und soweit das Erfüllungsgeschäft dem Minderjährigen nachteilig i.S.v. § 107 sei (teleologische Reduktion).[29]

35

Der BGH hat die Gesamtbetrachtungsweise mittlerweile aufgegeben.[30] Er hat vielmehr § 1795 Abs. 1 Nr. 1 letzter Halbsatz (der dem § 181 letzter Halbsatz entspricht) teleologisch reduziert und nicht angewandt, weil das Erfüllungsgeschäft für den Minderjährigen nachteilig war.[31]

---

26 BGHZ 78, 28, 34.
27 Palandt/Ellenberger § 107 Rn. 6; Keller JA 2009, 561.
28 Bork Rn. 1002; Erman/Müller § 107 Rn. 5.
29 Erman/Müller § 107 Rn. 7; Erman/Maier-Reimer § 181 Rn. 31.
30 BGH, Urt. v. 30.09.2010 – V ZB 206/10, Rn. 6, BGHZ 187, 119.
31 BGH, Beschl. v. 03.02.2005 – V ZB 44/04, BGHZ 162, 137, 143.

3. Stellungnahme: Zum Schutz des Minderjährigen bedarf es keiner Gesamtbetrachtung des schuldrechtlichen und des dinglichen Rechtsgeschäfts. Diese sind vielmehr entsprechend dem Trennungs- und Abstraktionsprinzip getrennt voneinander auf ihre Wirksamkeit zu untersuchen. Eine teleologische Reduktion des § 181 bei der Prüfung des Erfüllungsgeschäfts reicht zum Schutz des Minderjährigen vor den nachteiligen Folgen dieses Geschäfts aus. Die Schenkung ist isoliert zu betrachten und damit auch ohne Zustimmung eines Ergänzungspflegers wirksam. **36**

B. Wirksamkeit der Auflassung **37**

Die Auflassung ist gemäß §§ 873 Abs. 1, 925 Abs. 1 S. 1 durch V und S erklärt worden. Sie könnte jedoch gemäß §§ 107, 108 Abs. 1 schwebend unwirksam sein. Die Grundstücksübertragung ist rechtlich nachteilhaft, da S gemäß § 566 Abs. 1 in den bestehenden Mietvertrag eintreten würde. Sie ist wirksam, wenn der auch bei der Auflassung anwesende V wirksam die Einwilligung erklären konnte. Die Einwilligung ist aber nur wirksam, soweit V auch vertretungsberechtigt war. Die Vertretungsmacht könnte gemäß §§ 1629 Abs. 2 S. 1, 1795 Abs. 2, 181 ausgeschlossen sein. Dies ist gemäß § 181 letzter Halbsatz nicht der Fall, wenn die Auflassung ausschließlich der Erfüllung einer Verbindlichkeit dient.

I. Nach der Gesamtbetrachtungslehre ist dies nicht der Fall, da die Schenkung schwebend unwirksam ist.

> Es müsste die Schenkung durch einen Ergänzungspfleger (§ 1909 Abs. 1) genehmigt werden. Dann würden bezüglich der Auflassung die Voraussetzungen des § 181 letzter Halbsatz vorliegen und V könnte die Auflassung genehmigen.

II. Nach der hier vertretenen Ansicht liegen die Voraussetzungen des § 181 letzter Halbsatz vor, es muss aber eine teleologische Reduktion erfolgen. Die Regelung ist nicht anwendbar, da das in der Erfüllung einer Verbindlichkeit bestehende Rechtsgeschäft über den Erfüllungserfolg hinaus zu rechtlichen Nachteilen für den Vertretenen führt.[32] Die Auflassung ist schwebend unwirksam und muss durch einen Ergänzungspfleger genehmigt werden.

---

d) Einseitige Rechtsgeschäfte

Bei den **einseitigen Rechtsgeschäften** ist nur die Mahnung rechtlich vorteilhaft. Andere einseitige Rechtsgeschäfte (Auslobung, Kündigung, Anfechtung, Vollmachterteilung usw.) sind rechtlich nachteilig und gemäß § 111 S. 1 unwirksam. **38**

e) Neutrale Geschäfte

Zustimmungsfrei sind die **neutralen oder indifferenten Geschäfte**, die den beschränkt Geschäftsfähigen weder verpflichten noch eine Verfügung über sein Vermö- **39**

---

32 BGH, Beschl. v. 03.02.2005 – V ZB 44/04, BGHZ 162, 137, 143.

gen darstellen, sondern nur für bzw. gegen einen Dritten wirken. Der Minderjährige erlangt hier zwar keinen Vorteil, er steht aber außerhalb der rechtsgeschäftlich herbeigeführten Rechtsfolgen. Er braucht daher nicht geschützt zu werden.

Zu den neutralen Geschäften zählen vor allem

- Willenserklärungen, die von bzw. gegenüber einem beschränkt Geschäftsfähigen als Vertreter eines anderen (§ 165) abgegeben werden, und zwar unabhängig vom Bestehen der Vertretungsmacht (arg. e § 179 Abs. 3 S. 2);

- die Verfügung über fremde Rechte mit Ermächtigung (§ 185 Abs. 1).

40   Rechtlich neutral ist auch die **Verfügung eines Minderjährigen über eine fremde Sache**. Umstritten ist, ob in diesem Fall ein gutgläubiger Erwerb möglich ist.

Beispiel: Der 16-jährige M hat sich von seinem Freund F ein Fahrrad geliehen. Da M sein Taschengeld aufbessern will, veräußert er das Fahrrad an D, der M gutgläubig für den Eigentümer hält. Ist D Eigentümer des Fahrrads geworden?

D könnte das Eigentum gemäß §§ 929 S. 1, 932 erworben haben.
1. Dann müssten sich D und M wirksam über den Eigentumsübergang geeinigt haben. Die Einigung ist gemäß §§ 107, 108 Abs. 1 schwebend unwirksam, wenn der Minderjährige durch sie „nicht lediglich einen rechtlichen Vorteil erlangt". Zu den gemäß § 107 nicht zustimmungsbedürftigen Rechtsgeschäften gehören aber auch die neutralen Rechtsgeschäfte, sodass letztlich entscheidend ist, ob M durch die Verfügung einen rechtlichen Nachteil erlangt.
a) Da bei einem gutgläubigen Erwerb des D der bisherige Eigentümer F und nicht der Minderjährige M das Eigentum verliert, scheidet der Eigentumsverlust als rechtlicher Nachteil aus.
b) Im Fall eines gutgläubigen Erwerbs des D ist der M dem F gegenüber gemäß § 816 Abs. 1 S. 1 und §§ 687 Abs. 2, 681 667 zur Herausgabe des Erlangten verpflichtet. Diese Haftung ist aber nicht als rechtlich nachteilhafte Folge der Verfügung anzusehen, da sie sich auf das durch die Verfügung Erlangte beschränkt.[33] Der Minderjährige ist durch § 818 Abs. 3 geschützt.[34]
c) Eine eventuelle Haftung aus § 823 Abs. 1 begründet keinen rechtlichen Nachteil i.S.d. § 107, da insoweit der Schutz des beschränkt Geschäftsfähigen durch § 828 Abs. 2 und 3 gewährleistet wird.[35]
d) Die Einigung über den Eigentumsübergang an einer fremden Sache ist daher rechtlich neutral und bedarf nicht gemäß § 107 der Zustimmung des gesetzlichen Vertreters.
2. Die Übergabe der Sache ist erfolgt.
3. M war nicht Eigentümer der Sache. D könnte aber gutgläubig gemäß § 932 das Eigentum erworben haben.
a) Teilweise wird ein gutgläubiger Erwerb des Dritten bei der Verfügung eines Minderjährigen abgelehnt. Wäre M hier wirklich Eigentümer, wäre die Übereignung gemäß §§ 107, 108 Abs. 1 schwebend unwirksam und D wäre nicht Eigentümer geworden. Es sei kein Grund ersichtlich, den Erwerber besser zu stellen, als er bei Richtigkeit seiner Vorstellung von der Eigentumslage stehen würde.[36]
b) Die h.M. verweist zu Recht auf die unterschiedlichen Schutzzwecke des § 107 und des § 932. Im Rahmen des § 932 kommt es nur darauf an, dass der Erwerber bezüglich des Eigentums des Veräußerers gutgläubig ist. Nicht entscheidend ist die Rechtslage, die bestünde, wenn der den Erwerber schützende Rechtsschein der Wirklichkeit entspräche.[37]

---

33   Soergel/Hefermehl § 107 Rn. 7.
34   BGH, Beschl. v. 25.11.2004 – V ZB 13/04, BGHZ 161, 170, 176; Wolf/Neuner § 34 Rn. 34; Köhler § 10 Rn. 20.
35   Wolf/Neuner § 34 Rn. 34; Köhler § 10 Rn. 20.
36   Medicus AT Rn. 568, BR Rn. 542; Petersen Jura 2003, 399, 401.
37   jurisPK/Lange § 107 Rn. 15; Staudinger/Knothe § 107 Rn. 20; MünchKomm/Schmitt § 107 Rn. 34; Soergel/Hefermehl § 107 Rn. 7; Wolf/Neuner § 34 Rn. 34.

3. Die Einwilligung (§ 107)

Die Einwilligung, die vor Abschluss des Rechtsgeschäfts erteilt werden muss, kann gemäß § 182 Abs. 1 dem beschränkt Geschäftsfähigen oder dem anderen Teil gegenüber
erklärt werden; sie ist bis zur Vornahme des Rechtsgeschäfts frei widerruflich (§ 183). Das
Rechtsgeschäft des beschränkt Geschäftsfähigen ist wirksam, wenn es mit Einwilligung
des **vertretungsberechtigten** gesetzlichen Vertreters vorgenommen wird. Soweit Beschränkungen der Vertretungsmacht eingreifen und der gesetzliche Vertreter für ein
Rechtsgeschäft der Zustimmung des Familiengerichts bedarf (§§ 1643, 1821 f.), gelten
diese Erfordernisse auch für die Einwilligung.[38]

41

Beispiel: Es soll ein Grundstück des Minderjährigen M an K verkauft werden. Handeln die Eltern bei dem
Kaufvertrag im Namen des M als dessen Vertreter, bedürfen sie gemäß § 1643 Abs. 1 i.V.m. § 1821 Abs. 1
Nr. 4 der Genehmigung des Familiengerichts. Dieses Erfordernis kann nicht dadurch umgangen werden, dass M mit Einwilligung seiner Eltern den Kaufvertrag mit K in eigenem Namen abschließt. In diesem Fall bedarf die Einwilligung der Genehmigung des Familiengerichts.

Die Einwilligung kann sich auf ein bestimmtes einzelnes Rechtsgeschäft beziehen. Sie
kann auch generell im Hinblick auf einen bestimmten und abgrenzbaren Kreis von
Rechtsgeschäften erteilt werden. Es ist also ein **beschränkter Generalkonsens** für einen Komplex von Geschäften, die mit einer bestimmten Art der Lebensbetätigung zu-
sammenhängen, zulässig.[39]

42

Beispiel: Der 17-jährige Schüler A zieht mit Einverständnis der Eltern in die Stadt, um dort die Schule zu
besuchen. Er erhält monatlich 400 €. Er mietet ein Zimmer für 150 € und kauft sich ein Mofa als Teilzah-
lungskauf.

I. Die Wirksamkeit des Mietvertrags: Da die Eltern als gesetzliche Vertreter den Umzug in die Stadt gestattet und A zu diesem Zweck 400 € monatlich überlassen haben, haben sie im Voraus in diejenigen
Rechtsgeschäfte eingewilligt, die der Minderjährige zum Zweck des ordnungsgemäßen Schulbesuches
abschließt. Dazu gehört auch der Abschluss eines Mietvertrags.
II. Wirksamkeit des Kaufvertrags über das Mofa: Der Kreditkauf belastet A für die Zukunft und es besteht
die Gefahr, dass er seine Leistungsfähigkeit überschätzt. Wenn jedoch in der Nähe der Schule kein Zimmer zu einem angemessenen Preis zu erhalten war und die Fahrtkosten für öffentliche Verkehrsmittel
nicht wesentlich geringer sind, dann dürfte auch dieser Kaufvertrag über das Mofa vom beschränkten
Generalkonsens erfasst und damit wirksam sein. Der Umfang der Einwilligung ist anhand der konkreten
Umstände zu ermitteln. Im Interesse eines wirksamen Minderjährigenschutzes ist dabei i.d.R. eine enge
Auslegung des beschränkten Generalkonsenses geboten. Ein unbeschränkter Generalkonsens ist dagegen grundsätzlich unwirksam, da sich der gesetzliche Vertreter sonst seinen erzieherischen Pflichten
entziehen könnte.[40]

Die Einwilligung der Eltern zur Benutzung öffentlicher Verkehrsmittel erstreckt sich
nach h.M. nicht auf die Vornahme von **Schwarzfahrten**. Die Allgemeinen Geschäftsbedingungen der Verkehrsbetriebe, die bei Schwarzfahrten zur Zahlung eines erhöhten
Beförderungsentgeltes verpflichten, greifen demnach mangels eines wirksamen Beför-
derungsvertrags zulasten eines Minderjährigen nicht ein.[41]

43

---

38 MünchKomm/Schmitt § 107 Rn. 26.
39 BGHZ 47, 352, 359; Staudinger/Knothe § 107 Rn. 36; MünchKomm/Schmitt § 107 Rn. 13.
40 MünchKomm/Schmitt § 107 Rn. 14.
41 Palandt/Ellenberger § 107 Rn. 9.

4. Die Wirksamkeit des Rechtsgeschäfts gemäß § 110

44 Ein für den in der Geschäftsfähigkeit Beschränkten rechtlich nachteiliger Vertrag ist gemäß § 110 von Anfang an wirksam, wenn der Minderjährige die vertragsmäßige Leistung mit Mitteln **bewirkt hat**, die ihm zu diesem Zweck oder zur freien Verfügung von dem gesetzlichen Vertreter oder mit dessen Zustimmung von einem Dritten überlassen worden sind.

Nach der h.L. ist § 110 eine Form der **konkludenten Einwilligung** und damit ein Sonderfall zu § 107. Die Einwilligung gelte für die Rechtsgeschäfte, die der Minderjährige sofort bar mit den überlassenen Mitteln erfüllt.[42] Die Gegenansicht nimmt an, dass die Wirksamkeit des Vertrags im Fall des § 110 allein auf der Bewirkung der vertragsgemäßen Leistung beruht.[43]

45 **a)** Ein **Bewirken** der vertragsmäßigen Leistung i.S.d. § 110 erfordert wie in § 362 bei der Erfüllung, dass der Minderjährige die **gesamte** Leistung mit den überlassenen Mitteln tatsächlich erbracht hat. In § 110 ist daher hinter dem Wort „bewirkt" sinngemäß ein „hat" zu ergänzen. Teilweise Erfüllung genügt grundsätzlich nicht den Erfordernissen des § 110.

46 Kauft ein beschränkt Geschäftsfähiger eine Sache mit einer Teilzahlungsvereinbarung, wird der Vertrag mit der Zahlung der letzten Teilzahlung wirksam.

47 Nur bei zu erbringenden Teilleistungen mit selbstständiger Bedeutung führt die Teilleistung des Minderjährigen zur Teilwirksamkeit des Vertrags.

Beispiele: Ein Abonnementsvertrag ist für den Zeitraum wirksam, für den die Leistungen erbracht sind. Ein Vertrag über Mobilfunkleistungen ist nur insoweit wirksam, wie er durch den Minderjährigen erfüllt wird.[44] Bei Koppelungsgeschäften (Handy mit Mobilfunkvertrag) wird § 110 teilweise für generell unanwendbar gehalten, soweit die Handys mit erhöhten Mobilfunkgebühren quersubventioniert werden.[45]

48 **b)** Die Vorschrift des § 110 kann nur Anwendung finden, wenn die Gegenstände, die zur Erbringung der vertragsgemäßen Leistung verwendet worden sind, dem Minderjährigen zu diesem Zweck oder zur freien Verfügung überlassen worden sind.

49 Soweit dem Minderjährigen Geld zur freien Verfügung überlassen ist, ist nicht jeder Vertrag, der mit diesem Geld erfüllt wird, wirksam. § 110 ist letztlich ein Sonderfall der Einwilligung.[46] Wie weit diese reicht, muss im Wege der Auslegung ermittelt werden. Daraus können sich verschiedene Einschränkungen hinsichtlich des Verwendungszweckes des überlassenen Geldes ergeben.

So darf z.B. der 10-Jährige sich von seinem Taschengeld keine Zigarren kaufen. Dem Minderjährigen ist oft auch nicht erlaubt, sich aus seinem Taschengeld einen großen Betrag zusammenzusparen, um davon eine große Anschaffung zu machen.

50 Dem Minderjährigen ist auch nicht ohne Weiteres gemäß § 110 gestattet, über die Gegenstände zu verfügen, die er mit den freien Mitteln erworben hat.

---

42 MünchKomm/Schmitt § 110 Rn. 5; Bork Rn. 1021.

43 Piras/Steglmeier JA 2014, 893, 894.

44 Derleder/Thielbar NJW 2006, 3233, 3235.

45 Derleder/Thielbar NJW 2006, 3233, 3234 f.

46 Soergel/Hefermehl § 110 Rn. 1.

Beispiel: Der beschränkt geschäftsfähige S spielt im Lotto und bezahlt wöchentlich 5 € von seinem Taschengeld. Er gewinnt 5.000 €. Davon kauft er sich einen Pkw. Die Eltern wollen dieses Geschäft rückgängig machen.

Der Kauf des Wagens kann hier allenfalls nach § 110 wirksam sein. S hatte den Lottogewinn durch Einsatz von 5 € erlangt, also durch einen Betrag, über den S als Taschengeld frei verfügen konnte. Ob das mit freien Mitteln Erworbene (Lotto-/Losgewinn) in gleicher Weise zur freien Verfügung steht, ist nach der vermutlichen Absicht des gesetzlichen Vertreters im Wege der Auslegung zu ermitteln. Im vorliegenden Fall ist die erkennbare Grenze der gewährten Freiheit überschritten, da das Surrogat den Wert der überlassenen Mittel um ein Vielfaches übersteigt.[47]

II. Unwirksamkeit einseitiger Rechtsgeschäfte und schwebende Unwirksamkeit von Verträgen

1. Einseitige Rechtsgeschäfte ohne erforderliche Einwilligung sind unwirksam (§ 111)

51 Bei einseitigen Rechtsgeschäften ist eine nachträgliche Genehmigung nicht möglich. Werden diese ohne die erforderliche Einwilligung getätigt, ist dieses Rechtsgeschäft gemäß § 111 S. 1 nichtig.

Beispiele: Der beschränkt Geschäftsfähige kann einen wirksam abgeschlossenen Mietvertrag nur mit Einwilligung des gesetzlichen Vertreters kündigen oder anfechten; er kann von einem wirksam bestehenden Vertrag nur mit Einwilligung des gesetzlichen Vertreters zurücktreten.

2. Verträge ohne erforderliche Einwilligung sind schwebend unwirksam

52 Der ohne die erforderliche Einwilligung abgeschlossene Vertrag ist schwebend unwirksam. Dieser Schwebezustand kann gemäß §§ 108, 109 beendet werden.

a) Genehmigung oder deren Verweigerung durch den gesetzlichen Vertreter (oder den volljährig Gewordenen) gemäß § 108

53 Der gesetzliche Vertreter kann die Genehmigung oder deren Verweigerung grundsätzlich sowohl dem Vertragspartner gegenüber als auch gegenüber dem Minderjährigen erklären (§ 182 Abs. 1). Mit der Genehmigung wird der Vertrag rückwirkend wirksam (§ 184 Abs. 1). Durch die Verweigerung der Genehmigung wird der Vertrag endgültig unwirksam.

Die Genehmigung kann wie die Einwilligung nur im Rahmen der Vertretungsmacht des gesetzlichen Vertreters erteilt werden. Beschränkungen der Vertretungsmacht gemäß §§ 1821, 1822 (§ 1643 Abs. 1) oder deren Ausschluss gemäß § 1795 (§ 1629 Abs. 2 S. 1) wirken sich auch auf die Genehmigung aus.

Hat der Vertragspartner den gesetzlichen Vertreter zur Genehmigung aufgefordert, kann die Genehmigung nur ihm gegenüber erfolgen. Eine dem Minderjährigen gegenüber bereits erklärte Genehmigung oder Verweigerung wird unwirksam (§ 108 Abs. 2

---

47 Palandt/Ellenberger § 110 Rn. 2; MünchKomm/Schmitt § 110 Rn. 31.

S. 1). Wird die Genehmigung nicht innerhalb von zwei Wochen nach Zugang der Aufforderung erklärt, gilt sie als verweigert (§ 108 Abs. 2 S. 2).

Fall 2: Günstige Briefmarkensammlung

Der V verkaufte dem 17-jährigen M eine Briefmarkensammlung für 1.000 €. Der M hat 500 € angezahlt und die Briefmarkensammlung erhalten. Der V, der die Familie des M kannte, ging davon aus, dass die Eltern des M einverstanden seien. Als die Eltern von diesem Geschäft Kenntnis erhielten, machten sie dem M erhebliche Vorwürfe und äußerten auch, damit könnten sie nicht einverstanden sein. Doch nach der Durchsicht der Briefmarken erkannten sie, dass der Wert erheblich höher ist und erklärten sich mit dem Kauf einverstanden. Als M die nächste Rate zahlte, erfuhr V das Alter des M und forderte die Eltern auf, ihm mitzuteilen, ob sie mit dem Abschluss des Kaufvertrags einverstanden seien und der Vertrag durchgeführt werde. Die Eltern antworteten nicht darauf, weil sie ja bereits gegenüber M ihr Einverständnis geäußert hatten.

Ist der Kaufvertrag zwischen V und M wirksam?

Hat M das Eigentum an der Briefmarkensammlung erlangt?

Kann V die Briefmarkensammlung herausverlangen, nachdem er vom wahren Wert Kenntnis erlangt hat?

---

54   A. Ist der Kaufvertrag wirksam?

    I. V und M haben sich darüber geeinigt, dass V verpflichtet sein soll, die Briefmarkensammlung an M gegen Zahlung von 1.000 € zu übereignen. Wegen der Verpflichtung zur Kaufpreiszahlung aus § 433 Abs. 2 ist der Vertrag für den minderjährigen M rechtlich nachteilig (§ 107). Da eine Einwilligung der Eltern fehlte, war der Kaufvertrag zunächst schwebend unwirksam (§ 108 Abs. 1).

    II. Der Vertrag könnte durch eine Verweigerung der Genehmigung unwirksam geworden sein. Die Eltern haben dem M zunächst Vorhaltungen gemacht und zu verstehen gegeben, dass sie mit dem Vertragsschluss nicht einverstanden seien. Da gemäß § 182 Abs. 1 die Genehmigung sowie die Verweigerung der Genehmigung auch wirksam gegenüber dem Minderjährigen erklärt werden kann, könnte das Verhalten der Eltern als Verweigerung zu verstehen und damit der Vertrag – endgültig – unwirksam sein. Doch die Genehmigung und die Verweigerung sind einseitige empfangsbedürftige rechtsgestaltende Willenserklärungen, die eindeutig und endgültig sein müssen, sodass kein Zweifel darüber aufkommen kann, dass die bestimmte, dadurch ausgelöste Rechtsfolge gewollt ist. Da die Eltern im Anschluss an die Vorhaltungen die Briefmarkensammlung durchgesehen haben, kann nach den Umständen davon ausgegangen werden, dass sie mit den Vorhaltungen noch keine endgültige Entscheidung treffen, sondern sich zuvor noch davon unterrichten wollten, ob der Vertrag für den M wirtschaftlich vorteilhaft war. Daher haben die Eltern mit ihren Vorhaltungen die Genehmigung nicht verweigert.

Falls die Eltern die Genehmigung verweigert hätten, so hätten sie diese Verweigerung nach h.A. auch dann nicht mehr widerrufen können, wenn der Vertragspartner V von der Verweigerung keine Kenntnis erlangt hätte. Mit der Verweigerung wird der Vertrag endgültig unwirksam. Die Verweigerung ist nicht widerruflich. In Betracht kommt dann nur eine Neuvornahme.[48]

III. Nach Durchsicht der Briefmarkensammlung haben die Eltern dem M gegenüber die Genehmigung erklärt. Der Vertrag ist damit (zumindest zunächst) wirksam geworden.

IV. Durch das Schweigen der Eltern auf die Aufforderung des V zur Erklärung über die Genehmigung ist die dem M bereits erklärte Genehmigung aber wieder rückwirkend unwirksam geworden.[49] Gemäß § 108 Abs. 2 gilt die Genehmigung als verweigert. Der Vertrag ist damit endgültig unwirksam.

B. Hat der Minderjährige M das Eigentum an der Briefmarkensammlung erworben? **55**

Insoweit kommt nur ein rechtsgeschäftlicher Erwerb von V gemäß § 929 S. 1 in Betracht.

I. Dann müssten V und M sich wirksam über den Eigentumsübergang geeinigt haben.

1. Als V dem M die Briefmarkensammlung aushändigte, brachte er konkludent zum Ausdruck, dass er das Eigentum auf M übertragen wolle, um seine Verpflichtung aus dem – vermeintlich wirksamen – Kaufvertrag zu erfüllen. Dieses Angebot des V hat M angenommen.

2. Diese Einigung ist gemäß § 107 wirksam, wenn sie für den beschränkt geschäftsfähigen M lediglich rechtlich vorteilhaft ist. Nach dem Inhalt der Einigung erstrebten die Parteien ausschließlich den Eigentumsübergang von V auf M. Der M sollte nach dem Inhalt dieses Rechtsgeschäfts weder verpflichtet noch in seinen Rechten beeinträchtigt werden. Der Eigentumserwerb ist für ihn daher lediglich rechtlich vorteilhaft.

Die Einigung zwischen V und M über den Eigentumsübergang ist wirksam.

Bei der Beurteilung der Frage, ob die Einigung lediglich rechtlich vorteilhaft ist, ist ausschließlich auf den Inhalt des dinglichen Rechtsgeschäfts abzustellen, sodass die Frage, ob der zugrunde liegende Kaufvertrag wirksam ist oder nicht oder erfüllt wird oder nicht, außer Betracht bleiben muss.[50]

II. Die Übergabe der Briefmarkensammlung von V an M ist erfolgt. Der M ist unmittelbarer Besitzer geworden. Da V verfügungsberechtigter Eigentümer war, hat M gemäß § 929 S. 1 das Eigentum erworben.

Beachte: *Der Besitz gemäß §§ 854 ff. ist ein rein tatsächliches Verhältnis zur Sache, sodass die Übertragung des Besitzes kein Rechtsgeschäft ist. Für den Besitzübertragungs- und den Besitzerwerbswillen genügt die „natürliche Einsichtsfähigkeit". Die §§ 104 ff. finden auf die Besitzübertragung und den Besitzerwerb keine Anwendung.*

---

48 BGHZ 13, 179, 187; 40, 156, 164; BGH NJW 1963, 1613, 1615; Palandt/Ellenberger § 108 Rn. 3 und § 184 Rn. 4; Staudinger/Knothe § 108 Rn. 11.

49 Staudinger/Knothe § 108 Rn. 14; Kohler Jura 1984, 349 ff.

50 Wolf/Neuner § 34 Rn. 26.

56 C. Kann V die Herausgabe der Briefmarkensammlung verlangen?

    I. Da M das Eigentum erworben hat, kann V mangels Eigentums nicht gemäß § 985 Herausgabe verlangen.

    II. Da der M die Briefmarken aufgrund eines unwirksamen Kaufvertrags erworben hat, kann V gemäß § 812 Abs. 1 S. 1 Alt. 1 Rückübertragung des Eigentums und des Besitzes verlangen. Der M hat durch Leistung des V – nämlich zum Zwecke der Erfüllung des Kaufvertrags – das Eigentum und den Besitz erlangt. Da der Kaufvertrag unwirksam war, wurde der Zweck der Leistung verfehlt. Daher hat der M die Briefmarken ohne Rechtsgrund erlangt. Er muss das Erlangte, also Eigentum und Besitz, zurückübertragen.

---

b) Beendigung der schwebenden Unwirksamkeit durch Widerruf

57 Der Vertragspartner ist gemäß § 109 zum Widerruf berechtigt. Dieser kann auch dem Minderjährigen gegenüber erklärt werden. Das Widerrufsrecht besteht nicht, wenn der Vertragspartner die Minderjährigkeit gekannt hat, es sei denn, der Minderjährige hat der Wahrheit zuwider die Einwilligung des Vertreters behauptet. Der andere Teil kann auch dann nicht widerrufen, wenn ihm das Fehlen der Einwilligung beim Abschluss des Vertrags bekannt war (§ 109 Abs. 2).

Die Aufforderung zur Erklärung nach § 108 Abs. 2 schließt das Widerrufsrecht nicht aus.[51] Jedoch kann in einem unmittelbar anschließenden Widerruf ein rechtsmissbräuchliches Verhalten liegen.[52]

D. Die gesetzliche Vertretung

58 Gesetzliche Vertreter sind die **Eltern**, §§ 1629, 1643 und der **Vormund**, § 1793.

Die elterliche Sorge umfasst gemäß § 1626 Abs. 1 S. 2 die Personensorge und die Vermögenssorge. Sie beinhaltet gemäß § 1629 Abs. 1. S. 1 die Vertretung des Kindes. Gemäß § 1629 Abs. 1 S. 2 Hs. 1 ist grundsätzlich eine gemeinschaftliche Vertretungsmacht gegeben.

Zum Schutz des nicht voll Geschäftsfähigen – des Geschäftsunfähigen und des in der Geschäftsfähigkeit Beschränkten – sind die gesetzlichen Vertreter nicht uneingeschränkt zur Vertretung befugt.

■ Der Vormund bedarf zu den in den **§§ 1821, 1822** genannten Rechtsgeschäften der **Genehmigung des Familiengerichts** und die Eltern bedürfen zu den in **§ 1643** aufgeführten Rechtsgeschäften der Genehmigung des Familiengerichts.

■ Vormund und Eltern (§ 1629 Abs. 2) sind gemäß §§ 1795, 181 **von der Vertretung ausgeschlossen**.

---

51 Palandt/Ellenberger § 109 Rn. 3.

52 MünchKomm/Schmitt § 108 Rn. 28.

I. Die Beschränkung der Vertretungsmacht gemäß §§ 1821, 1822 (§ 1643 Abs. 1)

Gemäß **§ 1821 Abs. 1** bedürfen die aufgeführten **Grundstücksgeschäfte** des Vormunds und der Eltern (§ 1643 Abs. 1) der Genehmigung des Familiengerichts.

59

§ 1822 enthält eine Aufzählung weiterer Geschäfte, für die der Vormund der Genehmigung des Familiengerichts bedarf. § 1643 Abs. 1 verweist insoweit auf die Nummern 1, 3, 5 und 8 bis 11. Die wichtigsten der in § 1822 genannten Geschäfte sind der **Gesellschaftsvertrag** (Nr. 3 Alt. 2), die **Kreditaufnahme** (Nr. 8) und die Eingehung einer **Bürgschaft** (Nr. 10).

Liegt die Genehmigung des Familiengerichts vor Abschluss der Rechtsgeschäfte vor, werden diese mit ihrem Abschluss wirksam.

In den §§ 1821 ff. wird die vorherige Zustimmung nicht wie in § 183 als Einwilligung bezeichnet. Auch wenn Verträge üblicherweise erst nachträglich genehmigt werden, ist eine Genehmigung vor Vertragsschluss (z.B. Genehmigung eines Vertragsentwurfs) möglich.[53]

Nach § 1825 (§ 1643 Abs. 3) kann auch eine allgemeine Ermächtigung für die in § 1822 Nr. 8 bis 10 bezeichneten Rechtsgeschäfte erteilt werden.

Werden Rechtsgeschäfte ohne die erforderliche Genehmigung des Familiengerichts abgeschlossen, gilt:

60

■ Einseitige Rechtsgeschäfte sind gemäß § 1831 unwirksam und auch nicht nachträglich genehmigungsfähig.

■ Verträge sind zunächst schwebend unwirksam.

■ Die schwebende Unwirksamkeit kann gemäß §§ 1828, 1829, 1830 (§ 1643 Abs. 3) beendet werden.

▪ Das Gericht kann die Genehmigung nur dem gesetzlichen Vertreter gegenüber erklären (§ 1828). Dieser entscheidet darüber, ob er dem Vertragspartner die Genehmigung mitteilt und damit die Genehmigung (§ 1829 Abs. 1 S. 2) und den Vertrag wirksam werden lässt. Unterlässt der gesetzliche Vertreter die Mitteilung, bleibt der Vertrag schwebend unwirksam.

▪ Der Vertragspartner kann den gesetzlichen Vertreter auffordern, mitzuteilen, ob die Genehmigung erteilt sei. In diesem Fall gilt nach Ablauf von vier Wochen die Genehmigung als verweigert (§ 1829 Abs. 2).

▪ Dem Vertragspartner steht gemäß § 1830 ein Widerrufsrecht zu.

▪ Ist der Mündel volljährig geworden, so tritt dessen Genehmigung an die Stelle der Genehmigung des Familiengerichts (§ 1829 Abs. 3).

Beispiel: Die Eltern E des 14-jährigen Sohnes S möchten ein Baugrundstück des S an die Baugesellschaft K verkaufen, weil K einen äußerst günstigen Preis dafür zahlen will. Was ist zu tun?

I. Die Eltern als gesetzliche Vertreter oder der Sohn S schließen einen Kaufvertrag und erklären die für den Eigentumswechsel erforderliche Auflassung. Der Kaufvertrag und die Übereignung sind

---

53 Palandt/Götz § 1828 Rn. 4.

schwebend unwirksam, weil diese Rechtsgeschäfte der Genehmigung des Familiengerichts gemäß §§ 1643, 1821 Abs. 1 Nr. 1 und 4 bedürfen.

II. Ist das Familiengericht mit den Rechtsgeschäften einverstanden, muss die Genehmigung gemäß §§ 1643 Abs. 3, 1828 gegenüber den Eltern erklärt werden.

III. Die Eltern entscheiden nun darüber, ob die Rechtsgeschäfte wirksam werden sollen oder nicht (§§ 1643 Abs. 3, 1829 Abs. 1 S. 2).

Der Vertragspartner kann die Eltern dazu auffordern, mitzuteilen, ob die Genehmigung erteilt worden ist oder nicht und das Widerrufsrecht ausüben (§§ 1643 Abs. 3, 1829, 1830).

II. Der Ausschluss der gesetzlichen Vertretung

61   Der Vormund darf den nicht voll Geschäftsfähigen in den in § 1795 Abs. 1 aufgeführten Fällen nicht vertreten. Gemäß § 1795 Abs. 2 gilt § 181 uneingeschränkt. § 1795 gilt gemäß § 1629 Abs. 2 S. 1 auch für die Eltern.

1. Die nach (§ 1629 Abs. 2 S. 1) § 1795 Abs. 1 von der Vertretung ausgeschlossenen Rechtsgeschäfte

62   Nach § 1795 Abs. 1 ist der Vormund von der Vertretung bezüglich der Rechtsgeschäfte ausgeschlossen, die zwischen den in dieser Vorschrift genannten Personen getätigt werden.

Beispiel 1: Der minderjährige M hat preisgünstig ein Mofa erworben. Die Eltern machen dem M Vorhaltungen. Im Einverständnis mit seinen Eltern verkauft und übergibt M das Mofa seinem volljährigen Bruder B. Rechtslage?

A. Rechtslage im Verhältnis M – Verkäufer

I. Der Kaufvertrag, der nicht lediglich rechtlich vorteilhaft ist, ist schwebend unwirksam. Dieser Vertrag ist konkludent von den Eltern genehmigt worden, als sie sich damit einverstanden erklärten, dass M das Mofa an B weiterveräußert.

II. M ist gemäß § 929 S. 1 Eigentümer des Mofas geworden.

B. Rechtslage im Verhältnis M – B

I. Der Kaufvertrag ist schwebend unwirksam. Die Eltern hätten den M nach § 1629 Abs. 2 S. 1 i.V.m. § 1795 Abs. 1 Nr. 1 bei einem Rechtsgeschäft mit seinem Bruder nicht vertreten können, da sie mit B in gerader Linie verwandt sind. Sie können zu einem solchen Geschäft auch keine wirksame Einwilligung erteilen.

II. Auch die Übereignung an B gemäß § 929 S. 1 ist unwirksam, weil die Einigung zwischen M und B dem Veräußerer M nicht lediglich einen rechtlichen Vorteil brachte und die elterliche Genehmigung nicht wirksam ist, denn die Eltern sind von der Vertretung bezüglich der Rechtsgeschäfte zwischen Kindern ausgeschlossen (§ 1629 Abs. 2 S. 1 i.V.m. § 1795 Abs. 1 Nr. 1). M handelte auch nicht lediglich in Erfüllung einer Verbindlichkeit (§ 1795 Abs. 1 Nr. 1), denn der Kaufvertrag mit dem B ist unwirksam.

Beispiel 2: Die Geschwister A – C bilden eine Erbengemeinschaft. C ist minderjährig. Die Kinder wollen sich auseinander setzen und schließen einen Auseinandersetzungsvertrag. Die Eltern genehmigen die rechtsgeschäftlichen Erklärungen des C.

Der Auseinandersetzungsvertrag ist schwebend unwirksam. Die Eltern konnten den C gemäß § 1629 Abs. 2 S. 1 i.V.m. § 1795 Abs. 1 Nr. 1 bei einem Auseinandersetzungsvertrag mit seinen Geschwistern nicht vertreten. Sie können auch keine Genehmigung zu einem solchen Rechtsgeschäft erteilen. In diesen Fällen muss ein Ergänzungspfleger bestellt werden. Dieser kann die Rechtsgeschäfte des nicht vertretungsberechtigten gesetzlichen Vertreters genehmigen.[54]

---

54   Palandt/Götz § 1795 Rn. 14.

2. Das In-sich-Geschäft des gesetzlichen Vertreters, § 1795 Abs. 2, § 181 (§ 1629 Abs. 2. S. 1)

Gemäß § 1795 Abs. 2 bleibt § 181 unberührt. Der Vormund bzw. die Eltern (§ 1629 Abs. 2 S. 1) des Minderjährigen dürfen keine In-sich-Geschäfte tätigen. **63**

■ Nach § 181 sind **grundsätzlich unzulässig**:

■ ein **Selbstkontrahieren** (§ 181 Alt. 1): Der Vertreter darf keine Rechtsgeschäfte abschließen, bei denen er auf der einen Seite im eigenen Namen, also für sich tätig wird, und gleichzeitig auf der anderen Seite als Vertreter handelt.

■ die **Mehrvertretung** (§ 181 Alt. 2): Der Vertreter darf nicht auf beiden Seiten des Rechtsgeschäfts für personenverschiedene Geschäftspartner handeln.

■ Das In-sich-Geschäft ist **wirksam**:

■ wenn es zum Zwecke der **Erfüllung einer Verbindlichkeit** getätigt wird;

■ wenn das Rechtsgeschäft für den Vertretenen **lediglich rechtlich vorteilhaft** ist. In diesem Fall ist der Vertretene nicht schutzbedürftig und § 181 nach seinem Normzweck unanwendbar.[55]

■ Der in § 181 geregelte Fall der „**Gestattung**" gilt im Rahmen des § 1795 Abs. 2 **nicht**, weil nach h.A. niemand – auch nicht das Familiengericht – dem gesetzlichen Vertreter eine Befreiung von der Beschränkung des § 181 erteilen kann.[56]

E. Die sonstigen Rechtshandlungen des nicht voll Geschäftsfähigen und die Zurechnung von Kenntnissen

■ Die **Verantwortlichkeit für unerlaubte Handlungen** und die Verwirklichung von Gefährdungstatbeständen ist in den §§ 828, 829 geregelt. **64**

■ Die **Bösgläubigkeit** des beschränkt Geschäftsfähigen:

Gemäß §§ 990, 989; 987 haftet nur der bösgläubige unrechtmäßige Besitzer auf Schadens- und Nutzungsersatz; im Rahmen der bereicherungsrechtlichen Rückabwicklung haftet der bösgläubige Besitzer verschärft (§§ 819, 818 Abs. 4).

■ Der Geschäftsunfähige haftet nur, wenn der gesetzliche Vertreter bösgläubig ist.

■ Ob der beschränkt Geschäftsfähige diese Haftungstatbestände erfüllen kann, muss in analoger Anwendung der §§ 107, 108 oder des § 828 Abs. 2 und 3 entschieden werden. Geht es im Rahmen eines Eigentümer-Besitzer-Verhältnisses um die Rückabwicklung eines nach §§ 107 ff. unwirksamen Vertrags, kommt es grundsätzlich auf die Bösgläubigkeit des gesetzlichen Vertreters an. In allen anderen Fällen ist dagegen § 828 Abs. 2 und 3 analog anzuwenden.

---

55 BGHZ 94, 232, 235.
56 MünchKomm/Wagenitz § 1795 Rn. 18.

- **Besitz** des nicht voll Geschäftsfähigen:

  - Der in der Geschäftsfähigkeit Beschränkte kann grundsätzlich Besitzer sein, wenn er die erforderliche Einsichtsfähigkeit in die Bedeutung der tatsächlichen Sachbeziehung hat.

  - Der Geschäftsunfähige kann Besitz erwerben, wenn er die für die Ausübung der Sachherrschaft erforderliche Einsichtsfähigkeit besitzt.[57]

- **Realakte** des nicht voll Geschäftsfähigen:

  In den §§ 946 ff. ist der gesetzliche Eigentumserwerb geregelt. Dieser Erwerb tritt unabhängig vom Willen des Handelnden ein. Es handelt sich dabei um einen Realakt, der auch wirksam durch einen Geschäftsunfähigen vorgenommen werden kann.

- **Haftung aus §§ 311 Abs. 2, 241 Abs. 2, 280 Abs. 1**:

  Der nicht voll Geschäftsfähige kann durch Aufnahme von Vertragsverhandlungen, eine Vertragsanbahnung oder ähnliche geschäftliche Kontakte kein vorvertragliches Schuldverhältnis begründen, sofern nicht der gesetzliche Vertreter seinem Handeln zugestimmt hat oder der intendierte Vertrag auch ohne Einwilligung wirksam wäre.[58]

65 - Annahme der Leistung als **Erfüllung**:

  - Der Schuldner, der an einen **beschränkt Geschäftsfähigen** die geschuldete Leistung erbringt, wird von seiner Leistungsverpflichtung nur befreit, wenn der gesetzliche Vertreter damit einverstanden ist. Der beschränkt Geschäftsfähige kann zwar – soweit es für ihn rechtlich vorteilhaft ist – den zu leistenden Gegenstand erwerben, er kann das geschuldete Eigentum, die geschuldete Grundschuld oder Forderung erwerben. Doch geht mit diesem Erwerb der Erfüllungsanspruch aus dem Schuldverhältnis nicht unter, weil dieser Untergang der Leistungsverpflichtung für ihn rechtlich nachteilig ist. Die Begründung ist umstritten. Die h.M. wendet die §§ 107, 131 an und verneint die Empfangszuständigkeit des in der Geschäftsfähigkeit Beschränkten.[59]

  - Der **Geschäftsunfähige** kann keine Leistung als Erfüllung annehmen.

---

57 Palandt/Bassenge § 854 Rn. 4.
58 Erman/Kindl § 311 Rn. 24; MünchKomm/Emmerich § 311 Rn. 62.
59 MünchKomm/Schmitt § 107 Rn. 43.

Beschränkte Geschäftsfähigkeit

Wirksame Geschäfte des beschränkt Geschäftsfähigen

Beschränkt geschäftsfähig ist der Minderjährige, der das siebte Lebensjahr vollendet hat (§ 106).

- Nach den §§ 112 und 113 kann der Minderjährige für bestimmte Teilbereiche unbeschränkte Geschäftsfähigkeit erlangen.

- Der Minderjährige kann allein alle Rechtsgeschäfte wirksam tätigen, die lediglich rechtlich vorteilhaft oder neutral sind.

  - Von dem Anwendungsbereich des § 107 werden bestimmte Rechtsnachteile nicht erfasst, die nach ihrer abstrakten Natur typischerweise keine Gefährdung des Minderjährigen mit sich bringen.

  - Verpflichtungsverträge sind rechtlich nachteilig, soweit sie den Minderjährigen zu einer Leistung verpflichten.

  - Verfügungsverträge sind nachteilig, wenn der Minderjährige über ein ihm zustehendes Recht verfügt. Der Erwerb ist grundsätzlich vorteilhaft. Eine Ausnahme besteht dann, wenn der Minderjährige mit Verpflichtungen belastet wird, für die er nicht nur dinglich mit dem erworbenen Gegenstand, sondern auch persönlich mit seinem sonstigen Vermögen haftet.

- Rechtlich nachteilige Rechtsgeschäfte sind wirksam, wenn sie mit der Einwilligung des gesetzlichen Vertreters getätigt werden.

- Die ohne eine erforderliche Einwilligung getätigten Rechtsgeschäfte werden gemäß § 110 wirksam, wenn der Minderjährige die Leistung mit Mitteln bewirkt, die ihm zur freien Verfügung überlassen worden sind.

(Schwebend) unwirksame Geschäfte

- Einseitige Rechtsgeschäfte ohne die erforderliche Einwilligung sind gemäß § 111 nichtig und nicht genehmigungsfähig.

- Verträge ohne die erforderliche Genehmigung sind schwebend unwirksam. Der Schwebezustand kann beendet werden:

  - Indem der Vertragspartner wirksam widerruft, § 109, oder den gesetzlichen Vertreter zur Genehmigung auffordert, § 108 Abs. 2; im Falle des Schweigens gilt die Genehmigung als verweigert, § 108 Abs. 2 S. 2.

  - Der gesetzliche Vertreter kann dem Vertragspartner gegenüber die Erklärung – Genehmigung oder Verweigerung – abgeben oder dem beschränkt Geschäftsfähigen gegenüber die Erklärung abgeben, doch entfällt die Wirkung dieser Erklärung im Falle der Aufforderung durch den anderen Teil, § 108 Abs. 2 S. 1 Hs. 2.

Beschränkte Geschäftsfähigkeit

Gesetzliche Vertretung, Beschränkung und Ausschluss

- Beschränkung der gesetzlichen Vertretung, §§ 1821, 1822, für den Vormund – für die Eltern gilt § 1643 –
  - Im Falle der Einwilligung durch das Familiengericht wird das Rechtsgeschäft wirksam begründet.
  - Bei fehlender erforderlicher Einwilligung des Familiengerichts sind einseitige Rechtsgeschäfte gemäß § 1831 nichtig.
  - Verträge sind schwebend unwirksam. Der Schwebezustand wird „zweigliedrig" beendet.
  - Das Gericht kann die Genehmigung nur dem gesetzlichen Vertreter gegenüber erklären.
  - Der gesetzliche Vertreter oder der Vertragspartner können sodann gemäß §§ 1829, 1830 den Schwebezustand beenden, es gilt eine ähnliche Regelung wie in den §§ 108, 109.

- Ausschluss der Vertretung gemäß § 1795 Abs. 1 (§ 1629 Abs. 2 S. 1)
  - § 1795 Abs. 1 Nr. 1 letzter Halbsatz ist nicht anzuwenden, wenn das Verfügungsgeschäft rechtlich nachteilig ist.
  - Der Vertrag ist schwebend unwirksam und kann durch Genehmigung eines Ergänzungspflegers wirksam werden.
  - Nach h.A. ist die Genehmigung durch das Familiengericht unbeachtlich.

- Ausschluss gemäß § 181 (§ 1795 Abs. 2, § 1629 Abs. 2 S. 1)
  - Es gilt das Verbot des In-sich-Geschäfts (Selbstkontrahieren, Mehrvertretung).
  - Für die Erfüllung eines wirksamen Schenkungsvertrages ist eine teleologische Reduktion des § 181 letzter Halbsatz erforderlich, wenn das Verfügungsgeschäft rechtlich nachteilig ist.

Rechtshandlungen im Übrigen

- Für unerlaubte Handlungen und Gefährdungstatbestände gilt § 828 Abs. 2 und 3.

- Die Haftung wegen Bösgläubigkeit muss in analoger Anwendung zu §§ 107, 108 oder des § 828 Abs. 2 und 3 entschieden werden.

- Der beschränkt Geschäftsfähige kann Besitzer sein.

- Der beschränkt Geschäftsfähige kann wirksam Realakte vornehmen. Verwirklicht er einen der in den §§ 946 ff. umschriebenen Tatbestände, so wird er Eigentümer.

- Der beschränkt Geschäftsfähige kann allein kein vorvertragliches Schuldverhältnis begründen.

- Die Entgegennahme der geschuldeten Leistung durch einen beschränkt Geschäftsfähigen führt nicht zur Erfüllung.

2. Abschnitt: Die Nichtigkeit des Rechtsgeschäfts gemäß §§ 134, 138

Die Privatautonomie gilt nicht uneingeschränkt. Die Rechtsgeschäfte, die gesetzlich **66** verboten sind, unter Missbrauch wirtschaftlicher Macht zustande kommen oder sittenwidrig sind, werden von der Rechtsordnung unter den Voraussetzungen des § 134 oder § 138 nicht anerkannt.

A. Der Gesetzesverstoß gemäß § 134

Nach § 134 ist ein Rechtsgeschäft, das gegen ein gesetzliches Verbot verstößt, nichtig, **67** wenn sich nicht aus dem Gesetz ein anderes ergibt.

I. Verhältnis zu anderen Normen

Die unter Verstoß gegen **§ 263 StGB** zustande gekommenen Verträge sind nicht von vornherein nach § 134 nichtig, sondern lediglich gemäß § 123 anfechtbar. § 123 ist lex specialis gegenüber § 134, da § 123 dem Getäuschten ein Wahlrecht zubilligt, ob dieser an seine Willenserklärung gebunden sein möchte oder nicht und insoweit vorteilhafter ist.

Im Verhältnis zu **§ 138 Abs. 1** ist § 134 vorrangig. **§ 138 Abs. 2** ist neben § 134 anwendbar.

II. Das Vorliegen eines Verbotsgesetzes

Gesetz i.S.d. § 134 sind alle Rechtsnormen (Art. 2 EGBGB), d.h. nicht nur Gesetze im for- **68** mellen Sinn, sondern auch Rechtsverordnungen und Gewohnheitsrecht.

Verbotsgesetze sind Gesetze, die sich **gegen die Vornahme eines Rechtsgeschäfts** richten.[60]

Ob ein Verbotsgesetz vorliegt, ist durch Auslegung zu ermitteln. Eine Auslegung ist vor allem dann erforderlich, wenn sich das Gesetz nicht unmittelbar gegen das **Rechtsgeschäft**, sondern erst gegen dessen spätere Durchführung richtet.

Beispiel: Gemäß § 1 Abs. 2 Nr. 2 SchwarzArbG[61] ist es verboten, Dienst- oder Werkleistungen zu erbringen oder ausführen zu lassen und dabei gegen steuerliche Pflichten zu verstoßen.

Das Gesetz verbietet unmittelbar nur das Erbringen oder Ausführenlassen der Dienst- oder Werkleistungen und den Verstoß gegen steuerliche Pflichten (vor allem durch Nichtangabe der Umsatzsteuer). Ob die Vornahme eines darauf gerichteten Rechtsgeschäfts (der Abschluss eines Dienst- oder Werkvertrag) verboten ist, ist durch Auslegung zu ermitteln. Gemäß § 1 Abs. 1 SchwarzArbG ist der Zweck des Gesetzes die Intensivierung der Bekämpfung der Schwarzarbeit. Diesem Zweck entspricht es, wenn schon die Vornahme des Rechtsgeschäfts verboten ist. Das Gesetz will nicht nur den tatsächlichen Vorgang der Schwarzarbeit eindämmen, sondern im Interesse der rechtlichen Ordnung schon die zugrunde liegenden Rechtsschäfte verbieten.[62] § 1 Abs. 2 Nr. 2 SchwarzArbG ist ein Verbotsgesetz.

Keine Verbotsgesetze i.S.d. § 134 sind die Rechtsnormen, die selbst eine Anordnung der **69** Nichtigkeit enthalten. So sind z.B. die §§ 137 und 181 sowie der Ausschluss der Über-

---

60 BGH NJW 1983, 2873.
61 Abgedruckt unten Rn. 77.
62 BGH, Urt. v. 01.08.2013 – VII ZR 6/13, Rn. 17, RÜ 2013, 618.

tragbarkeit in den §§ 399, 400, 719 oder die §§ 1365 und 2211 keine Verbotsgesetze. Diese Gesetze beschränken nicht das rechtliche Dürfen, sondern bereits das rechtliche Können. Ein Verhalten, was man aber nicht ausführen kann, kann auch nicht unwirksam sein.

III. Der Verstoß gegen das Verbotsgesetz

70 Für einen Verstoß gegen ein Verbotsgesetz genügt grundsätzlich die Verwirklichung des objektiven Tatbestands des Gesetzes. Die Verwirklichung des subjektiven Tatbestands ist nur für die speziellen Sanktionen (Strafe, Bußgeld) erforderlich.[63]

Beispiel: Wird durch die Abtretung einer ärztlichen Honorarforderung die ärztliche Schweigepflicht verletzt, ist das Rechtsgeschäft gemäß § 134 nichtig, wenn nur der objektive Tatbestand des § 203 StGB erfüllt ist.

71 In den Anwendungsbereich des § 134 fallen nicht nur Rechtsgeschäfte, die **unmittelbar** gegen das Verbotsgesetz verstoßen, sondern auch Umgehungsgeschäfte. Ein **Umgehungsgeschäft** liegt vor, wenn ein Rechtsgeschäft zwar nicht gegen ein gesetzliches Verbot verstößt, aber so konzipiert ist, dass im Ergebnis ein widerrechtlicher Erfolg eintritt.

Gesetzliche Regelungen des Verbots eines Umgehungsgeschäfts finden sich z.B. in §§ 306a, 312f S. 2, 506 S. 2, 655e Abs. 1 S. 2 und § 42 AO. Andere Rechtsgeschäfte, die zum Zwecke der Umgehung eines gesetzlichen Verbots abgeschlossen werden, sind gemäß § 134 nichtig, „wenn sich nicht aus dem Gesetz ein anderes ergibt" (vgl. dazu unten).

Eine Umgehungsabsicht ist für den Eintritt der Nichtigkeit nicht erforderlich, jedoch können bei der Prüfung des Umgehungstatbestandes subjektive Momente den Ausschlag geben.[64]

IV. Die Rechtsfolgen des Gesetzesverstoßes

1. Die Nichtigkeit des Rechtsgeschäfts

72 Rechtsfolge des Verstoßes ist die Nichtigkeit, „wenn sich nicht aus dem Gesetz ein anderes ergibt". Die Frage, ob verbotswidrige Rechtsgeschäfte nach § 134 nichtig sind, ist aus **Sinn und Zweck** der jeweiligen Verbotsvorschrift zu beurteilen.

Entscheidend ist, ob das Gesetz sich nicht nur gegen den Abschluss des Rechtsgeschäfts wendet, sondern auch **gegen seine privatrechtliche Wirksamkeit** und damit gegen seinen wirtschaftlichen Erfolg.[65] Die Nichtigkeitsfolge tritt nur ein, wenn das gesetzgeberische Ziel sich nicht durch andere Sanktionen erreichen lässt. Der Zweck des Gesetzes muss also dahin gehen, das Zustandekommen des Rechtsgeschäfts wegen seines Inhalts zu unterbinden. Ob ein Gesetz ein Verbotsgesetz i.S.d. § 134 darstellt, muss durch Auslegung unter Berücksichtigung von Sinn und Zweck der Regelung ermittelt werden.

63 Staudinger/Sack/Seibl § 134 Rn. 84.
64 BGH NJW 1990, 1473, 1474; Palandt/Ellenberger § 134 Rn. 28; MünchKomm/Armbrüster § 134 Rn. 16; Bork Rn. 1121.
65 BGHZ 88, 240, 242; BGH, Urt. v. 25.07.2002 – III ZR 113/02, NJW 2002, 3015.

Bei der Prüfung, ob die Nichtigkeitsfolge eintritt oder ob das Rechtsgeschäft trotz Verstoßes gegen ein Verbotsgesetz Bestand hat, ist regelmäßig in zwei Schritten vorzugehen:

- Zunächst ist festzustellen, ob sich das Verbot gegen das rechtsgeschäftliche Handeln beider Parteien oder nur einer Partei richtet; es ist also der Adressat des Verbots zu ermitteln und

- weiterhin ist zu prüfen, ob sich das mit dem Verbotsgesetz verfolgte Ziel nicht durch Einsatz anderer Sanktionen erreichen lässt.

73

a) Der beiderseitige Verstoß gegen ein Verbotsgesetz

Sind beide Parteien Adressaten der gesetzlichen Regelung, ist also beiden Parteien ein bestimmtes Verhalten oder eine bestimmte Regelung untersagt und haben beide Parteien gegen das Verbot verstoßen, so ist das Rechtsgeschäft **grundsätzlich nichtig**.

74

Die Nichtigkeitsfolge tritt jedoch nicht ein, wenn der Sinn und Zweck des Gesetzes dies nicht erfordert, wenn also anderweitige Sanktionsmöglichkeiten bestehen, also die Verhängung einer Strafe oder eines Bußgeldes oder die Begründung einer Schadensersatzpflicht ausreichend ist, um das mit dem Verbotsgesetz verfolgte Ziel zu erreichen.[66]

b) Der einseitige Verstoß

Richtet sich das Verbot nur gegen das Verhalten einer Partei – oder hat nur eine Partei gegen ein beiderseitiges Verbot verstoßen –, so ist das unter Verstoß gegen das Verbotsgesetz abgeschlossene Rechtsgeschäft **grundsätzlich wirksam**.

75

Die Nichtigkeitsfolge tritt in diesem Fall nur ausnahmsweise dann ein, wenn der Zweck des Gesetzes anders als durch die Nichtigkeit nicht zu erreichen ist und die durch das Rechtsgeschäft getroffene inhaltliche Regelung nicht hingenommen werden kann.[67]

c) Beispiele

aa) § 370 AO (Steuerhinterziehung)

Verträge, die zu unrichtigen Angaben bei Steuererklärungen führen, können die unterschiedlichsten Erscheinungsformen haben. Insbesondere bei komplexen Vertragswerken kann es sein, dass den Parteien nicht bewusst ist, dass ihre Vereinbarungen zu einer unrichtigen oder unvollständigen Steuererklärung führen. Ein Vertrag, mit dem eine Steuerhinterziehung verbunden ist, ist daher nur dann nichtig, wenn die Steuerhinterziehung **Hauptzweck des Vertrags** ist.[68]

76

Ist dies nicht der Fall, ist nur die der Steuerhinterziehung dienende Abrede gemäß § 134 i.V.m. § 370 AO nichtig. Die Wirksamkeit des restlichen Vertrags beurteilt sich nach § 139. Gesamtnichtigkeit tritt nur dann nicht ein, wenn angenommen werden kann,

---

66 BGHZ 71, 358, 360; 78, 269, 271; 85, 39, 44; 118, 142, 144; 132, 313; BGH NJW 1992, 2557, 2559; Palandt/Ellenberger § 134 Rn. 8.

67 BGH NJW 1992, 2557, 2559; Palandt/Ellenberger § 134 Rn. 9.

68 BGH, Urt. v. 24.04.2008 – VII ZR 42/07, Rn. 7, BGHZ 176, 198, m.w.N.

dass auch bei ordnungsgemäßer Rechnungslegung und Steuerabführung der Vertrag zu den gleichen Konditionen, insbesondere mit der gleichen Vergütungsregelung, abgeschlossen worden wäre.

bb) § 1 Abs. 2 Nr. 2 SchwarzArbG

77   § 1 Abs. 2 SchwarzArbG verbietet die Schwarzarbeit in verschiedenen Formen, die in Nr. 1–5 des Absatzes aufgeführt sind. Die weitaus größte praktische und examenstypische Bedeutung hat ein Verstoß gegen die Nr. 2 in der Form, dass vereinbart wird, eine Werkleistung **„ohne Rechnung"** zu erbringen, um Umsatzsteuer zu sparen.

§ 1 Abs. 2 Nr. 2 SchwarzArbG lautet:

„(2) Schwarzarbeit leistet, wer **Dienst- oder Werkleistungen erbringt oder ausführen lässt** und dabei

1. …

2. als **Steuerpflichtiger** seine sich auf Grund der Dienst- oder Werkleistungen ergebenden **steuerlichen Pflichten nicht erfüllt**,

3. …"

78   Der **Werkunternehmer** verstößt gegen § 1 Abs. 2 Nr. 2 SchwarzArbG, denn er erbringt Werkleistungen, ist Steuerpflichtiger (§ 33 Abs. 1 AO) und verstößt gegen die Pflicht, eine Rechnung auszustellen (§ 14 Abs. 2 S. 1 UStG).

79   Umstritten ist, ob auch der **Besteller** des Werks gegen § 1 Abs. 2 Nr. 2 SchwarzArbG verstößt. Der Besteller ist nach der Begriffsbestimmung des § 33 Abs. 2 AO nicht Steuerpflichtiger. Er hat zwar die Pflicht, Rechnungen aufzubewahren (§ 14 b UStG). Aufbewahrungspflichten führen aber gemäß § 33 Abs. 2 AO nicht dazu, dass eine Person als Steuerpflichtiger anzusehen ist.

Teilweise wird die in § 33 Abs. 2 AO enthaltene Begriffsbestimmung auf das SchwarzArbG übertragen. Danach ist der Besteller nicht Steuerpflichtiger und verstößt nicht gegen § 1 Abs. 2 Nr. 2 SchwarzArbG.[69]

Nach der Gegenansicht kann auch der Besteller Steuerpflichtiger i.S.d. § 1 Abs. 2 Nr. 2 SchwarzArbG sein. Schon die Formulierung „wer Dienst- oder Werkleistungen erbringt oder ausführen lässt" zeige, dass das SchwarzArbG grundsätzlich beide Parteien erfassen wolle.[70]

80   Eine Streitentscheidung ist meist nicht erforderlich, da regelmäßig auch ein einseitiger Verstoß gegen § 1 Abs. 2 Nr. 2 SchwarzArbG zur Nichtigkeit des Werkvertrags führt. Auch ein einseitiger Verstoß führt zur Nichtigkeit, wenn Sinn und Zweck des Verbotsgesetzes dies erfordern. Ziel des § 1 Abs. 2 Nr. 2 SchwarzArbG ist es, die Schwarzarbeit wirkungsvoll zu bekämpfen und soweit wie möglich zu verhindern. Aufgrund dieses Gesetzeszwecks reicht für die Nichtigkeit von Werkverträgen bereits ein **einseitiger Gesetzesverstoß des Unternehmers, wenn der Besteller den Verstoß kennt und bewusst zu seinem eigenen Vorteil ausnutzt**.[71]

---

69 Stamm NZBau 2014, 131, 132.

70 Jerger NZBau 2014, 415, 416; Stadler JA 2014, 65, 67.

71 BGH, Urt. v. 01.08.2013 – VII ZR 6/13, Rn 23, BGHZ 198, 141, RÜ 2013, 409.

Exkurs: Folgeprobleme

Klausuren, in denen ein Werkvertrag gegen das SchwarzArbG verstößt, enden nicht mit der Feststellung der Nichtigkeit des Vertrags. Vor allem dann, wenn der Werkunternehmer Werklohn oder zumindest Wertersatz für seine Leistungen verlangt, sind neben dem Erfüllungsanspruch weitere Ansprüche zu erörtern. **81**

■ Der Anspruch auf den Werklohn aus § 631 Abs. 1 BGB besteht nicht, da der Werkvertrag gemäß § 134 BGB i.V.m. § 1 Abs. 2 SchwarzarbG nichtig ist.

■ Es ist dann ein Anspruch aus §§ 677, 683, 670 BGB zu erörtern. **82**

   ■ In der Literatur wird überwiegend angenommen, dass die §§ 677 ff. BGB für die Rückabwicklung nichtiger Verträge nicht anwendbar sind. Diese Materie sei speziell in den §§ 812 ff. BGB geregelt.

   ■ Nach der Rechtsprechung sind auch bei nichtigen Verträgen Ansprüche aus Geschäftsführung ohne Auftrag zu prüfen. Ist ein Vertrag aber gemäß § 134 BGB nichtig, besteht kein Aufwendungsersatzanspruch, weil der Geschäftsführer die Aufwendungen wegen des Gesetzesverstoßes nicht für erforderlich halten durfte.

   ■ Nach beiden Ansichten besteht damit kein Anspruch des Werkunternehmers aus §§ 677, 683, 670 BGB, wenn er gegen das SchwarzArbG verstößt.

■ Ein Anspruch des Werkunternehmers aus § 812 Abs. 1 S. 1 Alt.1 BGB ist gemäß § 817 S. 2 BGB ausgeschlossen. **83**

   ■ § 817 S. 2 BGB ist nicht nur auf den Anspruch aus § 817 S. 1 BGB, sondern auch gegenüber einer Leistungskondiktion aus § 812 Abs. 1 S. 1 Alt. 1 BGB anwendbar.

   ■ Nach der früheren Rechtsprechung wurde § 817 S. 2 BGB gemäß § 242 BGB nicht angewandt, wenn ein Werkunternehmer Wertersatzansprüche geltend machte. Diese Rechtsprechung hat der BGH aufgegeben.[72] Damit hat der Werkunternehmer keinen Anspruch auf Wertersatz, wenn er gegen das SchwarzArbG verstößt.

■ Wenn der Werkunternehmer Sachen eingebaut hat, kommt ein Anspruch aus §§ 951 Abs. 1, 812 Abs. 1 S. 1 Alt. 1 BGB in Betracht. **84**

   ■ Nach h.M. besteht ein solcher Anspruch schon deswegen nicht, weil § 951 BGB nicht auf die Leistungskondiktion verweist.

   ■ Jedenfalls wäre auch ein Anspruch aus §§ 951 Abs. 1, 812 Abs. 1 S. 1 Alt. 1 BGB gemäß § 817 S. 2 BGB ausgeschlossen.

Der Werkunternehmer hat daher bei Schwarzarbeit keine Ansprüche auf Ersatz für seine Leistungen gegen den Besteller.

Auch der Besteller hat keine **Gewährleistungsansprüche** gegen den Werkunternehmer. Nach der früheren Rechtsprechung konnte es gegen § 242 BGB verstoßen, wenn sich der Werkunternehmer bei einem Verstoß gegen das SchwarzArbG gegenüber Gewährleistungsansprüchen auf die Nichtigkeit des Werkvertrags berief. Diese Rechtsprechung hat der BGH aufgegeben.[73] Dem Sinn und Zweck des SchwarzArbG entspricht es, **85**

---

72 BGH, Urt. v. 10.04.2014 – VII ZR 241/13, Rn. 20 ff., RÜ 2014, 409.

73 BGH, Urt. v. 01.08.2013 – VII ZR 6/13, Rn 27, BGHZ 198, 141, RÜ 2013, 409.

wenn die Schwarzarbeit auch für den Besteller mit einem erheblichen Risiko verbunden ist und ihm keine Gewährleistungsansprüche zustehen.

cc) § 3 RDG (Rechtsdienstleistungsgesetz)

86   § 3 RDG lautet: „Die selbständige Erbringung außergerichtlicher Rechtsdienstleistungen ist nur in dem Umfang zulässig, in dem sie durch dieses Gesetz oder durch oder aufgrund anderer Gesetze erlaubt wird."

87   Das Gesetz hat gemäß § 1 Abs. 1 S. 2 RDG den Zweck, die Rechtssuchenden, den Rechtsverkehr und die Rechtsordnung vor unqualifizierten Rechtsdienstleistungen zu schützen.

Dieser Zweck lässt sich nur dadurch erreichen, dass der auf eine nicht zulässige Rechtsdienstleistung gerichtete Vertrag nichtig ist. Würde nämlich der Auftraggeber seinen Erfüllungsanspruch behalten, so liefe das darauf hinaus, dass der Rechtsberater vertraglich verpflichtet wäre, eine unerlaubte Tätigkeit auszuüben oder fortzusetzen.[74] Auch ein einseitiger Verstoß gegen das § 3 RDG führt zur Nichtigkeit des Vertrags. Darüber hinaus ist auch eine aufgrund eines nichtigen Geschäftsbesorgungsvertrags erteilte Vollmacht nichtig.

dd) § 203 StGB: Verletzung von Privatgeheimnissen

88   Der Verstoß gegen § 203 StGB führt zur Nichtigkeit des Rechtsgeschäfts.

- § 203 Abs. 1 Nr. 1 StGB gilt für die **Heilberufe**.[75]

- § 203 Abs. 1 Nr. 3 StGB gilt für die **Rechtspflegeberufe**.[76]

- § 203 Abs. 1 Nr. 6 StGB betrifft **Versicherungen** und **Verrechnungsstellen**.

89   Die **Abtretung von Honorar- oder Provisionsforderungen**, der in § 203 Abs. 1 StGB genannten Personen ist regelmäßig nichtig, da die mit den Abtretungen nach **§ 402 verbundenen umfassenden Informationspflichten** mit den beruflichen Geheimhaltungspflichten kollidieren.[77]

2. Der Umfang der Nichtigkeitsanordnung

90   Ist gegen ein Verbotsgesetz verstoßen worden und ergibt sich nicht aus dem Gesetz, dass keine Nichtigkeit eintreten soll, ist grundsätzlich von der **Gesamtnichtigkeit** des Rechtsgeschäfts auszugehen.[78]

Die Nichtigkeit tritt nur ein, wenn das Verbotsgesetz schon bei Vornahme des Rechtsgeschäfts bestand.[79] Wenn das Verbotsgesetz nachträglich wegfällt, wird ein Rechtsgeschäft nur dann wirksam, wenn es von den Parteien gemäß § 141 bestätigt wird.[80]

---

74   BGHZ 37, 258, 262; 102, 128, 130; BGH, Urt. v. 17.02.2000 – IX ZR 50/98, NJW 2000, 1560; BGH, Urt. v. 21.06.2005 – XI ZR 88/04, ZIP 2005, 1357; BGH, Urt. v. 15.02.2005 – XI ZR 396/03, ZIP 2005, 1361.

75   BGHZ 115, 123, 125; 116, 268, 272.

76   BGHZ 122, 115, 117 f.; BGH NJW 1993, 1912 und 2795; zustimmend Mankowski JZ 1994, 48.

77   BGH, Urt. v. 10.10.2010 – VIII ZR 53/09, Rn. 19, RÜ 2010, 210.

78   Palandt/Ellenberger § 134 Rn. 13.

79   OLG Düsseldorf NJW-RR 1993, 249, 250; offengelassen in BGHZ 45, 322, 326.

80   BGHZ 11, 59, 60; OLG Brandenburg MDR 1995, 30.

Soll durch das Gesetz verhindert werden, dass übermäßige Leistungen erbracht werden müssen, so kann **Teilnichtigkeit** eintreten mit der Folge, dass das Rechtsgeschäft mit dem zu billigenden Inhalt fortbesteht. Das gilt insbesondere bei Verstößen gegen preisrechtliche Verbotsgesetze.

Beispiel: Wird entgegen § 5 Abs. 1 WiStG eine unangemessen hohe Miete vereinbart, so führt dies nicht zur Nichtigkeit des gesamten Mietvertrags, sondern nur zur Teilnichtigkeit bezüglich der Entgeltabrede,[81] denn § 5 WiStG will als Mieterschutzvorschrift lediglich die Vereinbarung überhöhter Mieten unterbinden. Streitig ist, ob in diesem Fall die gerade noch zulässige[82] oder nur die ortsübliche Miete[83] geschuldet wird.

Die Nichtigkeit bezieht sich regelmäßig nur auf das schuldrechtliche Verpflichtungsgeschäft, das Erfüllungsgeschäft bleibt unberührt (Abstraktionsprinzip). Die Auslegung des Verbotsgesetzes kann aber ergeben, dass neben dem Verpflichtungsgeschäft auch das dingliche Erfüllungsgeschäft nichtig sein soll. Das ist insbesondere dann der Fall, wenn die Umstände, die den Gesetzesverstoß begründen, zugleich und unmittelbar auch das Erfüllungsgeschäft betreffen; wenn also auch die Vermögensverschiebung als solche verhindert werden soll.[84]   **91**

Beispiel: Aus dem Verbot des Handeltreibens mit Betäubungsmitteln folgt auch die Nichtigkeit der Übereignung des als Kaufpreis gezahlten Geldes.

Richtet sich hingegen das Verbotsgesetz gegen das Erfüllungsgeschäft, so ist grundsätzlich auch das Verpflichtungsgeschäft nichtig.[85]   **92**

B. Die Nichtigkeit gemäß § 138

I. Verhältnis des § 138 zu weiteren Normen

Wenn ein Verhalten einer Partei vorliegt, welches einen Verstoß gegen § 138 begründet, sind häufig auch die Normen der §§ 134, 123, 826 betroffen.   **93**

- Besteht die Sittenwidrigkeit ausschließlich in der Täuschung eines Vertragspartners, ist der Vertrag nicht nach § 138 Abs. 1 nichtig, sondern lediglich gemäß § 123 anfechtbar.[86] § 138 Abs. 1 ist dagegen anwendbar, wenn neben der durch arglistige Täuschung bewirkten Willensbeeinflussung weitere, die Sittenwidrigkeit begründende Umstände hinzukommen.[87]

- Verstößt ein Verhalten zugleich gegen § 134 und § 138, so geht § 134 als lex specialis vor. Von diesem Grundsatz wird nur dann eine Ausnahme gemacht, wenn § 138 Abs. 2 und § 134 i.V.m. § 291 Abs. 1 StGB (welcher mit § 138 Abs. 2 nahezu wortidentisch ist) miteinander konkurrieren.[88]

---

81 BGH NJW 1984, 722, 723.
82 BGH NJW 1984, 722, 723 f.
83 OLG Hamburg NJW 1983, 1004.
84 BGH NJW 1954, 549, 550; 1983, 636; Palandt/Ellenberger § 134 Rn. 13; BGHZ 115, 123, 130; 122, 115, 122; BGH NJW 1992, 2348, 2349.
85 BGHZ 116, 268, 277; Palandt/Ellenberger § 134 Rn. 13.
86 BGH NJW 1988, 902, 903; Petersen Jura 2005, 387.
87 BGH, Urt. v. 29.06.2005 – VIII ZR 299/04, NJW 2005, 2991.
88 Palandt/Ellenberger § 138 Rn. 13; Soergel/Hefermehl § 138 Rn. 70; MünchKomm/Armbrüster § 138 Rn. 4, 140.

Nach der Gegenansicht[89] ist § 134 i.V.m. § 291 StGB als vorrangig anzusehen; dagegen spricht jedoch, dass dann § 138 Abs. 2 überflüssig wäre.

§ 826 und § 138 haben unterschiedliche Funktionen. § 138 versagt sittenwidrigen Rechtsgeschäften die rechtliche Anerkennung, § 826 beinhaltet als Rechtsfolge eine Schadensersatzpflicht.[90]

II. Die Nichtigkeit gemäß § 138 Abs. 2 – Wucher

94   Der Wuchertatbestand des § 138 Abs. 2 stellt einen Spezialfall der allgemeinen Sittenwidrigkeit des § 138 Abs. 1 dar, sodass, falls der Wuchertatbestand erfüllt ist, § 138 Abs. 1 nicht anwendbar ist; wird der Wuchertatbestand aber verneint, kann das Rechtsgeschäft gemäß § 138 Abs. 1 nichtig sein.[91]

Sollten also Anhaltspunkte für das Vorliegen des § 138 Abs. 2 gegeben sein, ist mit der Prüfung des Abs. 2 zu beginnen.

1. Das auffällige Missverhältnis

95   Objektiv setzt § 138 Abs. 2 das Vorliegen eines auffälligen Missverhältnisses zwischen Leistung und Gegenleistung voraus. Eine Gegenleistung gibt es nur bei synallagmatischen Verträgen. Daher ist § 138 Abs. 2 beispielsweise bei der Bürgschaft nicht anwendbar.[92] Zur Ermittlung des Missverhältnisses ist vom Vergleich des objektiven Wertes der beiderseitigen Leistungen unter Zugrundelegung der beim Vertragsschluss bestehenden Verhältnisse auszugehen. Wirken bei dem Rechtsgeschäft mehrere Personen als Leistende, Vermittler oder in anderer Weise mit, so ist analog § 291 Abs. 1 S. 2 StGB als Grundlage für die Feststellung des Missverhältnisses die Summe der Leistungen und Gegenleistungen heranzuziehen, sogenannte Additionsklausel.[93]

Beispiel: K kaufte bei V eine Heißmangel zu einem Preise, der ca. 100% über dem handelsüblichen Preis lag. V vermittelte dem K zur Bezahlung des Kaufpreises ein Darlehen bei der B-Bank, die einen um 45% über dem marktüblichen Zinssatz liegenden Zins forderte.

Hier sind die Leistungen und Gegenleistungen nicht isoliert für jeden Vertrag einzeln zu betrachten, sondern zur Ermittlung des Missverhältnisses sind die Leistungen des Kauf- und die des Darlehensvertrags zusammen zu beurteilen. Danach liegt ein Missverhältnis vor. Dieses Missverhältnis ist auch auffällig, d.h. ohne Weiteres erkennbar.

2. Ausbeutung der Lage des Bewucherten

96   Das Rechtsgeschäft muss unter Ausbeutung der Zwangslage, der Unerfahrenheit, des Mangels an Urteilsvermögen oder der erheblichen Willensschwäche des Vertragspartners vorgenommen worden sein.

- ■   Eine **Zwangslage** ist gegeben, wenn für den Betreffenden ein zwingendes Bedürfnis nach einer Geld- oder Sachleistung besteht. Es genügt, dass sonst erhebliche

---

89   Jauernig/Mansel § 138 Rn. 19.
90   Palandt/Ellenberger § 138 Rn. 17.
91   BGH NJW 1994, 1475, 1476.
92   Petersen Jura 2005, 387, 389.
93   Staudinger/Sack/Fischinger § 138 Rn. 207.

Nachteile drohen, die nicht wirtschaftlicher Natur zu sein brauchen. Auch die Bedrängnis eines Dritten kann ausreichen. Die Zwangslage muss sich aus der gegenwärtigen Situation des Ausgebeuteten ergeben.[94]

- **Unerfahrenheit** ist ein Mangel an Lebenserfahrung und an Kenntnis in geschäftlichen Dingen; sie kann insbesondere bei Jugendlichen, älteren Menschen oder geistig Beschränkten gegeben sein.

- **Mangelndes Urteilsvermögen** liegt vor, wenn der Betroffene im konkreten Fall nicht in der Lage ist, die beiderseitigen Leistungen richtig zu bewerten und Vor- und Nachteile des Geschäfts sachgerecht gegeneinander abzuwägen.[95]

- Eine **erhebliche Willensschwäche** ist anzunehmen, wenn der Betroffene zwar den Inhalt und die Folgen des Rechtsgeschäfts erfassen kann (Einsichtsfähigkeit), aber wegen der verminderten psychischen Widerstandsfähigkeit nicht in der Lage ist, die zutreffende Beurteilung des Geschäfts in die Tat umzusetzen (mangelnde Steuerungsfähigkeit). Eine Willensschwäche kann insbesondere bei Alkohol- und Drogenabhängigkeit gegeben sein.[96]

Der Wucherer muss einen dieser Umstände **ausgebeutet** haben. Dabei reicht es aus, wenn er Kenntnis von dem auffälligen Missverhältnis und der Ausbeutungssituation hat und sich diese Situation vorsätzlich zunutze macht. Nicht erforderlich ist eine besondere Ausbeutungsabsicht.[97]

Liegt ein auffälliges Missverhältnis, aber keines der Ausbeutungsmerkmale vor, kann ein Rechtsgeschäft nach § 138 Abs. 1 als wucherähnliches Rechtsgeschäft sittenwidrig sein (vgl. unten Rn. 102).

3. Die Rechtsfolgen des Wuchers

Grundsätzlich tritt Gesamtnichtigkeit des Rechtsgeschäfts ein.   **97**

Anders ist es beim Mietwucher, weil die Gesamtnichtigkeit nicht dem Schutzinteresse des betroffenen Mieters entsprechen würde. Wie bei einem Verstoß gegen § 134 i.V.m. § 5 Abs. 1 WiStG[98] ist auch bei § 138 Abs. 2 umstritten, ob der Mietvertrag mit der höchstzulässigen Miete[99] oder mit der ortsüblichen Vergleichsmiete[100] aufrechtzuerhalten ist.

Aus der Formulierung des Gesetzes „oder gewähren lässt" ergibt sich, dass auch das **Verfügungsgeschäft des Bewucherten nichtig** ist.[101]

Das Verfügungsgeschäft des Wucherers ist dagegen wirksam.

---

94 BGH, Urt. v. 19.02.2003 – XII ZR 142/00, NJW 2003, 1860.

95 BGH, Urt. v. 23.06.2006 – V ZR 147/05, Rn. 28, NJW 2006, 3054.

96 Staudinger/Sack/Fischinger § 138 Rn. 210.

97 Palandt/Ellenberger § 138 Rn. 74.

98 Vgl. oben Rn. 90.

99 So BGHZ 89, 316, 320 f.

100 So Staudinger/Sack/Fischinger § 138 Rn. 139.

101 BGH NJW 1994, 1275; 1470; Palandt/Ellenberger § 138 Rn. 75.

III. Die Sittenwidrigkeit gemäß § 138 Abs. 1

98   Nach der Rechtsprechung verstößt ein Rechtsgeschäft gegen die guten Sitten, wenn dadurch das **Anstandsgefühl aller billig und gerecht Denkenden** verletzt wird. Bei der Bewertung werden die Grundsätze der herrschenden Rechts- und Sozialmoral herangezogen. Abzustellen ist also zum einen auf die in der Gesellschaft aufgrund der Gesamtheit der Wertvorstellungen bestehenden moralischen Anschauungen, daneben aber werden auch die der Rechtsordnung selbst immanenten rechtsethischen Grundwertungen berücksichtigt.[102]

Ebenso wie die Gesetze unterliegen die guten Sitten einem ständigen Wandel. Auf dem Gebiet des Wirtschaftsrechts sind die Maßstäbe strenger geworden (sittenwidrig ist regelmäßig die Bürgschaft oder der Schuldbeitritt eines vermögenslosen Angehörigen), während auf dem Gebiet der Familien- und Sexualmoral eine deutliche Liberalisierung stattgefunden hat.

Ob ein Vertrag über die entgeltliche Vornahme sexueller Handlungen sittenwidrig ist, ist umstritten. Obwohl nach dem Wortlaut des § 1 S. 1 ProstG[103] die Vereinbarung eine rechtswirksame Forderung begründet, wird teilweise angenommen, der Vertrag sei sittenwidrig und daher gemäß § 138 Abs. 1 insgesamt nichtig. Die Anerkennung einer Verpflichtung der Prostituierten verstoße gegen die Menschenwürde. Der Vertrag werde erst nach Vornahme der Handlung nachträglich teilweise wirksam.[104]

Nach der Gegenansicht ist der Vertrag über die Vornahme sexueller Handlungen ein einseitig verpflichtender Vertrag. Dem wirksam begründeten Entgeltanspruch der Prostituierten stehe kein Anspruch des Kunden auf Vornahme der sexuellen Handlung gegenüber.[105] Für diese Ansicht spricht der Wortlaut des § 1 ProstG.

Der BGH hat entschieden, dass ein Vertrag über Telefonsexdienstleistungen nicht gemäß § 138 Abs. 1 nichtig ist, sondern einen wirksamen Entgeltanspruch begründet.[106]

1. Der objektive Tatbestand der Sittenwidrigkeit gemäß § 138 Abs. 1

99   Das Rechtsgeschäft ist nichtig, wenn die Art und Weise des Zustandekommens anstößig, der Inhalt des Vertrags verwerflich oder die gesamten Umstände des Vertrags – Beweggrund und Zweck – zu missbilligen sind.

a) Missbräuchliche Ausnutzung einer Machtposition

100   Das sittenwidrige Verhalten kann darin bestehen, dass eine **Macht- oder Monopolstellung** zur Erzwingung unangemessener Vertragsbedingungen **missbraucht** wird oder Knebelungsverträge abgeschlossen werden, die den Vertragspartner seiner wirtschaftlichen Dispositionsfreiheit berauben.[107] Auch die Schwangerschaft der Ehefrau bei Ab-

---

102   Palandt/Ellenberger § 138 Rn. 2 f.; BeckOK BGB/Wendtland § 138 Rn. 18.

103   BGBl. I 2001, 3983.

104   OLG Schleswig, Urt. v. 13.05.2004 – 16 U 11/04, NJW 2005, 225; Palandt/Ellenberger Anh. zu § 138, ProstG § 1 Rn. 2.

105   MünchKomm/Armbrüster § 1 ProstG Rn. 7, 19.

106   BGH, Urt. v. 08.11.2007 – III ZR 102/07, NJW 2008, 140.

107   BGH NJW 1993, 1587.

schluss eines Ehevertrags lässt auf eine ungleiche Verhandlungsposition bei Vertragsschluss schließen, ist aber nur ein Indiz.[108]

Beispiel: Der V verkauft dem K sein Geschäft auf Rentenbasis. Der Rentenanspruch wird durch eine Reallast gesichert. Außerdem muss K den V monatlich über die Geschäftsabläufe im Einzelnen unterrichten. K darf ohne Zustimmung des V keine Rechtsgeschäfte über 5.000 € abschließen. V ist berechtigt, bei einer unbefriedigenden Geschäftsentwicklung einen Geschäftsführer anstelle des K einzusetzen.

Dieser Vertrag ist wegen der Knebelung des K sittenwidrig und nach § 138 Abs. 1 nichtig.

b) Verstoß gegen die herrschende Rechts- und Sozialmoral

Beispiel 1: B schließt mit A einen Vertrag. Darin verpflichtet sich B, dem A einen Doktortitel der noch zu gründenden Universität in Irland zu beschaffen. A zahlt 30.000 €. | **101**

I. Dieser Vertrag ist nach § 138 Abs. 1 unwirksam. Der Doktortitel soll die in einem speziellen Verfahren nachgewiesene wissenschaftliche Qualifikation des Trägers bekunden. Ein gekaufter Titel spiegelt eine solche Qualifikation wahrheitswidrig vor und täuscht die Öffentlichkeit.
II. Ein Anspruch auf Rückzahlung der 30.000 € scheidet aus, da ein Anspruch aus § 812 nach § 817 S. 2 ausgeschlossen ist.[109]

Beispiel 2: K kauft von V ein Radarwarngerät, um dieses im deutschen Straßenverkehr zu benutzen. Eine Woche darauf macht K Gewährleistungsrechte geltend, da das Gerät nicht funktioniert.

K ist mit seinen Ansprüchen ausgeschlossen, da kein wirksamer Kaufvertrag besteht. Denn der Vertrag ist gemäß § 138 Abs. 1 nichtig, da der Vertragszweck auf die Verwendung des Radarwarngerätes im Geltungsbereich der StVO und daher auf einer Verletzung des § 23 Abs. 1 b StVO gerichtet ist.[110]

c) Wucherähnliche Rechtsgeschäfte, insbesondere Kreditverträge

Besteht ein auffälliges Missverhältnis zwischen Leistung und Gegenleistung, liegt aber Wucher mangels Ausbeutung nicht vor, ist ein Rechtsgeschäft als wucherähnliches Rechtsgeschäft gemäß § 138 Abs. 1 nichtig, wenn zu dem objektiven Missverhältnis weitere Umstände hinzutreten, wie z.B. die verwerfliche Gesinnung des durch den Vertrag Begünstigten.[111] Insbesondere bei Kreditverträgen mit überhöhten Zinsen liegt der Tatbestand des Wuchers häufig deswegen nicht vor, weil das subjektive Merkmal der Ausbeutung der in § 138 Abs. 2 genannten Umstände nicht feststellbar ist. Nach den Grundsätzen über wucherähnliche Rechtsgeschäfte ist ein Kreditvertrag sittenwidrig, wenn ein auffälliges Missverhältnis zwischen Leistung und Gegenleistung vorliegt und der Kreditgeber mit verwerflicher Gesinnung handelte, insbesondere wenn er die schwächere Lage des anderen Teils bewusst zu seinem Vorteil ausnutzt oder sich leichtfertig der Erkenntnis verschließt, dass der Kreditnehmer nur wegen seiner schwächeren Position den Vertrag abschließt.[112] Bei einem besonders groben Missverhältnis besteht eine tatsächliche Vermutung für ein Handeln aus verwerflicher Gesinnung.[113] | **102**

Beispiel 1: V verkauft dem K und 80 weiteren Interessenten eine Eigentumswohnung für 80.000 €. Ein Gutachten ergab später, dass die Wohnung einen Verkehrswert von 35.000 € hatte. | **103**

---

108 BGH, Urt. v. 25.05.2005 – XII ZR 296/01, NJW 2005, 2386; BGH, Urt. v. 05.11.2008 – XII ZR 157/06, Rn. 29, BGHZ 178, 322.
109 OLG Koblenz NJW 1999, 2904.
110 BGH, Urt. v. 23.02.2005 – VIII ZR 129/04, ZGS 2005, 124; BGH, Urt. v. 25.11.2009 – VIII ZR 318/08, Rn. 13, BGHZ 183, 235, RÜ 2010, 69.
111 BGH, Urt. v. 14.07.2004 – XII ZR 352/00, NJW 2004, 3553; BGH, Urt. v. 29.06.2007– V ZR 1/06, Rn. 16, WM 2007, 2206.
112 BGHZ 128, 257.
113 BGH, Urt. v. 09.10.2009 – V ZR 178/08, Rn. 12, NJW 2010, 336, RÜ 2010, 5; Palandt/Ellenberger § 138 Rn. 34 a.

Der Kaufvertrag verstößt gegen § 138 Abs. 1. Übersteigt der Kaufpreis den Wert der Wohnung um mehr als das Doppelte, liegt ein krasses Missverhältnis zwischen Leistung und Gegenleistung vor. Das ist auch dann der Fall, wenn mehrere Hundert Erwerber einen annähernd gleichen Preis bezahlt haben.[114] Aus den objektiven Wertverhältnissen ergibt sich eine Vermutung für das Vorliegen einer verwerflichen Gesinnung.[115] Diese Vermutung kann aber durch besondere Umstände erschüttert werden. Solche Umstände können sich aus einer sachgerechten, eine Übervorteilung regelmäßig ausschließenden Bemühung des Verkäufers zur Ermittlung eines den Umständen angemessenen Leistungsverhältnisses ergeben.[116] Ferner greift die Vermutung nicht ein, wenn der benachteiligte Vertragspartner bei Vertragsschluss Unternehmer i.S.d. § 14 war.[117]

104 **Beispiel 2:** Der 19-jährige D nahm bei der Teilzahlungsbank B ein Darlehen in Höhe von 12.000 € auf. Die Gesamtsumme zuzüglich 1,3% Zinsen pro Monat sowie 5% Bearbeitungsgebühr und 10% Kreditvermittlungsgebühren war von D in 46 Monatsraten zu 425 € und einer ersten Rate von 450 € zurückzuzahlen. Als D nach einigen Monaten erfährt, dass der Effektivzins den zur Zeit des Vertragsschlusses üblichen Marktzins um mehr als 12 Prozentpunkte überschreitet, weigert er sich, vorerst weitere Darlehensraten an B zu zahlen.

A. Anspruch des B gegen D aus § 488 Abs. 1

I. Die Einigung könnte gemäß § 138 Abs. 2 wegen Wuchers nichtig sein.

1. Ein auffälliges Missverhältnis ist zu bejahen, da der Vertragszins den marktüblichen Effektivzins um 100% oder absolut um 12 Prozentpunkte übersteigt.[118] (Der effektive Jahreszins ist in § 6 Abs. 1 S. 1 PreisangabenVO definiert. Er wird nach der Anlage zur PreisangabenVO berechnet. Gegenstand juristischer Prüfungsarbeiten ist diese Berechnung nicht).

2. Eine Ausbeutungssituation entsprechend dem Wuchertatbestand ist hier jedoch nicht festzustellen, denn allein der Umstand, dass D 19 Jahre alt ist, lässt nicht darauf schließen, dass die Unerfahrenheit ausgebeutet worden ist. Daher ist keine Nichtigkeit gemäß § 138 Abs. 2 gegeben.

II. Der Vertrag könnte nach § 138 Abs. 1 nichtig sein. Liegt zwar ein auffälliges Missverhältnis zwischen Leistung und Gegenleistung vor, fehlt es aber an einem subjektiven Merkmal des Wuchertatbestandes, so ist der Rückgriff auf die Generalklausel gemäß § 138 Abs. 1 zulässig. Die Sittenwidrigkeit ist dann gegeben, wenn der Darlehensgeber die wirtschaftlich schwächere Lage des Darlehensnehmers bei der Festlegung der Darlehensbedingungen bewusst zu seinem Vorteil ausnutzt bzw. sich leichtfertig der Einsicht verschließt, dass der Darlehensnehmer sich aufgrund seiner wirtschaftlich schwächeren Position auf die Darlehensbedingungen einlässt. Eine Gesamtwürdigung ergibt, dass D aufgrund einer fehlenden Angabe über den effektiven Jahreszins sein vertragliches Risiko nicht abschätzen konnte, und die B-Bank sich zumindest leichtfertig der Einsicht verschlossen hat, dass D sich aufgrund seiner schwächeren Position auf den Vertrag einlässt. Daher ist der Darlehensvertrag gemäß § 138 Abs. 1 wegen Sittenwidrigkeit unwirksam.

(Eine Nichtigkeit nach § 494 Abs. 1 wegen fehlender Angabe des effektiven Jahreszinses braucht nicht mehr geprüft zu werden. Eine eventuelle Heilung des Formmangels gemäß § 494 Abs. 2 würde die Nichtigkeit des Vertrags gemäß § 138 Abs. 1 nicht beseitigen können.[119])

B. Die Rückabwicklung des nichtigen Darlehensvertrags erfolgt gemäß § 812 Abs. 1. Danach kann die Bank nach Ablauf der vereinbarten Laufzeit die ausgezahlten 12.000 € zurückverlangen. Jedoch ist ein Zinsanspruch ausgeschlossen, weil die vorübergehende Überlassung der Kapitalnutzung – nicht des Kapitals selbst – sittenwidrig war, § 817 S. 2.[120]

---

114 BGH, Urt. v. 17.06.2005 – V ZR 220/04, ZIP 2005, 1423.

115 BGH, Urt. v. 19.01.2001 – V ZR 437/99, NJW 2001, 1127; BGH, Urt. v. 19.02.2003 – XII ZR 142/00, NJW 2003, 1860.

116 BGH, Urt. v. 19.07.2002 – V ZR 240/01, NJW 2002, 3165.

117 KG, Urt. v. 25.02.2002 – 8 U 24/01, MDR 2002, 999.

118 BGHZ 110, 336, 340.

119 Palandt/Weidenkaff § 494 Rn. 2.

120 BGH NJW 1983, 1420; Palandt/Sprau § 817 Rn. 21.

Bei **Internetauktionen** kann **nicht** bereits aus dem besonders groben Missverhältnis **105** von Leistung und Gegenleistung auf das Vorliegen einer verwerflichen Gesinnung geschlossen werden.[121] Der Schluss von dem besonders groben Missverhältnis auf die verwerfliche Gesinnung wird damit begründet, dass außergewöhnliche Leistungen regelmäßig nicht ohne Not oder andere den Benachteiligten hemmenden Umstände zugestanden werden. Dies trifft bei Internetauktionen nicht zu. Hier will typischerweise der Bieter mit einem möglichst geringen Gebot einen Schnäppchenpreis erzielten. Auf der anderen Seite nutzt der Verkäufer die Onlineauktion, um einen möglichst hohen Kaufpreis zu erhalten.

Die Sittenwidrigkeit erstreckt sich nicht auf Folgeverträge. Dient ein Ratenkreditvertrag **106** ganz oder teilweise der Ablösung eines – von den Parteien für wirksam gehaltenen – früheren Kreditvertrags, führt die Sittenwidrigkeit des früheren Vertrags allein nicht zur Nichtigkeit des neuen Vertrags.[122]

d) Krasse finanzielle Überforderung bei der Kreditsicherung

Ebenso wie ein **Schuldbeitritt** ist ein **Bürgschaftsvertrag** gemäß § 138 Abs. 1 nichtig, **107** wenn

■ im Falle einer Inanspruchnahme des Bürgen oder Mitverpflichteten eine **krasse finanzielle Überforderung** vorläge und

■ weitere belastende Umstände hinzutreten.

  ▪ Solche Umstände sind etwa gegeben, wenn der Gläubiger die **enge emotionale Verbundenheit** zwischen Hauptschuldner und Bürgen in verwerflicher Weise ausnutzt. Die Ausnutzung emotionaler Verbundenheit wird vermutet, wenn ein krass finanziell überforderter Bürge als Ehe- oder Lebenspartner, enger Verwandter oder Freund eine Bürgschaft übernimmt.[123]

  ▪ Zur Sittenwidrigkeit einer krassen finanziellen Überforderung führende Umstände sind auch dann gegeben, wenn der Gläubiger Umfang und Tragweite der Haftung verharmlost, ungewöhnliche und schwerwiegende Haftungsrisiken verschweigt, einen unvorbereiteten Bürgen überrumpelt oder ihn in eine Zwangslage versetzt. Diese Umstände können z.B. bei einer Arbeitnehmerbürgschaft zu bejahen sein.[124]

Diese Fallgruppe greift nur dann ein, wenn der finanziell Überforderte Sicherheiten leis **108** tet. Ist er selbst Mitdarlehensnehmer, ist der Darlehensvertrag auch bei finanzieller Überforderung nicht nichtig.[125] Mitdarlehensnehmer ist ungeachtet der Bezeichnung im Vertrag in aller Regel nur derjenige, der für den Darlehensgeber erkennbar ein eigenes sachliches und/oder persönliches Interesse an der Kreditaufnahme hat und im We-

---

121 BGH, Urt. v. 28.3.2012 – VIII ZR 244/10, NJW 2012, 2723, RÜ 2012, 341; BGH, Urt. v. 12.11.2014 – VIII ZR 244/10, Rn. 9, NJW 2015, 548.

122 BGH, Urt. v. 26.02.2002 – XI ZR 226/01, WM 2002, 955.

123 BGH, Urt. v. 14.10.2003 – XI ZR 121/02, BGHZ 156, 302, 307; BGH, Urt. v. 16.06.2009 – XI ZR 539/07, Rn. 18, NJW 2009, 2671, RÜ 2009, 545.

124 BGH, Urt. v. 14.10.2003 – XI ZR 121/02, BGHZ 156, 302, 308.

125 BGH, Urt. v. 16.06.2009 – XI ZR 539/07, Rn. 15., NJW 2009, 2671, RÜ 2009, 545.

sentlichen gleichberechtigt über die Auszahlung und Verwendung der Darlehensvaluta mitentscheiden darf.

e) Kollision einer Globalzession mit verlängertem Eigentumsvorbehalt

109   Eine zur Sicherung eines Kredits vereinbarte Globalzession künftiger Forderungen ist regelmäßig sittenwidrig, wenn sie nach dem Willen der Vertragsparteien auch solche Forderungen umfassen soll, die der Schuldner seinen Lieferanten aufgrund verlängerten Eigentumsvorbehalts künftig abtreten muss und abtritt.[126]

2. Der subjektive Tatbestand des § 138 Abs. 1

110   Nach der Rechtsprechung ist für die Sittenwidrigkeit außer dem objektiven Sittenverstoß noch ein subjektiver Tatbestand erforderlich. Für diesen reicht, dass die objektiv sittenwidrig handelnde Partei die die Sittenwidrigkeit begründenden Umstände kannte oder grob fahrlässig nicht erkannt hat.[127]

Nach der h.Lit. reicht regelmäßig ein objektiver Sittenverstoß. Subjektive Voraussetzungen sind nur erforderlich, wenn im konkreten Einzelfall die Sittenwidrigkeit gerade auch auf der Verwirklichung eines subjektiven Tatbestands beruht.[128] Dies ist beispielsweise beim wucherähnlichen Kreditvertrag der Fall, wo sich die Sittenwidrigkeit erst aus der verwerflichen Gesinnung des Kreditgebers ergibt.

3. Beurteilungszeitpunkt

111   Maßgeblicher Zeitpunkt für die Beurteilung der Sittenwidrigkeit ist grundsätzlich der der Vornahme des Rechtsgeschäfts.[129]

4. Rechtsfolgen

112   Rechtsfolge der Sittenwidrigkeit ist grundsätzlich die Nichtigkeit des gesamten Rechtsgeschäfts. Nur dann, wenn ausschließlich ein Teil des Rechtsgeschäfts (z.B. eine Klausel) nichtig ist, kann Teilnichtigkeit angenommen werden. Ob sich diese auf den gesamten Vertrag auswirkt, richtet sich nach § 139.

In besonderen (wohl kaum examensrelevanten) Ausnahmefällen kann sogar eine nichtige Vertragsklausel in einen wirksamen und einen unwirksamen Teil aufgespalten werden (quantitative Teilnichtigkeit).[130]

---

126   BGH, Urt. v. 14.07.2004 – XII ZR 257/01, WM 2005, 378; im Einzelnen: AS-Skript Schuldrecht AT 2 (2014), Rn. 413 ff.
127   BGH, Urt. v. 05.11.2008 – XII ZR 157/06, Rn. 40, BGHZ 178, 322.
128   Staudinger/Sack/Fischinger § 138 Rn. 74; Bork Rn. 1199.
129   BGHZ 120, 272, 276.
130   BGH, Urt. v. 17.10.2008 – V ZR 14/08, Rn. 12 ff., WM 2009, 181.

Verstoß gegen ein Verbotsgesetz, § 134; Wucher und Sittenwidrigkeit

Verstoß gegen ein Verbotsgesetz, § 134

- Verbotsgesetze sind alle Rechtsnormen, die sich gegen die Vornahme eines Rechtsgeschäfts richten.

- Das Rechtsgeschäft muss gegen das Verbotsgesetz verstoßen. § 134 erfasst auch Umgehungsgeschäfte.

- Rechtfolge des Verstoßes: Nichtigkeit „wenn sich nicht aus dem Gesetz ein anderes ergibt".

  - Beiderseitiger Verstoß führt grundsätzlich zur Nichtigkeit, es sei denn, Sinn und Zweck des Gesetzes erfordern dies nicht, weil andere Sanktionsmöglichkeiten bestehen.

  - Bei einem einseitigen Gesetzesverstoß ist das Rechtsgeschäft grundsätzlich wirksam, es sei denn, der Zweck des Gesetzes ist nur durch die Nichtigkeitsanordnung zu verwirklichen.

Wucher, § 138 Abs. 2

- Auffälliges Missverhältnis zwischen Leistung und Gegenleistung.

- Ausbeutung der in § 138 Abs. 2 aufgeführten Defizite. Für das Ausbeuten reicht die Kenntnis von Missverhältnis und Ausbeutungssituation.

- Rechtsfolge:

  - Grundsätzlich Gesamtnichtigkeit; bei Mietwucher Fortführung des Vertrags mit höchstzulässiger Miete (str.).

  - Beim wucherischen Darlehen besteht wegen § 817 S. 2 kein Zinsanspruch (str.).

Sittenwidrigkeit, § 138 Abs. 1

- Ein Rechtsgeschäft verstößt gegen die guten Sitten, wenn dadurch das „Anstandsgefühl aller billig und gerecht Denkenden" verletzt wird.

- Die objektive Sittenwidrigkeit kann gegeben sein,

  - weil das Zustandekommen des Rechtsgeschäfts anstößig ist,

  - weil der Inhalt des Vertrags verwerflich ist, beispielsweise

    - Missbrauch von Macht- oder Monopolstellung oder ein Knebelungsvertrag,

    - Verstoß gegen die herrschende Rechts- und Sozialmoral,

    - wucherähnliche Kreditverträge,

    - krasse finanzielle Überforderung des Bürgen oder Mithaftenden.

- Subjektiv ist die Kenntnis der die Sittenwidrigkeit begründenden Umstände, jedoch kein Bewusstsein des sittenwidrigen Handelns, erforderlich.

3. Abschnitt: Das formbedürftige Rechtsgeschäft

113 Nach § 125 S. 1 ist ein Rechtsgeschäft nichtig, wenn es der durch Gesetz vorgeschriebenen Form ermangelt. Ist zu prüfen, ob ein Rechtsgeschäft wegen eines Formverstoßes nichtig ist, empfiehlt sich folgende Reihenfolge:

- Zunächst ist festzustellen, ob für das konkrete Rechtsgeschäft ein Formerfordernis besteht.

- Ist dies der Fall, ist zu überprüfen, ob die erforderliche Form eingehalten worden ist.

- Bei Nichteinhaltung der Form stellt sich die Frage der Rechtsfolgen des Formverstoßes. Es kann kraft Gesetzes die Möglichkeit der Heilung bestehen. In Ausnahmefällen kann es auch einer Partei gemäß § 242 verwehrt sein, sich auf den Formmangel zu berufen.

- Ist das formbedürftige Rechtsgeschäft wirksam, können bei der Auslegung der formbedürftigen Erklärungen Besonderheiten zu beachten sein.

A. Formerfordernisse

114 Rechtsgeschäfte sind grundsätzlich formlos gültig. Willenserklärungen bedürfen nur dann einer Form, wenn dies gesetzlich vorgeschrieben oder von den Parteien vereinbart worden ist.

I. Die wichtigsten kraft Gesetzes formbedürftigen Rechtsgeschäfte

Schuldrecht	Sachenrecht	Familien-/Erbrecht	Gesellschaftsrecht
• § 311b Abs. 1 S. 1 Verpflichtungsvertrag zum Erwerb oder zur Übertragung von Grundstücken **– notarielle Beurkundung –**	• § 925 Abs. 1 Auflassung **– vor dem Notar** unter gleichzeitiger Anwesenheit –	• § 1410 Abschluss des Ehevertrags **– notarielle Beurkundung** unter gleichzeitiger Anwesenheit –	• § 2 Abs. 1 GmbHG GmbH-Vertrag **– notarielle Beurkundung –**
• § 518 Abs. 1 Schenkungsversprechen **– notarielle Beurkundung –**	• § 1154 Übertragung der Hypothek **– schriftliche** Abtretungserklärung plus Übergabe des Briefes oder Eintragung im Grundbuch –	• § 2247 Testament – ganze Erklärung muss **handschriftlich** geschrieben und **unterschrieben** sein –	• § 15 Abs. 3 u. 4 GmbHG Abtretung von Geschäftsanteilen sowie Verpflichtung dazu **– notarielle Beurkundung –**
• § 766 S. 1 Bürgschaftsversprechen **– Schriftform –** weitere Fälle: § 311b Abs. 3, 5; § 492 Abs. 1; § 761; § 780; § 781.	• § 1155 **öffentlich beglaubigte** Abtretungserklärung plus Übergabe des Briefes	• § 2276 Erbvertrag **– notarielle Beurkundung** unter gleichzeitiger Anwesenheit –	• § 53 Abs. 2 GmbHG Beschluss über Satzungsänderung **– notarielle Beurkundung –**
			• § 23 Abs. 1 AktG Satzung der AG **– notarielle Beurkundung –**

Die Anordnung einer besonderen Form erfolgt aus unterschiedlichen Gründen. Dabei kann eine Formvorschrift mehreren Zwecken zugleich dienen. Formzwecke können sein:

■ Warn- und Schutzfunktion: Der Erklärende soll keine übereilten, unüberlegten Erklärungen abgeben (z.B. bei Eingehung besonderer Verpflichtungen, wie einer Bürgschaft).

■ Beweisfunktion: Der Inhalt der Erklärung soll klar und eindeutig festgelegt werden und es gilt die Vermutung der Richtigkeit und Vollständigkeit der Urkunde (z.B. bei Grundstücksübertragungen, § 311b Abs. 1). Die Formvorschrift des § 781 dient vorwiegend Beweiszwecken.[131]

■ Belehrungsfunktion: In den Fällen der notariellen Beurkundung sollen die Parteien rechtlich beraten und über die durch das Rechtsgeschäft ausgelösten Rechtsfolgen belehrt werden, § 17 BeurkG (z.B. bei Abgabe eines Schenkungsversprechens, § 518 Abs. 1, und auch bei § 311b Abs. 1 S. 1).

■ Erkennbarkeit des Rechtsgeschäfts für Dritte (z.B. Eheschließung).

1. § 311b Abs. 1 S. 1: Verpflichtung zur Übertragung oder zum Erwerb von Grundstücken

Nach § 311b Abs. 1 S. 1 ist jeder Vertrag beurkundungsbedürftig, der eine Verpflichtung zur Übertragung oder zum Erwerb eines Grundstücks enthält. **115**

Die Beurkundungspflicht erschöpft sich nicht darin, die Leistungs- und Gegenleistungsverpflichtung in die Urkunde aufzunehmen, sondern es muss der **gesamte Vertragsinhalt** beurkundet werden.

a) Übertragungs- bzw. Erwerbsverpflichtung

I. Auch die **bedingte** Eigentumsübertragungs- oder Erwerbsverpflichtung ist formbedürftig.[132] Um einen bedingten Kauf handelt es sich bei der Vereinbarung eines **Vorkaufsrechts**. Der Kaufvertrag, der zur Eigentumsübertragung verpflichtet, kommt zustande, wenn der Vorkaufsverpflichtete an einen Dritten verkauft und der Vorkaufsberechtigte das Vorkaufsrecht ausübt – doppelt bedingter Kauf –. Die spätere Ausübung des Vorkaufsrechts ist dagegen formfrei, § 464 Abs. 1 S. 2, weil die Verpflichtung zur Eigentumsübertragung bereits mit Abschluss des Vorverkaufsvertrags begründet worden ist.[133] **116**

II. Der **Auftrag** zum Eigentumserwerb gemäß § 662 kann den Beauftragten verpflichten, das Grundstück zu erwerben, wenn der Eigentümer zur Übereignung bereit ist und der Auftraggeber kann verpflichtet sein, das Eigentum zu erwerben. Wird durch den Auftrag eine Erwerbspflicht begründet, so ist der Auftrag gemäß § 311b Abs. 1 formbedürftig. **117**

---

131 BGH NJW 1993, 584 = JR 1993, 285 mit zustimmender Anmerkung von Haase.
132 OLG Brandenburg NJW-RR 1999, 741; Palandt/Grüneberg § 311b Rn. 11.
133 OLG Frankfurt NJW-RR 1999, 16; Sarnighausen NJW 1998, 37; für das Ankaufsrecht BGH WM 1996, 1734.

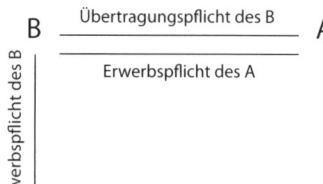

Beispiel: A beauftragt den B, für ihn von dem E ein Grundstück zu erwerben. B kauft das Grundstück von E und wird als Eigentümer im Grundbuch eingetragen. Den Kaufpreis bezahlt B mit einem von A erhaltenen Vorschuss. Als A von B Herausgabe verlangt, wendet B ein, der Auftrag sei formnichtig.

Ein Herausgabeanspruch des A gegen B kann sich aus § 667 ergeben. Dies setzt voraus, dass ein wirksames Auftragsverhältnis besteht. Der zwischen A und B vereinbarte Auftrag könnte jedoch formnichtig sein. Ein Auftrag zum Erwerb eines Grundstücks kann unter drei Gesichtspunkten gemäß § 311b Abs. 1 S. 1 formbedürftig sein.

I. In aller Regel besteht eine bedingte Erwerbspflicht des Beauftragten.[134] Der Auftrag bedurfte der Form des § 311b Abs. 1 S. 1, da B verpflichtet wurde, das Grundstück von E zu erwerben. Insoweit ist die Nichteinhaltung der Form aber unbeachtlich, da der Erwerber B als Eigentümer im Grundbuch eingetragen worden ist und dadurch Heilung gemäß § 311b Abs. 1 S. 2 eingetreten ist.[135]

II. Die Vereinbarung der Übertragungspflicht des Beauftragten bedarf nicht der Form des § 311b Abs. 1 S. 1. Zwar ist der B nach dem Erwerb aufgrund des Auftrags zur Weiterübertragung an A verpflichtet, doch diese Verpflichtung tritt gemäß § 667 kraft Gesetzes ein, sodass insoweit keine vertragliche Eigentumsübertragungsverpflichtung besteht und § 311b Abs. 1 nicht eingreift.[136]

III. Regelmäßig wird sich aus dem Auftragsverhältnis auch eine Erwerbspflicht des Auftraggebers ergeben, die gemäß § 311b Abs. 1 S. 1 formbedürftig ist.[137] Diese Form ist hier nicht eingehalten. Auch eine Heilung gemäß § 311b Abs. 1 S. 2 scheidet aus, da A nicht in das Grundbuch eingetragen wurde. Es kann dem Auftragnehmer aber gemäß § 242 verwehrt sein, sich auf die Formnichtigkeit zu berufen. Soweit das Formbedürfnis die Erwerbspflicht des Auftraggebers betrifft, besteht es zu seinem Schutz und nicht zum Schutz des Beauftragten. Vor allem dann, wenn der Beauftragte das Grundstück mit Mitteln des Auftraggebers erworben hat, ist es mit Treu und Glauben nicht zu vereinbaren, dass der Beauftragte sich der Herausgabepflicht des § 667 durch die Berufung auf die Formnichtigkeit entzieht.[138] Anders ist es, wenn der Beauftragte das Grundstück mit eigenen Mitteln erworben hat.[139] Hier hat B das Grundstück mit Mitteln des A erworben. B kann sich gemäß § 242 nicht auf die Formnichtigkeit berufen. Es besteht ein Herausgabeanspruch des A gegen B aus § 667.

118 **III.** Auch **mittelbare** Übertragungs- und Erwerbsverpflichtungen sind gemäß § 311b Abs. 1 S. 1 beurkundungspflichtig.

- **Vorverträge**, in denen sich die Parteien verpflichten, einen Hauptvertrag über die Übertragung oder den Erwerb eines Grundstücks abzuschließen, sind formbedürftig gemäß § 311b Abs. 1 S. 1.

  Beachte: *Wird die Form nicht eingehalten, tritt bereits mit Abschluss des Hauptvertrags Heilung gemäß § 311b Abs. 1 S. 2 ein.*[140]

- Analog § 311b Abs. 1 S. 1 können auch Verträge formbedürftig sein, bei denen sich eine Partei zwar nicht rechtlich, aber **wirtschaftlich bindet**, indem für den Fall des

---

134 BGHZ 85, 245, 250; 127, 168, 175; Palandt/Grüneberg § 311b Rn. 18.

135 BGHZ 127, 168, 175; BGH, Urt. v. 14.02.2008 – III ZR 145/07, Rn. 25.

136 BGHZ 82, 292, 294; 85, 245, 249; 127, 168, 170; BGH, Urt. v. 14.02.2008 – III ZR 145/07, Rn. 26.

137 BGHZ 85, 245, 251; BGH NJW 1996, 1960.

138 BGHZ 85, 245, 251; 127, 168, 175; BGH, Urt. v. 14.02.2008 – III ZR 145/07, Rn. 27.

139 BGH NJW 1996, 1960.

140 BGHZ 82, 398; BGH NJW-RR 1993, 522; BGH, Urt. v. 08.10.2004 – V ZR 178/03, BGHZ 160, 368.

Unterbleibens des Grundstücksgeschäfts erhebliche wirtschaftliche Nachteile vereinbart werden.

Erforderlich ist, dass praktisch ein wirtschaftlicher Zwang besteht, wie dies z.B. der Fall ist, wenn für den Fall des Abschlusses oder Nichtabschlusses des Grundstückskaufvertrags eine Vertragsstrafe, der Verfall der Kaufpreiszahlung oder eine erfolgsunabhängige Maklerprovision versprochen wird.[141]

IV. Die Vorschrift des § 311b Abs. 1 gilt entsprechend bei Verpflichtungen zur Übertragung oder zum Erwerb des **Anwartschaftsrechts** an einem Grundstück.[142]   **119**

b) Umfang des Formerfordernisses

Das Formbedürfnis erstreckt sich nicht nur auf die Übertragungs- oder Erwerbsverpflichtung, sondern auf den **gesamten Vertragsinhalt**, einschließlich aller Nebenabreden. Dem Beurkundungserfordernis unterliegen alle Vereinbarungen, aus denen sich nach dem Willen der Parteien das schuldrechtliche Veräußerungsgeschäft zusammensetzt.[143]   **120**

Beispiel 1: Anrechnung einer Vorauszahlung

K kauft von V ein Grundstück für 100.000 €. Bereits vor Abschluss des notariellen Kaufvertrags hatte K an V 80.000 € gezahlt. Diese Zahlung sollte auf den Kaufpreis angerechnet werden, sodass K bei Vertragsschluss nur noch 20.000 € zu zahlen hatte. In dem notariellen Vertrag fehlt die Anrechnungsvereinbarung.

I. Die Vereinbarung über die Anrechnung der Vorauszahlung ist formbedürftig, weil sie eine Einigung über die Frage enthält, wie der Kaufpreis erbracht werden soll.[144]
II. Die Anrechnungsvereinbarung ist formnichtig (§ 125 S. 1). Gemäß § 139 führt diese Teilnichtigkeit grundsätzlich zur Gesamtnichtigkeit des Vertrags. Anders ist es aber, wenn feststellbar ist, dass die Parteien den Kaufvertrag auch ohne die Anrechnungsvereinbarung geschlossen hätten. Dies kann dann angenommen werden, wenn der Verkäufer den Erhalt des Kaufpreises quittiert hat und der Käufer somit die Bezahlung des Kaufpreises beweisen kann.[145]

Beispiel 2: Vereinbarung zusätzlicher Gegenleistungen   **121**

Der 70-jährige V verkauft sein Grundstück an K und lässt es auf. Als Gegenleistung sollten 150.000 €, ein 5-jähriges Wohnrecht und eine monatliche Rente von 1.000 € geschuldet werden. In der notariellen Urkunde wird die Rente vergessen. Die Eintragung des K als Eigentümer verzögert sich. K macht nunmehr geltend, das Grundstück sei zu teuer und der Vertrag sei formnichtig.

Da der Inhalt der Einigung nicht vollständig in der notariellen Urkunde enthalten ist, liegt eine Teilnichtigkeit vor, die gemäß § 139 die vollständige Nichtigkeit des Vertrags zur Folge hat.[146]

Bei **zusammengesetzten Verträgen**, die rechtlich eine Einheit bilden, unterliegt der gesamte Inhalt der Einigung dem Formerfordernis. Die rechtliche Einheit ist dann gegeben, wenn **beide Verträge** nach dem Willen der Parteien derartig voneinander abhängen, dass sie miteinander stehen und fallen sollen.[147]   **122**

---

141 BGH NJW 1990, 390, 391.

142 BGHZ 83, 395, 400.

143 BGH NJW 1998, 3196; 3197.

144 BGH NJW 1986, 248; BGH, Urt v. 17.03.2000 – V ZR 362/98, NJW 2000, 2100.

145 BGH, Urt. v. 17.03.2000 – V ZR 362/98, NJW 2000, 2100.

146 BGH NJW 1981, 222.

147 BGH, Urt. v. 12.02.2009 – VII ZR 230/07, Rn. 13 ff., WM 2009, 1338; Palandt/Grüneberg § 311b Rn. 32.

Die Abhängigkeit muss allerdings keine wechselseitige sein. Auch bei einer einseitigen Abhängigkeit des Grundstücksgeschäfts von dem anderen Rechtsgeschäft ist die Gesamtheit der Vereinbarungen formbedürftig. Eine einseitige Abhängigkeit des anderen Geschäfts von dem Grundstücksgeschäft reicht demgegenüber nicht.[148]

Beispiel 1: Die Brauerei V verkauft dem K notariell ein Grundstück. In einem privatschriftlichen Vertrag verpflichtet sich der K der V gegenüber zum ausschließlichen Bierbezug von V.

Der Grundstücksvertrag ist abhängig vom Abschluss des Bierbezugsvertrags. Der Kaufvertrag wäre ohne den Abschluss des Bierbezugsvertrags nicht getätigt worden, sodass der Bierbezugsvertrag gemäß § 311b Abs. 1 S. 1 beurkundungspflichtig ist.[149]

Beispiel 2: V, der sich in finanziellen Schwierigkeiten befindet, soll von K ein Darlehen über 250.000 € erhalten. Zur Sicherung des Darlehens macht V dem K ein notarielles Kaufangebot über ein Grundstück. Im privatschriftlichen Sicherungsvertrag wird im Einzelnen geregelt, unter welchen Voraussetzungen K berechtigt sein soll, das Angebot über das Grundstück anzunehmen.

Da das Kaufangebot zum Erwerb des Grundstücks von der Sicherungsabrede abhängig ist, ist auch die Sicherungsabrede gemäß § 311b Abs. 1 S. 1 beurkundungspflichtig.[150]

c) Abänderung, Ergänzung und Aufhebung

123 § 311b Abs. 1 S. 1 gilt nicht nur für die Begründung der rechtsgeschäftlichen Verpflichtung, sondern auch für die spätere **Abänderung oder Ergänzung**.

Beispiel: V verkauft dem K ein Grundstück und lässt es auf. Einige Tage später vereinbaren V und K schriftlich ein Wiederkaufsrecht. Der Eigentumswechsel wird sodann eingetragen. Später verlangt V entsprechend den schriftlichen Vereinbarungen die Rückübertragung des Grundstücks.

I. Die Parteien haben sich über die Wiederkaufsberechtigung des V geeinigt.
II. Da damit eine Verpflichtung zur Rückübertragung eines Grundstücks begründet werden sollte, bedurfte diese Erklärung der Form des § 311b Abs. 1 S. 1.[151]
III. Da diese Form nicht eingehalten wurde, ist die Vereinbarung gemäß §§ 125, 311b Abs. 1 nichtig. Eine Heilung nach § 311b Abs. 1 S. 2 ist nicht eingetreten, weil die Vereinbarung erst nach der Auflassung getroffen worden ist. Nach § 311b Abs. 1 S. 2 werden jedoch nur die Einigungserklärungen geheilt, die vor Auflassung und Eintragung abgegeben worden sind.[152]

Nur solche Abänderungen sind formlos gültig, die der Beseitigung einer bei der Abwicklung des Rechtsgeschäfts unerwartet hervorgetretenen Schwierigkeit dienen, vorausgesetzt, dass die zu diesem Zweck getroffene Abrede die beiderseitigen Verpflichtungen des Vertrags nicht wesentlich verändert.[153]

Beispiel: Einvernehmliche Verlängerung einer vereinbarten Rücktrittsfrist.[154]

Formbedürftig sind dagegen der Erlass, die Herabsetzung oder Erhöhung des Kaufpreises[155] oder Veränderungen der vereinbarten Leistungszeit.[156] **Nach der Auflassung** sind Änderungen nicht mehr formbedürftig, weil die Übereignungs- bzw. Erwerbsver-

---

148 BGH, Urt. v. 12.02.2009 – VII ZR 230/07, Rn. 14, WM 2009, 1338;

149 Soergel/Wolf § 313 Rn. 73.

150 BGH NJW 1983, 565.

151 BGH NJW 1996, 452.

152 BGH NJW 1988, 2237.

153 BGH NJW 1974, 271; 1982, 434; Staudinger/Schumacher § 311b Abs. 1 Rn. 201; MünchKomm/Einsele § 125 Rn. 18; MünchKomm/Kanzleiter § 311b Rn. 58.

154 OLG Brandenburg NJW-RR 1996, 724.

155 BGH NJW 1982, 434.

156 BGH NJW 1974, 271.

pflichtung nicht mehr besteht.[157] Bei zusammengesetzten Verträgen kann der eigentlich formlose Teil nach der Beurkundung formlos geändert werden.[158]

Die **Aufhebung** eines formbedürftigen Verpflichtungsgeschäfts ist i.d.R. formlos möglich. So bedarf die Aufhebung eines Grundstücksvertrags bis zur Übereignung nicht der Form des § 311 b Abs. 1 S. 1, da dadurch keine Übereignungs- und auch keine Erwerbspflicht begründet wird. Ist der Käufer dagegen durch Auflassung und Eintragung bereits Eigentümer geworden, so begründet die Aufhebung des Kaufvertrags die Verpflichtung des Käufers zur Rückübertragung und bedarf daher gemäß § 311 b Abs. 1 S. 1 notarieller Beurkundung.[159] Die Aufhebung nach erfolgter Auflassung, aber noch vor der Eintragung ist dann formbedürftig, wenn der Auflassungsempfänger die Eintragung beantragt hat oder zu seinen Gunsten eine Auflassungsvormerkung (§ 883) eingetragen ist, weil sie dann das Anwartschaftsrecht des Auflassungsempfängers zerstört.[160]

124

2. Das Formerfordernis aus § 766 S. 1

Nach § 766 S. 1 ist die schriftliche Erteilung des Bürgschaftsversprechens Wirksamkeitsvoraussetzung für den Bürgschaftsvertrag. Dem Formerfordernis unterliegt nicht der Bürgschaftsvertrag, sondern nur die Erklärung des Bürgen. Diese muss allerdings vollständig der Schriftform entsprechen.

125

Das Bürgschaftsversprechen muss zumindest den Gläubiger, den Schuldner, die gesicherte Forderung und den Verbürgungswillen enthalten.[161]

Beispiel: B gibt der G-Bank gegenüber ein Bürgschaftsversprechen zur Sicherung einer Forderung, die der G-Bank gegenüber seinem Bruder S zusteht. Er unterschreibt die Erklärung: „Ich verbürge mich für die Schuld meines Bruders S".

Diese Bürgschaftserklärung ist gemäß § 125 S. 1 i.V.m. § 766 S. 1 nichtig, weil die Urkunde weder den Gläubiger noch die Forderung, die gesichert werden soll, enthält.

Auch Nebenabreden und Änderungsvereinbarungen sind formbedürftig, soweit sie den Bürgen belasten. Abreden, die den Bürgen entlasten, sind formfrei.[162]

3. Weitere Formerfordernisse

Die schriftliche Abtretungserklärung des Hypotheken- oder Grundschuldgläubigers (§§ 1154, 1192) muss den neuen Gläubiger, den Abtretungswillen und die Forderung oder Grundschuld beinhalten.[163]

126

Die in § 126 b geregelte **Textform** ermöglichen insbesondere Vorschriften des Mietrechts (§ 554 Abs. 3, §§ 556 a ff.).

---

157 BGH NJW 1985, 266; a.A. Kanzleiter DNotZ 1985, 285.
158 Maier-Reimer NJW 2004, 3741, 3745.
159 BGHZ 127, 168, 173.
160 BGHZ 83, 395, 399; BGH NJW 1984, 973, 974; 1988, 1386; 1994, 3346, 3347; MünchKomm/Einsele § 125 Rn. 15; Palandt/Grüneberg § 311 b Rn. 40.
161 BGH NJW 1995, 43; 959; Palandt/Sprau § 766 Rn. 3.
162 BGH WM 1997, 625; NJW 1994, 1656; Palandt/Sprau § 766 Rn. 3; MünchKomm/Einsele § 125 Rn. 34; Soergel/Hefermehl § 125 Rn. 16.
163 Palandt/Bassenge § 1154 Rn. 5.

Außerhalb des BGB besteht die Möglichkeit der Textform z.B. nach den §§ 410 Abs. 1, 455 Abs. 1 S. 2, 468 Abs. 1 S. 1 HGB, §§ 47 Abs. 3, 48 Abs. 2 GmbHG und § 109 Abs. 3 AktG.

II. Die vertraglich vereinbarte Form

127   Die Parteien können aufgrund der Vertragsfreiheit bestimmen, dass ein Rechtsgeschäft in einer bestimmten Form abgeschlossen werden soll. Sie können dabei an die gesetzlich vorgesehenen Formen anknüpfen, doch ist es ihnen unbenommen, andere Formen als Wirksamkeitsvoraussetzungen zu bestimmen. Am häufigsten ist allerdings die Vereinbarung der Schriftform.

Die Formvereinbarung kann jederzeit durch eine abweichende, auch konkludente Abrede aufgehoben werden. Ist z.B. die Schriftform vereinbart, kann in einem mündlichen Vertragsschluss die konkludente Aufhebung der Formvereinbarung liegen.

Bei einer **einfachen Schriftformklausel** brauchen die Parteien die vereinbarte Formklausel bei der Abänderung, Ergänzung oder Aufhebung nicht zu bedenken. Allein in der formlosen, sachlichen Änderung des Vertrags ist gleichzeitig die Aufhebung der Schriftformklausel enthalten.[164]

128   Eine **doppelte Schriftformklausel** liegt vor, wenn nach der Vereinbarung auch Änderungen bezüglich des Formerfordernisses der Schriftform bedürfen.

Eine in einem **Individualvertrag** enthaltene doppelte Schriftformklausel kann entsprechend ihrem Wortlaut nur durch eine schriftliche Vereinbarung aufgehoben werden.[165] Würde auch in diesem Fall eine formlose Änderung die Aufhebung der Schriftformklausel bedeuten, wäre § 125 S. 2 weitgehend sinnlos.

Für **Allgemeine Geschäftsbedingungen** gilt gemäß § 305 b der Vorrang der Individualabrede. Der Vorrang individueller Vereinbarungen gilt auch gegenüber doppelten Schriftformklauseln. Eine in Allgemeinen Geschäftsbedingungen enthaltene doppelte Schriftformklausel ist gemäß § 307 Abs. 1 unwirksam, weil sie gegenüber dem Vertragspartner den unzutreffenden Eindruck erweckt, der Vorrang der (formlosen) Individualabrede würde nicht gelten.[166]

B. Die Einhaltung der einzelnen Arten der Form

129   Die Formerfordernisse beziehen sich auf verschiedene Arten der Form. Die wichtigsten sind die Schriftform (§ 126) und die notarielle Beurkundung (§ 128 i.V.m. dem Beurkundungsgesetz).

Besondere Erfordernisse an die Einhaltung der Form stellen z.B. § 925 (gleichzeitige Anwesenheit der Parteien vor dem Notar), § 1310 (gleichzeitige Anwesenheit vor dem Standesbeamten) oder § 2231 Nr. 2 i.V.m. § 2247 Abs. 1 (eigenhändig geschriebenes und unterschriebenes Testament).

Für die vertraglich vereinbarte Schriftform gilt § 127.

---

164   BGH WM 1974, 105; NJW 1975, 1653; BAG NJW 1989, 2149; Soergel/Hefermehl § 125 Rn. 33; Erman/Arnold § 125 Rn. 26.

165   BGHZ 66, 378, 380; BAG, Urt. v. 24.05.2003 – 9 AZR 202/02, BAGE 106, 345; Palandt/Ellenberger § 125 Rn. 19.

166   BAG, Urt. v. 20.05.2008 – 9 AZR 382/07, NJW 2009, 316; OLG Rostock, Urt. v. 19.05.2009 – 3 U 16/09.

I. Die Voraussetzungen der gesetzlichen Schriftform gemäß § 126

Nach § 126 Abs. 1 muss die Urkunde von dem Aussteller eigenhändig unterzeichnet **130** werden. Bedarf ein Vertrag der Schriftform, müssen gemäß § 126 Abs. 2 S. 1 grundsätzlich beide Parteien auf derselben Urkunde unterzeichnen.

Werden über einen Vertrag, der der Schriftform bedarf, mehrere gleich lautende Urkunden aufgenommen, so genügt es, dass jede Partei die für die andere Partei bestimmte Urkunde unterzeichnet (§ 126 Abs. 2 S. 2). Dies setzt aber voraus, dass jede der beiden Urkunden auch die zum Vertragsschluss notwendigen Erklärungen des Vertragspartners enthält.[167]

Die **Urkunde** muss den gesamten Inhalt des Rechtsgeschäfts enthalten. Aus der gesetz- **131** lichen Formulierung „die" Urkunde ergibt sich weiterhin, dass es sich um eine einzige Urkunde handeln muss. Besteht eine Urkunde aus mehreren Blättern ist eine feste Verbindung nicht unbedingt erforderlich. Es reicht, wenn sich die Einheit der Urkunde aus der fortlaufenden Paginierung, der fortlaufenden Nummerierung der einzelnen Bestimmungen, einheitlicher grafischer Gestaltung, inhaltlichem Zusammenhang des Textes oder vergleichbaren Merkmalen zweifelsfrei ergibt.[168]

Aussteller der Urkunde ist **auch der Vertreter**. **132**

Unterzeichnet dieser entsprechend dem Wortlaut des § 126 Abs. 1 mit dem eigenen Namen, muss grundsätzlich das Vertretungsverhältnis zum Ausdruck gebracht werden. Ein Vertretungszusatz ist aber nicht erforderlich, wenn die Tatsache der Vertretung auf andere Weise hinreichend bestimmbar ist.

Beispiel: Für den A unterzeichnet V als Vertreter mit seinem eigenen Namen. Wenn als Vertragspartner eine natürliche Person auftritt und eine andere Person den Vertrag unterschreibt, kann dies nur bedeuten, dass der Unterzeichnende die Vertragspartei vertreten will. Ein Vertretungszusatz ist nicht erforderlich.[169]

Anders wäre dies beispielsweise, wenn neben dem A auch V Vertragspartei wäre, denn dann wäre allein durch seine Unterschrift nicht klargestellt, ob er nur in eigenem Namen handelt oder auch den A vertritt.

Der Vertreter kann auch mit dem Namen des Vertretenen unterschreiben.[170]

Bei einer Gesellschaft bürgerlichen Rechts müssen entweder alle Gesellschafter unterzeichnen oder die Urkunde muss erkennen lassen, dass die Unterschrift der handelnden Gesellschafter auch im Namen der nicht unterzeichnenden Gesellschafter erfolgt ist.[171]

Der Urkundentext muss vom Erklärenden **eigenhändig** mit Namen **unterschrieben** worden sein.

Der Name braucht nicht lesbar zu sein. Ausreichend ist das Vorliegen eines die Identität **133** des Unterschreibenden kennzeichnenden individuellen Schriftzugs, der sich als **Wiedergabe des Namens** darstellt und die **Absicht einer vollen Unterschriftsleistung** erkennen lässt. Bloße Handzeichen, einzelne Buchstaben oder Buchstabenfolgen reichen nicht.[172]

---

167 BGH, Urt. v. 18.10.2000 – XII ZR 179/98, NJW 2001, 221.
168 BGHZ 136, 357; 142, 158; BGH NJW 2000, 354.
169 BGH, Urt. v. 07.05.2008 – XII ZR 69/06, Rn. 28, BGHZ 176, 301.
170 BGHZ 45, 193, 195; Palandt/Ellenberger § 126 Rn. 9; Soergel/Hefermehl § 126 Rn. 18.
171 BAG, Urt. v. 21.04.2005 – 2 AZR 162/04, NZA 2005, 865.
172 BGH, Urt. v. 15.11.2006 – IV ZR 122/05, WM 2007, 426.

Beispiel: Wenn Karl Müller mit „Müller" unterzeichnet, darf dieser Schriftzug unleserlich sein. Eine Unterzeichnung mit „K. M." reicht aber nicht.

Empfangsbedürftige Willenserklärungen, die der Schriftform bedürfen, werden nur wirksam, wenn sie dem Adressaten **zugehen**. Dazu genügt nicht die Übersendung eines Telegramms oder eines Telefaxes, weil in diesen Fällen nicht die unterschriebene Erklärung zugeht.

Beispiel: § 766 S. 1 erfordert die schriftliche Erteilung der Bürgschaftserklärung. Wird dem Gläubiger die Bürgschaftserklärung per Fax übersandt, ist die Form des § 766 S. 1 nicht gewahrt. Das bei dem Empfänger im Faxgerät ausgedruckte Schriftstück ist nicht eigenhändig von dem Bürgen unterschrieben und das bei dem Bürgen verbleibende, eigenhändig unterzeichnete Exemplar geht dem Gläubiger nicht zu.[173]

134 Nach § 126 Abs. 3 kann die schriftliche Form durch die **elektronische Form** ersetzt werden, soweit sich nicht aus dem Gesetz ein anderes ergibt. Die Beteiligten müssen ausdrücklich oder konkludent die Anwendung der elektronischen Form billigen und deshalb mit dem Zugang einer elektronischen Willenserklärung rechnen. Gesetzlich ausgeschlossen ist die elektronische Form z.B. in § 484 Abs. 1 S. 2 (Teilzeitwohnrechte), § 492 Abs. 1 S. 2 (Verbraucherdarlehensverträge), § 623 (Kündigung von Arbeitsverhältnissen), § 630 (Zeugniserteilung), § 766 S. 2 (Bürgschaftsversprechen), § 780 S. 2 (Schuldversprechen), § 781 S. 2 (Schuldanerkenntnis).

Die elektronische Form wird gemäß § 126a Abs. 1 dadurch gewahrt, dass der Aussteller der Erklärung dieser seinen Namen hinzufügt und das elektronische Dokument mit einer qualifizierten elektronischen Signatur nach dem Signaturgesetz versieht. In Anlehnung an § 126 Abs. 2 erfordert § 126 a Abs.2 bei einem Vertrag die Signatur jeweils eines gleich lautenden Dokuments. Die Frage, wer Signaturen vergeben darf und wie die Sicherheit und Unverfälschbarkeit eines elektronischen Dokuments gewährleistet wird, ist im Signaturgesetz geregelt. Zugelassene Zertifizierungsanbieter sind z.B. die Deutsche Telekom und die Deutsche Post.

II. Die Textform, § 126 b

135 Die Textform wird unter den Voraussetzungen des § 126 b gewahrt. Es handelt sich um eine Art Schriftform ohne eigenhändige Unterschrift. Vorausgesetzt wird, dass die Erklärung in Schriftzeichen lesbar abgegeben, die Urheberschaft angegeben und ihr räumlicher Abschluss erkennbar ist.

Da keine eigenhändige Unterschrift erforderlich ist, kann die Erklärung in Kopie oder Fax übermittelt werden. Die Erklärung muss nicht einmal papiergebunden sein, auch eine E-Mail oder ein direkt von Computer zu Computer übersandtes Fax reichen aus, solange die Schriftzeichen beim Empfänger lesbar sind.

Der Abschluss der Erklärung muss deutlich gemacht werden. Das wird üblicherweise durch Namensnennung, einen Zusatz wie „Diese Erklärung ist nicht unterschrieben.", durch Faksimile, eine eingescannte Unterschrift oder ähnliche den Abschluss kennzeichnende Weise geschehen.[174]

---

173 BGHZ 121, 224, 229.
174 Palandt/Ellenberger § 126 b Rn. 5.

III. Vereinbarte Schriftform, § 127 Abs. 2

Nach § 127 Abs. 2 reicht für die Einhaltung der vereinbarten Schriftform auch die telekommunikative Übermittlung; bei Verträgen ist ein Briefwechsel ausreichend. Die Form wird durch ein Fax oder eine E-Mail gewahrt, nicht aber durch eine telefonische Übermittlung.[175] Bei dem gemäß § 127 Abs. 2 formwahrenden Vertragsschluss durch Briefwechsel befinden sich abweichend von § 126 Abs. 2 die Unterschriften der Parteien nicht auf einer Urkunde.

136

IV. Die notarielle Beurkundung

Ist die notarielle Beurkundung für ein Rechtsgeschäft vorgeschrieben, so sind die Wirksamkeitsvoraussetzungen des Beurkundungsgesetzes und des § 128 zu beachten.

137

Der Notar bestätigt durch seine Unterschrift, dass der Erklärende die Erklärung, so wie sie beurkundet worden ist, tatsächlich **abgegeben** und die Urkunde **eigenhändig unterschrieben** hat.

V. Die öffentliche Beglaubigung

Bei der öffentlichen Beglaubigung muss die Erklärung schriftlich abgefasst und die Unterschrift oder ein Handzeichen des Erklärenden von einem Notar beglaubigt werden, § 129 Abs. 1.

138

Die Unterschrift muss eigenhändig hergestellt werden und soll nur beglaubigt werden, wenn sie in Gegenwart des Notars vollzogen oder anerkannt wird (§ 40 Abs. 1 BeurkG).

Die Beglaubigung einer Blanko-Unterschrift ohne zugehörigen Text soll nur erfolgen, wenn dargelegt wird, dass die Beglaubigung vor der Festlegung des Urkundeninhalts benötigt wird (§ 40 Abs. 5 BeurkG).

Die öffentliche Beglaubigung dient dem Nachweis der Identität des Unterzeichners und damit der Echtheit der Urkunde. Sie bezeugt nur die Richtigkeit der Unterschrift, nicht aber die des Textes der Urkunde. Die öffentliche Beglaubigung wird ebenso wie die Schriftform durch die notarielle Urkunde ersetzt (§ 129 Abs. 2).

C. Die Rechtsfolgen des Formmangels

■ Wird die Form nicht eingehalten, ist das Rechtsgeschäft grundsätzlich gemäß § 125 nichtig.

139

■ Der Formmangel kann in den gesetzlich bestimmten Fällen geheilt werden, sodass die rechtsgeschäftlichen Erklärungen wirksam werden.

■ In Ausnahmefällen kann die Berufung auf den Formmangel gemäß § 242 unzulässig sein.

---

175 Palandt/Ellenberger § 127 Rn. 2; BT-Drucks. 14/4987, S. 43.

I. Nichtigkeit

1. Gesetzliche Form (§ 125 S. 1)

140 Die Nichteinhaltung gesetzlicher Formvorschriften führt gemäß § 125 S. 1 zur Nichtigkeit. Sind in einem Vertrag nur bestimmte Abreden formbedürftig, ist Teilnichtigkeit gegeben, die gemäß § 139 zur Gesamtnichtigkeit führen kann.[176]

2. Vertraglich vereinbarte Form (§ 125 S. 2)

141 Beruht das Formerfordernis auf einer vertraglichen Vereinbarung, kann die Einhaltung der Form eine Wirksamkeitsvoraussetzung sein; sie kann aber auch lediglich der Beweiserleichterung dienen. Welche Funktion das vertragliche Formerfordernis hat, ist durch Auslegung zu ermitteln. Nach der Auslegungsregel des § 125 S. 2 hat die Nichteinhaltung der Form im Zweifel die Nichtigkeit zur Folge.

Beispiel: P hat von V ein Grundstück gepachtet. In dem Vertrag war vereinbart, dass eine Kündigung durch eingeschriebenen Brief erfolgen soll. P kündigt den Vertrag fristgerecht durch einfachen Brief zum 30.06. Dennoch verlangt V die Pacht für Juli.

Der Anspruch des V besteht nicht, wenn P den Vertrag zum 30.06. wirksam gekündigt hat. Das hängt nach § 125 S. 2 davon ab, ob die vereinbarte Form nach dem Parteiwillen Wirksamkeitsvoraussetzung sein oder lediglich der Beweiserleichterung dienen sollte. Dies ist durch Auslegung zu ermitteln. Mit einem eingeschriebenen Brief wollen die Parteien regelmäßig nur den sicheren Zugang der Erklärung beim Empfänger und den Nachweis des Zugangs erreichen. Deshalb hat die Übermittlungsform nur Beweisfunktion und beeinträchtigt die Wirksamkeit einer in anderer Weise zugegangenen Erklärung nicht.[177]

II. Die Heilung des Formmangels

142 Eine Heilung ist nur in den gesetzlich bestimmten Fällen möglich:

- durch Erfüllung gemäß §§ 311b Abs. 1 S. 2, 766 S. 3; § 15 Abs. 4 S. 2 GmbHG,

- durch Bewirken des geschenkten Vermögenswertes gemäß § 518 Abs. 2,

- gemäß § 494 Abs. 2, soweit der Verbraucher das Darlehen empfängt oder in Anspruch nimmt.

143 Ist auf ein gesetzlich nicht geregeltes Rechtsgeschäft eine Formvorschrift **entsprechend** anzuwenden und enthält diese Formvorschrift eine Heilungsregelung, dann ist diese Heilungsregelung ebenfalls entsprechend anwendbar.

Der Vorvertrag zum Erwerb oder zur Übertragung eines Grundstücks ist entsprechend § 311b Abs. 1 S. 1 formbedürftig. Ein formnichtiger Vorvertrag wird durch den formgerechten Abschluss des Hauptvertrags geheilt.[178]

Der gesetzlich nicht geregelte Verpflichtungsvertrag zur Bestellung eines dinglichen Vorkaufsrechts ist entsprechend § 311b Abs. 1 S. 1 formbedürftig. Ein formungültiger Vertrag wird entsprechend § 311b Abs. 1 S. 2 mit der Bestellung des dinglichen Vorkaufsrechts geheilt.[179]

---

176 BGH NJW 1994, 720.

177 Palandt/Ellenberger § 125 Rn. 17; MünchKomm/Einsele § 125 Rn. 69.

178 BGH, Urt. v. 08.10.2004 – V ZR 178/03, NJW 2004, 3626; Keim DNotZ 2005, 324.

179 BGHZ 98, 130 ff.; Palandt/Grüneberg § 311b Rn. 52.

Die Heilungswirkung erstreckt sich auf den gesamten Inhalt des Rechtsgeschäfts mit ex-nunc-Wirkung. Die Heilung hat keine rückwirkende Kraft.[180] Die Parteien sind jedoch analog § 141 Abs. 2 verpflichtet, sich gegenseitig das zu gewähren, was sie haben würden, wenn der Vertrag von Anfang an gültig gewesen wäre.[181]

144

1. Heilung gemäß § 311 b Abs. 1 S. 2

Der Zeitpunkt der Heilung ist die Erfüllung durch Auflassung und Eintragung. Für die erforderliche Willensübereinstimmung ist es ausreichend, dass diese im Zeitpunkt der Auflassung noch bestand. Die spätere Willensänderung ist unerheblich.[182] Es ist aber erforderlich, dass Auflassung und Eintragung in Erfüllung des formnichtigen Vertrags erfolgen. Daran fehlt es, wenn der Verkäufer das Grundstück an einen Dritten verkauft und übereignet, selbst wenn der Käufer diesen Dritten vermittelt hat.[183] Geheilt werden alle formungültigen Abreden, die vor Auflassung und Eintragung getroffen worden sind.

145

2. Heilung gemäß § 518 Abs. 2

Das formunwirksame Schenkungsversprechen wird durch die Bewirkung der versprochenen Leistung geheilt. Es ist also nicht wie bei § 311 b Abs. 1 S. 2 die Übertragung der versprochenen Leistung erforderlich, vielmehr genügt die bedingt befristete Übereignung. Maßgebend ist, dass der Schenker alle für den Leistungserfolg erforderlichen Leistungshandlungen vorgenommen hat.[184]

146

III. Die Unzulässigkeit, sich auf den Formmangel zu berufen

Im Interesse der Rechtssicherheit dürfen Formvorschriften nicht aus bloßen Billigkeitserwägungen außer Acht gelassen werden. Eine Einschränkung der Nichtigkeitsanordnung des § 125 durch § 242 ist nur in Ausnahmefällen zulässig, wenn die Nichtigkeit zu einem schlechthin untragbaren Ergebnis führen würde. Es sind insbesondere zwei Fallgruppen als Ausnahmen anerkannt:

147

- die **Existenzgefährdung** einer Partei oder

- eine **besonders schwere Treuepflichtverletzung** des anderen Teils.[185]

1. Die unzulässige Rechtsausübung wegen Existenzgefährdung

Wird im Falle der Formnichtigkeit einer Vereinbarung die wirtschaftliche Existenz einer Partei gefährdet, ist es dem Vertragspartner gemäß § 242 verwehrt, sich auf den Formmangel zu berufen.

148

---

180 BGHZ 54, 56, 63.
181 BGHZ 32, 11, 13; 54, 56, 63 ff.; MünchKomm/Einsele § 125 Rn. 51; Palandt/Ellenberger § 125 Rn. 13; Erman/Arnold § 125 Rn. 23.
182 BGH NJW 1982, 573.
183 BGH, Urt. v. 08.10.2004 – V ZR 178/03, NJW 2004, 3626.
184 Palandt/Weidenkaff § 518 Rn. 9.
185 BGH, Urt. v. 16.07.2004 – V ZR 222/03, WM 2005, 991; Palandt/Ellenberger § 125 Rn. 29 f.; MünchKomm/Einsele § 125 Rn. 56 ff.; Staudinger/Hertel § 125 Rn. 110 ff.; Soergel/Hefermehl § 125 Rn. 35 ff.

Beispiel: Der E hat dem Sohn S, der seit dem 18. Lebensjahr im Einzelhandelsgeschäft des E tätig ist, am Hochzeitstag schriftlich versprochen, das Grundstück nebst Einzelhandelsgeschäft auf S gegen Einräumung eines Altenteilrechts zu übertragen, sobald er 65 Jahre alt sei. Als E dieses Alter erreicht hat, weigert er sich, die Zusage zu halten. S ist inzwischen 41 Jahre alt.

I. S und E haben einen Vorvertrag des Inhaltes geschlossen, dass S spätestens mit Vollendung des 65. Lebensjahres des E den Abschluss eines Übertragungsvertrags sowie dessen Erfüllung verlangen kann.
II. Ein Vorvertrag bedarf grundsätzlich der Form des Hauptvertrags, da sonst der Formzwang durch einen formlos bindenden Vorvertrag umgangen werden könnte. Da E sich schon durch den Vorvertrag zur Grundstücksübertragung verpflichtete, bedurfte dieser nach § 311b Abs. 1 S. 1 der notariellen Beurkundung.
1. Die schriftliche Abrede ist somit gemäß § 125 formnichtig. Eine Heilung des Vorvertrags ist nicht erfolgt, weil der Hauptvertrag nicht formgerecht abgeschlossen worden ist.
2. Dem E ist es aber gemäß § 242 verwehrt, sich auf die Formnichtigkeit zu berufen, denn im Falle der Anerkennung des Formmangels würde die Existenz des S vernichtet, zumindest jedoch erheblich gefährdet. S hat wegen der Zusage des E am Fortbestand des Geschäfts mitgewirkt und auf den Aufbau einer eigenen Existenz verzichtet. Eine vergleichbare Stellung in einem anderen Betrieb kann er jetzt aller Wahrscheinlichkeit nach nicht mehr erlangen.

2. Die unzulässige Berufung auf den Formmangel wegen eines schweren Treueverstoßes

149   Ein Treueverstoß, der gemäß § 242 die Berufung auf den Formmangel hindert, kann vorliegen, weil eine Partei

- durch schuldhaftes Verhalten das formgerechte Zustandekommen des Vertrags verhindert hat oder

- sich bei der Durchführung des Vertrags treuwidrig verhält oder bei der Rückabwicklung einseitig bevorzugt wird.

a) Die schuldhafte Verhinderung des formgerechten Abschlusses

150   Die Partei, die vorsätzlich, also in Kenntnis der Formbedürftigkeit, den formgerechten Abschluss verhindert und beim anderen den Eindruck der Wirksamkeit dieses Rechtsgeschäfts erweckt, kann sich gemäß § 242 wegen eines schweren Treueverstoßes nicht auf den Formmangel berufen.

Beispiel: Rechtsanwalt R verbürgt sich gegenüber dem G für ein seinem Sohn S zu gewährendes Darlehen. Auf Befragen erklärt R dem G, die Bürgschaft sei formlos gültig. G gewährt dem S das Darlehen. Als S nicht zahlt, verlangt G von R Zahlung. Dieser beruft sich auf den Formmangel.

I. R und G haben sich mit dem Inhalt des § 765 geeinigt.
II. Nach § 766 S. 1 bedurfte das Bürgschaftsversprechen des R der Schriftform, sodass die mündliche Bürgschaftserklärung des R gemäß § 125 S. 1 formnichtig ist.
III. Derjenige, der vorsätzlich den formgerechten Abschluss des Vertrags verhindert, kann sich gemäß § 242 auf den Formmangel jedenfalls dann nicht berufen, wenn der Vertragspartner die Formnichtigkeit nicht gekannt hat. Da davon auszugehen ist, dass R als Rechtsanwalt von der Formbedürftigkeit der Bürgschaft wusste, hat er durch sein Verhalten vorsätzlich den Abschluss eines formgerechten Bürgschaftsvertrags verhindert. G ging nach der Auskunft des R von der Formgültigkeit aus. R kann sich daher nach § 242 nicht auf den Formmangel berufen und ist dem G gegenüber zur Zahlung verpflichtet. BGH DNotZ 1973, 18, 19: „Hat aber eine Vertragspartei die andere zum Absehen vom erforderlichen Abschluss eines formgültigen Vertrags veranlasst und diese darauf angenommen, dass auch formlose Vereinbarungen wirksam seien, so reicht dies allein aus, in der Berufung auf die Formnichtigkeit eines Vertrags eine unzulässige Rechtsausübung zu sehen."

Zum Teil wird auch bei dieser Fallgruppe in der Literatur ein Schadensersatzanspruch aus §§ 311 Abs. 2, 241 Abs. 2, 280 Abs. 1 bejaht. Derjenige, der einen anderen vorsätzlich vom formgültigen Abschluss des Rechtsgeschäfts abhält, verletzt vorvertragliche Pflichten und muss den Partner so stellen, wie dieser gestanden hätte, wenn die Pflichtverletzung nicht begangen worden wäre.[186] Zum Teil wird auch ein Wahlrecht des Getäuschten zwischen Schadensersatz und Durchführung des Vertrags angenommen.[187]

151 Haben beide Parteien die Formbedürftigkeit des Rechtsgeschäfts gekannt, so kann sich grundsätzlich jede Partei auf den Formmangel berufen. Wer den Formmangel kennt, weiß, dass diese Vereinbarung nach der Rechtsordnung nicht verbindlich und folglich auch nicht erzwingbar ist. In diesen Fällen, in denen weiter nichts vorliegt, als dass beide Vertragsparteien bewusst gegen die Formvorschrift verstoßen, muss es grundsätzlich bei der in § 125 getroffenen Regelung verbleiben.[188] In besonders gelagerten Ausnahmefällen kann dennoch § 242 eingreifen.[189]

152 Wer durch fahrlässiges Verhalten den anderen vom formgerechten Vertragsschluss abhält, haftet unter den Voraussetzungen der §§ 311 Abs. 2, 241 Abs. 2, 280 Abs. 1 auf Schadensersatz.[190] Trifft beide Parteien Fahrlässigkeit, so ist § 254 Abs. 1 anwendbar.[191]

b) Treuwidriges Verhalten bei Durchführung des Vertrags

153 Eine Partei, die sich während der Abwicklung des Vertrags grob treuwidrig verhält, kann sich auf den Formmangel nicht berufen.[192]

Beispiel: V und K schließen einen notariellen Vertrag über ein Grundstück. Als Kaufpreis wird der vereinbarte Betrag von 27.500 € beurkundet. Die kurz vor dem Vertragsschluss erfolgte Zahlung auf den Kaufpreis i.H.v. 26.000 € wurde im Vertrag nicht erwähnt. Bald nach der Beurkundung überwies K dem V den Restbetrag von 1.500 € und verlangte eine Quittung über die bereits erfolgte Anzahlung von 26.000 € und diese Restzahlung. V verweigert die Quittung und verlangt die Zahlung angeblich noch ausstehender 26.000 €. Als K sich weigert, behauptet V wahrheitswidrig, es sei als Kaufpreis mündlich ein Betrag von 57.500 € vereinbart worden. Weil K nicht zahlen will, verlangt V als Eigentümer gemäß § 985 das bereits im Besitz des K befindliche Grundstück heraus.

Anspruch des V gegen K aus § 985: V ist Eigentümer und K Besitzer des Grundstücks.
Dem K steht jedoch ein Recht zum Besitz zu, wenn der Kaufvertrag wirksam ist.
Da die Anzahlung i.H.v. 26.000 € nicht beurkundet worden ist, ist der Kaufvertrag gemäß § 125 S. 1 nichtig; Heilung ist nicht eingetreten. Doch die Berufung des V auf den Formmangel ist treuwidrig.
BGHZ 85, 315, 319: „Nach diesem Vorbringen haben die Kläger sich mit den Beklagten über den Kaufpreis von 27.500 DM geeinigt, eine Vorauszahlung von 26.000 DM vereinbart und entgegengenommen, die Erteilung einer Quittung verweigert und sodann den Erhalt der Anzahlung bestritten; nachdem sie das Bestreiten nicht mehr aufrechterhalten konnten, haben sie die Vereinbarung eines höheren Kaufpreises von 57.000 DM behauptet und mit der Herausgabeklage den Versuch unternommen, trotz Erhalts des vollen Kaufpreises von 27.500 DM dem Beklagten das Grundstück wieder abzujagen. Ein solches – hier unterstelltes – Verhalten wäre in besonders hohem Maße in sich widersprüchlich und arglistig; es verstieße in so grober Weise gegen Treu und Glauben, dass den Klägern die Berufung auf die Formnichtigkeit des Vertrags gemäß § 242 BGB verwehrt wäre."

---

186 Jauernig/Mansel § 125 Rn. 15.
187 Petersen Jura 2005, 168, 170.
188 Palandt/Ellenberger § 125 Rn. 25; MünchKomm/Einsele § 125 Rn. 61.
189 BGHZ 48, 396; BGH WM 1981, 491, 492; Soergel/Hefermehl § 125 Rn. 45.
190 BGH NJW 1965, 812, 813.
191 Petersen a.a.O.
192 BGHZ 26, 142, 151; 85, 315, 319; BGH NJW 1996, 2503; MünchKomm/Einsele § 125 Rn. 59; Staudinger/Hertel § 125 Rn. 112; Palandt/Ellenberger § 125 Rn. 29.

154 Der Beauftragte kann sich auf den Formmangel des Auftrags zum Grundstückserwerb nicht berufen, wenn er das Grundstück mit Mitteln des Auftraggebers erworben hat.[193]

D. Die Auslegung formbedürftiger Erklärungen

155 Auch formbedürftige Erklärungen sind **auslegungsfähig** und es dürfen zur Auslegung außerhalb der Urkunde liegende Umstände berücksichtigt werden.

- ■ Umstritten ist jedoch, ob der durch Auslegung ermittelte Wille in der Erklärung Ausdruck gefunden haben muss, so die Andeutungstheorie.

- ■ Auch in den Fällen der falsa demonstratio liegt eine formgerechte Erklärung vor.

I. Die nach der h.A. gültige Andeutungstheorie

156 Die Auslegung formbedürftiger Erklärungen erfolgt nach h.M. in zwei Schritten. Zunächst ist der wirkliche Wille des Erklärenden, wie er vom objektiven Empfängerhorizont zu verstehen ist, zu ermitteln. Dabei dürfen alle, auch außerhalb der Urkunde liegende Umstände herangezogen werden.[194]

Sodann ist festzustellen, ob dieser ermittelte wirkliche Wille formgerecht zum Ausdruck gekommen ist. Nach der h.M. muss dabei ein aus Umständen außerhalb der Urkunde ermittelter Wille in der Urkunde einen, wenn auch nur unvollkommenen Ausdruck gefunden haben (Andeutungstheorie).[195]

Begründung: Der mit den Formvorschriften verfolgte Beweissicherungszweck könne nicht erreicht werden, wenn der Wille in der Urkunde nicht enthalten und nicht einmal angedeutet sei.

Gegen die Andeutungstheorie wird geltend gemacht, dass es in Grenzfällen keine objektiven Kriterien gebe, wann der Wille der Parteien gerade noch einen, wenn auch unvollkommenen Ausdruck gefunden habe. Teilweise wird von den Kritikern der Andeutungstheorie angeführt, die Frage, ob die erforderliche Form eingehalten sei, lasse sich nur nach dem Sinn und Zweck der Formvorschrift beantworten.[196]

II. Die Falschbezeichnung bei formbedürftigen Verpflichtungsverträgen

157 Ist ein übereinstimmender Wille der Parteien feststellbar, so gilt dieser, auch wenn er in der Erklärung keinen Ausdruck gefunden hat (falsa demonstratio non nocet). Dieser Grundsatz gilt auch bei formbedürftigen Erklärungen.

---

193 BGHZ 127, 168, 175; BGH NJW 1996, 1960; BGH, Urt. v. 14.02.2008 – III ZR 145/07, Rn. 27; vgl. auch oben Rn. 117.

194 BGH NJW 1996, 2792; Palandt/Ellenberger § 133 Rn. 19.

195 BGHZ 86, 41, 47; BGH NJW 1996, 2792; Staudinger/Hertel § 125 Rn. 87.

196 Soergel/Hefermehl § 125 Rn. 20; MünchKomm/Einsele § 125 Rn. 38; MünchKomm/Busche § 133 Rn. 60; Medicus AT Rn. 331.

Fall 3: Mitverkaufte Parzelle

V bot dem K sein landwirtschaftliches Anwesen mit Hof- und Gebäudefläche, Acker- und Grünland zum Kauf an. Der Grundbesitz war im Grundbuch von P Parzelle Nr. 31, 32 und 30 verzeichnet. K war mit dem verlangten Kaufpreis einverstanden. Beim Abschluss des notariellen Kaufvertrags vom 27.02. wurde das Flurstück Nr. 30 (Grünland) versehentlich nicht mit in die Urkunde aufgenommen. Als das Grundstück später aufgelassen werden soll, stellt sich das Versehen heraus. Der V beruft sich nunmehr auf die Nichtigkeit wegen der mangelnden Beurkundung des Flurstücks Nr. 30. K verlangt Auflassung bezüglich dieses Grundstücks.

K kann von V Übereignung der Parzelle 30 verlangen, wenn diese Parzelle Gegenstand des notariellen Kaufvertrags ist (§§ 433, 311b Abs. 1 S. 1). **158**

I. Mit der notariell beurkundeten Vereinbarung wollten die Parteien übereinstimmend, dass V verpflichtet sein sollte, auch die Parzelle 30 zu übertragen, und sie glaubten, diesen Willen mit der Erklärung zum Ausdruck gebracht zu haben. Es liegt eine versehentliche Falschbezeichnung vor. Die falsa demonstratio ist bei nicht formgebundenen Erklärungen unschädlich, weil nicht das Erklärte, sondern das übereinstimmend mit der Erklärung Gewollte maßgebend ist. Bei den formgebundenen Erklärungen soll jedoch grundsätzlich nur der Wille rechtliche Anerkennung finden, der in der formgerechten Erklärung Ausdruck gefunden hat. Daher können die Regeln der falsa demonstratio auf die formgebundenen Erklärungen nur angewandt werden, soweit der **Sinn und Zweck der Formvorschrift** nicht beeinträchtigt wird.

1. Der Normzweck des § 311b Abs. 1 S. 1, die Parteien vor **Übereilung** zu schützen, ist nicht gefährdet, weil die Notwendigkeit der Beurkundung bestehen bleibt. Auch werden die Parteien vom Notar beraten und über die Rechtsfolgen belehrt.

2. Zwar wird dem **Beweissicherungszweck** nicht entsprochen, wenn man die Unschädlichkeit der Falschbezeichnung anerkennt. Jedoch tritt die beweisrechtliche Bedeutung der Beurkundung bei Grundstücksgeschäften weit hinter die Beratungsfunktion zurück, da zur Feststellung des Vertragsinhaltes regelmäßig außerhalb der Urkunde liegende Umstände heranzuziehen sind. Die falsa demonstratio gilt daher auch für formgebundene Erklärungen.[197]

   Weil anerkannt ist, dass bei der falsa demonstratio der Wille der Parteien in der formgebundenen Erklärung keinen Ausdruck gefunden haben muss, sehen sich die Kritiker der Andeutungstheorie in ihrer Auffassung bestätigt.[198]

II. Der V ist gemäß § 433 Abs. 1 S. 1 verpflichtet, die Auflassung unter Einbeziehung des Flurstücks Nr. 30 vor dem Notar zu erklären. Sodann kann der K seine Eintragung als Eigentümer bzgl. der Parzelle 30 erwirken.

---

197 BGHZ 74, 116, 119 ff.; 87, 150, 152 ff.; OLG Düsseldorf NJW-RR 1995, 784; 2000, 1007; Staudinger/Singer § 133 Rn. 34; Palandt/Grüneberg § 311b Rn. 37.

198 Soergel/Hefermehl § 125 Rn. 20; MünchKomm/Einsele § 125 Rn. 38; Medicus AT Rn. 331.

> **Anmerkung:** Der Grundsatz der falsa demonstratio gilt auch bei der Auflassung gemäß §§ 873, 925. Erklären die Parteien z.B. die Auflassung des Grundstücks Nr. 31 und 32 mit dem gemeinsamen Willen, dass auch das Flurstück Nr. 30 dazugehört, erstreckt sich die Auflassung wie der Kaufvertrag auch auf das Flurstück Nr. 30. Das Eigentum an diesem Flurstück geht allerdings erst mit der Eintragung im Grundbuch auf den Erwerber über.[199]

III. Die Vermutung der Vollständigkeit und Richtigkeit

159   Die Erklärungen in der Urkunde haben die Vermutung der Vollständigkeit und Richtigkeit für sich. Das gilt bei den formgebundenen Verträgen für alle Abreden, für die ein Formzwang besteht. Bei mündlichen Vereinbarungen, die in der Urkunde nicht aufgenommen worden sind, kann grundsätzlich davon ausgegangen werden, dass die Parteien sie nicht aufrecht erhalten wollten.[200]

Die Vermutung ist widerlegbar. Die Beweislast trägt die Partei, die einen weiteren oder anderen Vertragsinhalt behauptet.[201]

---

199 BayObLGZ 1996, 149; AS-Skript Sachenrecht 2 (2014), Rn. 25 ff.

200 BGH NJW-RR 1998, 1470; BGH ZIP 1999, 1887; BGH, Urt. v. 05.07.2002 – V ZR 143/01, NJW 2002, 3164.

201 Soergel/Hefermehl § 125 Rn. 24; Palandt/Ellenberger § 125 Rn. 21.

Das formbedürftige Rechtsgeschäft

Formerfordernis

- Gesetzliche Formerfordernisse können verschiedenen Formzwecken dienen: Warn- und Schutzfunktion, Beweisfunktion, Belehrungsfunktion sowie der Erkennbarkeit des Rechtsgeschäfts für Dritte.
  - Nach § 311b Abs. 1 S. 1 ist die Verpflichtung zur Übertragung oder zum Erwerb eines Grundstücks beurkundungsbedürftig. Das Formerfordernis gilt auch für bedingte und mittelbare Verpflichtungen. Es erstreckt sich auf den gesamten Vertragsinhalt, einschließlich aller Nebenabreden.
  - Gemäß § 766 S. 1 ist das Bürgschaftsversprechen formbedürftig. Die Erklärung des Bürgen muss zumindest den Gläubiger, den Schuldner, die gesicherte Forderung und den Verbürgungswillen enthalten. Nebenabreden sind ebenso formbedürftig wie Änderungsvereinbarungen, die den Bürgen belasten.
  - Weitere Formerfordernisse enthalten z.B. § 518 Abs. 1, § 925 Abs. 1, § 1154, § 1155, § 2247.
- Vertragliche Formerfordernisse können einverständlich auch formlos wieder aufgehoben werden. Nach der Rechtsprechung kann allerdings die qualifizierte Schriftformklausel nur durch eine schriftliche Vereinbarung aufgehoben werden.

Einhaltung des Formerfordernisses

- Zur Wahrung der gesetzlichen Schriftform muss gemäß § 126 Abs. 1 die Urkunde eigenhändig unterzeichnet werden. Sie muss den gesamten Inhalt des Rechtsgeschäfts enthalten und es muss sich um eine einzige Urkunde handeln. Besteht kein fester Zusammenhang, reicht es aus, dass sich die Einheit der Urkunde aus anderen Merkmalen zweifelsfrei ergibt. Die elektronische Form ersetzt die Schriftform (§ 126a).
- Zur Wahrung der vertraglichen Schriftform reicht gemäß § 127 Abs. 2 auch die telegrafische Übermittlung, bei Verträgen ein Briefwechsel.
- Die Wirksamkeitsvoraussetzungen für die notarielle Beurkundung ergeben sich aus dem Beurkundungsgesetz und § 128. Da sich im Fall des § 311b Abs. 1 S. 1 das Formerfordernis auf den gesamten Vertragsinhalt erstreckt, ist diese Form nur eingehalten, wenn der gesamte Vertrag einschließlich aller Nebenabreden beurkundet wird.
- Die öffentliche Beglaubigung gemäß § 129 dient dem Nachweis der Identität des Unterzeichners.

Rechtsfolgen des Formmangels

- Nichteinhaltung der Form führt gemäß § 125 grundsätzlich zur Nichtigkeit des Rechtsgeschäfts.
- Im Einzelfall ist kraft Gesetzes eine Heilung möglich (§§ 311b Abs. 1 S. 2, 494 Abs. 2, 766 S. 3, 518 Abs. 2; § 15 Abs. 4 S. 2 GmbHG).
- In Ausnahmefällen kann es gemäß § 242 unzulässig sein, sich auf den Formmangel zu berufen. Die Nichtigkeit muss zu einem schlechthin untragbaren Ergebnis führen, was insbesondere bei Existenzgefährdung einer Partei oder bei einem besonders schweren Treueverstoß der Fall ist.

Auslegung formbedürftiger Erklärungen

- Die Auslegung formbedürftiger Erklärungen erfolgt in zwei Schritten:
  - Zunächst ist der wirkliche Wille des Erklärenden, wie er vom objektiven Empfängerhorizont zu verstehen ist, zu ermitteln.
  - Dann ist festzustellen, ob der ermittelte wirkliche Wille formgerecht zum Ausdruck gekommen ist. Dabei gilt nach der Rechtsprechung die Andeutungstheorie.
- Der Grundsatz der falsa demonstratio gilt auch bei formbedürftigen Erklärungen.
- Erklärungen in einer formgerechten Urkunde haben die (widerlegbare) Vermutung der Vollständigkeit und Richtigkeit für sich.

4. Abschnitt: Die Nichtigkeit der Willenserklärung nach erfolgter Anfechtung

A. Überblick

160   Ist die vertragliche Einigung wirksam zustande gekommen oder ist ein einseitiges Rechtsgeschäft wirksam ausgeübt worden, kann der Erklärende durch Anfechtung der dazu abgegebenen Willenserklärung gemäß §§ 119 ff. die Nichtigkeit und damit die Unwirksamkeit des Rechtsgeschäfts auslösen. Die angefochtene Willenserklärung wird rechtlich so behandelt, als sei sie überhaupt nicht abgegeben worden (§ 142 Abs. 1: „ ... als von Anfang an nichtig ...").

Es ist nicht korrekt, wenn formuliert wird, dass der Vertrag bzw. das Rechtsgeschäft angefochten werde. Vielmehr muss die für das Zustandekommen des Vertrags bzw. des einseitigen Rechtsgeschäfts abgegebene Willenserklärung angefochten werden, was dann zur Folge hat, dass der Vertrag bzw. das Rechtsgeschäft unwirksam ist.[202]

Die Vorschriften des Irrtumsrechts sollen in den Fällen, in denen sich eine Partei bei der Abgabe der Willenserklärung geirrt hat, den Interessenwiderstreit der Parteien sachgerecht lösen.

- ■ Grundsätzlich soll der Erklärungsempfänger – Vertragspartner oder Adressat beim einseitigen Rechtsgeschäft – auf den Bestand der Erklärung vertrauen dürfen.

  Wenn der Erklärende die Erklärung mit dem erklärten Inhalt abgeben wollte, so hat er auch dann eine fehlerfreie Willenserklärung abgegeben, wenn die bei der Abgabe der Erklärung – angenommenen – Umstände, die ihn zur Abgabe der Erklärung veranlasst haben, nicht vorliegen bzw. nicht eintreten. Die Motive, die den Grund der Erklärung bilden, sind grundsätzlich unbeachtlich; nur in den Fällen des Irrtums über eine verkehrswesentliche Eigenschaft findet der Motivirrtum Berücksichtigung.

  Ein bloßer Motivirrtum liegt dann vor, wenn der Erklärende von einer unrichtigen Vorstellung ausgegangen ist, die seinen Geschäftswillen beeinflusst, in der Erklärung aber keinen Ausdruck gefunden hat. Bei einem Motivirrtum fallen nicht Wille und Erklärung, sondern Vorstellung und Wirklichkeit auseinander.

  Beispiele:

  1. K kauft von V eine Gastwirtschaft in der Erwartung, dass diese Gastwirtschaft das Vereinslokal des Fußballvereins X wird.

  Entscheidet sich der Verein für eine andere Gastwirtschaft, kann K seine Kaufvertragserklärung nicht anfechten.

  2. Die K kauft zur bevorstehenden Hochzeit ihrer Freundin X bei V ein Festkleid.

  Fällt die Hochzeit, gleich aus welchen Gründen, aus, kann die K ihre Kaufvertragserklärung mit V nicht anfechten.

  3. M kündigt den Mietvertrag über eine Wohnung mit V zum 01.04., weil er zu diesem Zeitpunkt in eine Neubauwohnung des X einziehen will.

---

202   BeckOK BGB/Wendtland § 142 Rn. 3; Staudinger/Roth § 142 Rn. 15.

Wird dem M die neue Wohnung nicht fristgerecht zur Verfügung gestellt, kann er seine Kündigung nicht anfechten.

4. V verkauft dem K für 1.100 € eine russische Ikone, die er für unecht hält. Später stellt sich heraus, dass es sich um eine echte Ikone aus dem 17. Jahrhundert handelt, die einen Wert von etwa 15.000 € hat.

I. Eine Anfechtung nach § 119 Abs. 1 ist ausgeschlossen, weil der Erklärende V die zum Zustandekommen des Kaufvertrags abgegebene Erklärung im Zeitpunkt der Abgabe auch abgeben wollte.
II. V hat sich bei Abgabe der Erklärung über die Echtheit und damit über eine verkehrswesentliche Eigenschaft der Ikone geirrt. Er kann gemäß § 119 Abs. 2 anfechten.

- Nur dann, wenn sich der Erklärende bei der Abgabe der Erklärung in einem in den Irrtumstatbeständen umschriebenen Irrtum befindet, kann er seine Erklärung wirksam anfechten.

B. Die Zulässigkeit der Anfechtung von Willenserklärungen

161 Grundsätzlich ist jede Willenserklärung nach den §§ 119 ff. anfechtbar. Nur in wenigen Ausnahmefällen ist die Anfechtung unzulässig, insbesondere dann, wenn eine vorrangige Sonderregelung besteht oder wenn die Willenserklärung aus Gründen des Verkehrsschutzes nicht anfechtbar ist.

Für geschäftsähnliche Handlungen gelten grundsätzlich die Regeln über Willenserklärungen entsprechend.[203] Damit sind auch die Anfechtungsregeln anwendbar.[204]

I. Die gesetzlichen Sonderregelungen

162 - Im **Familien- und Erbrecht** bestehen Sondervorschriften, die die §§ 119 ff. ausschließen.

Z.B. Aufhebung der Ehe (§§ 1313 ff.), Anfechtung der Anerkennung der nichtehelichen Vaterschaft (§§ 1600 ff.), der Erbschaftsannahme (§§ 1949 ff.), der letztwilligen Verfügungen (§§ 2078, 2080, 2281, 2283).

- Die Vorschrift des § 119 Abs. 2 ist nicht anwendbar, soweit die Regelungen über die **Gewährleistung** des Besonderen Schuldrechts eingreifen. Der Verkäufer kann grundsätzlich gemäß § 119 Abs. 2 anfechten, da sich für ihn keine Gewährleistungsrechte ergeben können. Eine Anfechtung des Verkäufers ist aber dann unzulässig, wenn er sich den Gewährleistungsrechten entziehen würde.[205]

II. Gründungs- und Beitrittserklärungen

163 Kraft Gewohnheitsrechts sind die Gründungs- und Beitrittserklärungen zu Kapitalgesellschaften des Handelsrechts und zu den Genossenschaften nicht gemäß §§ 119 ff. wegen Willensmängeln anfechtbar, nachdem die Gesellschaft bzw. Genossenschaft bereits im Handelsregister bzw. Genossenschaftsregister eingetragen worden ist.[206] Die Gründe für den Ausschluss der Anfechtung sind:

---

203 BGH NJW 1989, 1792.
204 BGH NJW 1989, 1792; Beckmann/Glose BB 1989, 857; Stewing/Schütze BB 1989, 2130; Palandt/Ellenberger Überbl. v. § 104 Rn. 7.
205 MünchKomm/Armbrüster § 119 Rn. 31.
206 RGZ 124, 287 für AG; RGZ 147, 257 für Genossenschaft; MünchKomm/Armbrüster § 119 Rdnr 16.

■ Diese Erklärungen sind an die Öffentlichkeit (Register) gerichtet, sodass deren Wirkungen nicht rückwirkend beseitigt werden dürfen. Die Öffentlichkeit vertraut auf den Bestand der Eintragungen.

■ Gläubigerinteressen: Die Gläubiger vertrauen berechtigterweise auf den sich aus dem Register ergebenden Bestand und Umfang des Gesellschaftsvermögens, das nicht durch Anfechtung wieder vermindert werden darf.

III. Fingierte Willenserklärungen und Rechtsscheinstatbestände

164 ■ Soweit Schweigen kraft Gesetzes als Willenserklärung gewertet wird, kann der Schweigende diese nicht mit der Begründung anfechten, er habe nicht gewusst, dass das Schweigen die Wirkung einer Willenserklärung habe.[207]

Beispiele:

Schweigen als Zustimmung: z.B. § 416 Abs. 1 S. 2, § 516 Abs. 2 S. 2 und § 362 HGB.
Schweigen als Ablehnung: z.B. § 108 Abs. 2 S. 2, § 177 Abs. 2 S. 2 und § 415 Abs. 2 S. 2.

■ Soweit Rechtsscheinstatbestände Rechtsfolgen auslösen, die im Regelfall durch Abgabe einer Willenserklärung herbeigeführt werden, so kann dieser Rechtsschein nicht durch Anfechtung gemäß §§ 119 ff. beseitigt werden. Der Rechtsscheinstatbestand beruht auf einer Vertrauenshaftung. Es realisiert sich in diesem Fall nur ein bewusst gesetztes Risiko, sodass es schon an einer von § 119 Abs. 1 vorausgesetzten unbewussten Abweichung fehlt.

Beispiele: Nicht anfechtbar sind der Rechtsschein einer Bevollmächtigung: §§ 171, 172; § 56 HGB; die Anscheinsvollmacht; die Blanketturkunde; die Rechtsscheinshaftung im Wechsel- und Scheckrecht, Art. 10, 31 Abs. 3 WG; Art. 13 ScheckG.

C. Der Anfechtungsgrund gemäß § 119 Abs. 1

I. Überblick

165 § 119 Abs. 1 ist nur dann verwirklicht, wenn eine unbewusste Nichtübereinstimmung zwischen dem rechtsgeschäftlich Erklärten und dem mit der Erklärung rechtsgeschäftlich Gewollten vorliegt.

1. Die Nichtübereinstimmung zwischen Erklärung und dem mit der Erklärung Gewollten

166 Während bei der fehlerfreien Willenserklärung der äußere Erklärungstatbestand (die Erklärung) mit dem inneren Erklärungstatbestand übereinstimmt, weichen bei der fehlerhaften und damit anfechtbaren Willenserklärung der Inhalt der Erklärung und der Inhalt des mit der Erklärung Gewollten unbewusst voneinander ab.

Die häufig gewählte Formulierung, ein Irrtum nach § 119 Abs. 1 liege dann vor, wenn eine unbewusste Nichtübereinstimmung von Wille und Erklärung gegeben sei, ist zu-

---

207 MünchKomm/Armbrüster § 119 Rn. 64 ff.

mindest missverständlich. Es kommt nicht darauf an, was der Erklärende „innerlich" wollte, sondern maßgebend ist, was er mit der **Erklärung zum Ausdruck bringen wollte**.

§ 119 Abs. 1 behandelt zwei Fälle des Irrtums:

167

1. Fall: „Wer bei der Abgabe einer Willenserklärung über deren Inhalt im Irrtum war" **(Inhaltsirrtum)**

Der Erklärende hat zwar die äußere Erklärungshandlung gewollt, hat mit ihr aber einen anderen Sinn verbunden, z.B. jemand unterschreibt einen Kaufvertrag, glaubt aber dabei, es handele sich um einen Mietvertrag.

2. Fall: „oder eine Erklärung dieses Inhalts überhaupt nicht abgeben wollte" **(Erklärungsirrtum)**

Der Erklärende irrt sich über den äußeren Erklärungstatbestand, z.B. er verspricht oder verschreibt sich.

Beim Erklärungsirrtum will der Erklärende die Erklärung überhaupt nicht abgeben, während er beim Inhaltsirrtum die Erklärung zwar abgeben will, aber mit einem anderen Inhalt. In beiden Fällen will der Erklärende das mit seiner Erklärung zum Ausdruck Gebrachte nicht.

2. Die unbewusste Nichtübereinstimmung

Damit der Erklärende zur Anfechtung berechtigt ist, muss er unbewusst eine andere Erklärung als die gewollte geäußert haben. An einer unbewussten Nichtübereinstimmung zwischen der Erklärung und dem mit der Erklärung Gewollten fehlt es, wenn jemand ungelesen eine Urkunde unterschreibt. Wer eine Erklärung in dem Bewusstsein abgibt, ihren Inhalt nicht zu kennen, kann nicht anfechten.[208]

168

Derjenige, der eine Urkunde in Unkenntnis des genauen Inhaltes unterschreibt, braucht die Erklärung aber nur mit dem Inhalt gegen sich gelten zu lassen, mit dem er nach den Umständen rechnen musste. Sollte in dem ungelesen unterzeichneten schriftlichen Vertrag nur das mündlich Vereinbarte festgehalten werden und ist etwas anderes in diesen schriftlichen Vertrag aufgenommen worden, so besteht die Anfechtungsmöglichkeit gemäß § 119 Abs. 1.

Weiteres Beispiel bei Soergel/Hefermehl § 119 Rn. 13: „So kann z.B. der Mieter, der einen Mietvertrag ungelesen unterschreibt, weil es ihm nur auf die Wohnung ankomme und nicht auf die Bedingungen, zwar nicht wegen ungünstiger Kündigungsfristen oder Kostenbeteiligung, wohl aber deshalb anfechten, weil der Vertrag eine Verpflichtung zur Mitarbeit im Geschäft des Vermieters enthält, denn insoweit hat er sich unrichtige Vorstellungen über den Inhalt gemacht."

Fehlt im inneren Erklärungstatbestand der Handlungswille, so ist schon der Mindesttatbestand einer Willenserklärung nicht gegeben. Die „Erklärung" ist von vornherein unwirksam, ohne dass es einer Anfechtung bedarf.

---

208 Palandt/Ellenberger § 119 Rn. 9; Soergel/Hefermehl § 119 Rn. 12.

II. Der Irrtum über den Inhalt der abgegebenen Willenserklärung

169   Der Erklärende kann seine Willenserklärung anfechten,

■ wenn er über den für das Zustandekommen des Rechtsgeschäfts – Vertrag oder einseitiges Rechtsgeschäft – erforderlichen Inhalt eine andere Erklärung abgegeben hat, als er erklären wollte;

■ wenn er mit seiner Erklärung dispositive gesetzliche Vorschriften des Schuldrechts abändern wollte und ihm dieses misslungen ist, wenn er sich also in einem beachtlichen Rechtsfolgenirrtum befunden hat.

Ein Irrtum über die Berechnungsgrundlage oder den Börsenkurs ist kein Irrtum über den Inhalt der Erklärung i.S.d. § 119 Abs. 1.[209]

1. Der Irrtum über den für das Zustandekommen des Rechtsgeschäfts erforderlichen Inhalt

170   Der Erklärende, der zum Zustandekommen eines Rechtsgeschäfts eine inhaltlich andere Erklärung abgibt, als er abgeben wollte, kann seine Erklärung gemäß § 119 Abs. 1 anfechten. In Betracht kommen nachstehende Irrtümer:

■ Der Erklärende wollte den Vertrag mit einer **anderen Person** abschließen.

■ Der Erklärende wollte mit seiner abgegebenen Erklärung ein **anderes Rechtsgeschäft** als das abgeschlossene tätigen.

■ Der Erklärende wollte einen Vertrag über einen **anderen Gegenstand** abschließen.

■ Der Erklärende wollte ein **anderes einseitiges Rechtsgeschäft** tätigen, als er in seiner Erklärung zum Ausdruck gebracht hat.

a) Der Erklärende will mit einer anderen Person das Rechtsgeschäft tätigen.

171   Wer mit einer anderen als der im Vertrag benannten Person einen Vertrag schließen und dies auch zum Ausdruck bringen wollte, kann gemäß § 119 Abs. 1 anfechten.[210]

Beispiel: A will seine Wohnung von einem Maler streichen lassen. Er verhandelt mit Maler Michel, Hauptstr. 15 und dem Maler Michel, Albertstr. 15. Dabei kommt er zu der Überzeugung, dass der Maler Michel, Hauptstr. 15, über mehr Sachkenntnis verfügt. Beide geben ein Angebot ab. Er nimmt das Angebot des Michel, Albertstr. 15, an, in der Meinung, dieser habe auf ihn den besseren Eindruck gemacht.

I. Zwischen A und dem Maler Michel, Albertstr. 15, ist der Werkvertrag zustande gekommen. A hat dessen Angebot uneingeschränkt angenommen.
II. Anfechtungsgrund gemäß § 119 Abs. 1?
A hat das Angebot des Malers Michel, Albertstr. 15, angenommen.
Er wollte mit seiner Erklärung das Angebot des Malers Michel, Hauptstr. 15, annehmen.
Da die tatsächliche Erklärung unbewusst von dem mit der Erklärung Gewollten abweicht, liegt der Anfechtungsgrund gemäß § 119 Abs. 1 vor.

---

209   Siehe unten Rn. 181 ff.
210   Wolf/Neuner § 41 Rn. 46; MünchKomm/Armbrüster § 119 Rn. 76; Palandt/Ellenberger § 119 Rn. 13.

b) Der Erklärende wollte mit seiner Erklärung ein anderes Rechtsgeschäft als das tatsächlich abgeschlossene tätigen.

Wollte der Erklärende mit seiner Erklärung einen anderen Verpflichtungsvertrag ab- **172** schließen, ein inhaltlich anderes Verfügungsgeschäft tätigen, eine andere familien- oder erbrechtliche Rechtsfolge auslösen, als er tatsächlich mit seiner Erklärung zum Ausdruck gebracht hat, so kann er nach § 119 Abs. 1 anfechten.

Fall 4: Geschenkt, gekauft?

Das junge Studentenehepaar S hat eine unmöblierte Mansarde gemietet. Es inseriert: „Wer überlässt mittellosem Studentenehepaar Möbel zur Einrichtung einer Mansarde?" Der Junggeselle A, der vor kurzem im Erbgang eine Menge gebrauchter Möbel erworben hat, teilt dem Studentenehepaar seine Adresse mit. Einen Tag später meldet sich das junge Paar bei A. A erklärt, sie sollten sich nur auf dem Boden das Benötigte aussuchen, sie würden sicher etwas finden. Den Eheleuten S gefallen ein Wohnzimmer, zwei Betten und eine verstaubte Kommode. Im Einverständnis des A fahren sie diese Möbel ab. Einige Wochen später erhalten sie von A eine Rechnung von 350 €. Als die Eheleute mitteilen, sie seien davon ausgegangen, dass A die Möbel geschenkt habe, antwortet A empört, das könne doch nicht ihr Ernst sein. Er verlangt Bezahlung oder Rückgabe der Möbel.

A. Der Anspruch auf Zahlung von 350 € ist entstanden, wenn S und A sich darüber ge- **173** einigt haben, dass A verpflichtet sein soll, die Möbel an die Eheleute gegen Zahlung des Kaufpreises von 350 € zu übereignen. Diese Einigung kann zustande gekommen sein, als die Eheleute die ausgesuchten Möbel im Einverständnis mit A abtransportierten.

  I. Als die Eheleute dem A die ausgesuchten Möbel zeigten, brachten sie zum Ausdruck, dass sie die Möbel erwerben wollten, ohne jedoch zu erklären, ob sie dafür ein Entgelt zahlen wollten oder nicht, also einen Kaufvertrag oder einen Schenkungsvertrag abschließen wollten. Daher muss im Wege der Auslegung unter Berücksichtigung der Einzelumstände, des Vertragszweckes und nach Treu und Glauben ermittelt werden, wie A die Erklärung der Eheleute S, ihnen Möbel zur Einrichtung einer Mansarde zu überlassen, verstehen durfte (§§ 133, 157).

  Dem A war bekannt, dass die Eheleute mittellos waren und da diese nicht die Zahlung eines Entgelts in Aussicht stellten, konnte A das Angebot der Eheleute nur als Schenkungsangebot verstehen.

  II. Dieses Angebot hat A uneingeschränkt angenommen, als er mit dem Abtransport der Möbel einverstanden war. Sein äußeres Verhalten ließ aus der Sicht der Eheleute den Schluss auf einen bestimmten Geschäftswillen zu, und der A hatte auch Erklärungsbewusstsein.

  Dass sein – innerer – Geschäftswille auf Abschluss eines Kaufvertrags gerichtet war, ist für die Wirksamkeit seiner abgegebenen Willenserklärung unerheblich, denn der innere Tatbestand einer wirksamen Willenserklärung setzt lediglich voraus, dass der Erklärende mit Erklärungsbewusstsein gehandelt hat.

Der Umstand, dass jede Partei ein anderes Rechtsgeschäft tätigen wollte, begründet keinen Dissens. Ein Einigungsmangel i.S.d. § 155 liegt nur vor, wenn die von den Parteien abgegebenen Erklärungen sich in ihrem Inhalt nicht decken. Es genügt nicht, dass die Parteien Verschiedenes gewollt haben.[211] Ein Dissens ist somit nicht gegeben, wenn wie hier der äußere Erklärungstatbestand der Willenserklärungen übereinstimmt und danach erkennbar ist, welches Rechtsgeschäft getätigt werden sollte.

Da sich die Eheleute S und A darüber einig waren, dass für die Überlassung der Möbel kein Entgelt gezahlt werden sollte, haben sie keinen Kaufvertrag geschlossen. Ein Anspruch des A auf Zahlung von 350 € ist nicht gegeben.

B. Kann A die Möbel zurückverlangen?

 I. Ein Anspruch des A gegen die Eheleute gemäß § 985 setzt voraus, dass A noch Eigentümer der Möbel ist.

   1. Der A hat gemäß § 929 S. 1 das Eigentum an den Möbeln auf die Eheleute durch Einigung und Übergabe übertragen. Mit dem Abtransportieren der Möbel haben die Eheleute S ihren Eigentumserwerbswillen zum Ausdruck gebracht. Der A, der mit dem Abtransport einverstanden war, hat den Eigentumsübertragungswillen bekundet, sodass eine Einigung über den Eigentumswechsel erzielt worden ist. Der erforderliche Vollzug der Einigung ist mit der Besitzergreifung durch die Eheleute im Einverständnis des A erfolgt. A war auch Berechtigter.

   2. Die Übereignung ist unwirksam, wenn A seine Einigungserklärung wirksam anficht. Als Anfechtungsgrund kommt § 119 Abs. 1 in Betracht.

     a) A hat erklärt, dass er die Möbel an S übereignen will.

     b) A wollte im Zeitpunkt der Abgabe der Erklärung die Übereignung der Möbel an S, sodass der erklärte Wille und die gewollte Erklärung übereinstimmen.

   Dass A nur gegen Zahlung die Übereignung wollte, berechtigt ihn nicht zur Irrtumsanfechtung nach § 119 Abs. 1. Nur dann, wenn er die Zahlung eines Entgelts zur Bedingung der Übereignung hätte machen wollen und es ihm misslungen wäre, diesen bedingten Übereignungswillen in der Erklärung zum Ausdruck zu bringen, hätte ein Anfechtungsgrund nach § 119 Abs. 1 bestanden.

 II. A könnte gegen S ein Herausgabeanspruch aus § 812 Abs. 1 S. 1, 1. Fall zustehen.

   1. Die Eheleute S haben Eigentum und Besitz an den Möbeln, also etwas erlangt.

   2. Sie haben die Möbel auch durch Leistung des A erlangt, weil dieser Eigentum zum Zwecke der Erfüllung einer schuldrechtlichen Verpflichtung aus einem Schenkungsvertrag übertragen hat.

   3. Die Eigentumsübertragung ist ohne Rechtsgrund erfolgt, wenn der Zweck, die schuldrechtliche Verpflichtung aus dem Schenkungsvertrag zu erfüllen, ver-

---

211 Palandt/Ellenberger § 155 Rn. 2.

fehlt worden ist. Dies ist der Fall, wenn kein wirksamer Schenkungsvertrag besteht.

a) Es kann ein Schenkungsvertrag zustande gekommen sein. S und A haben sich darüber geeinigt, dass die Übertragung des Eigentums ohne Gegenleistung erfolgen sollte, und damit eine Einigung mit dem Inhalt des § 516 Abs. 1 erzielt. Zwar bedarf das Schenkungsversprechen gemäß § 518 Abs. 1 S. 1 der notariellen Beurkundung, doch ist der Formmangel durch Vollzug des Vertrags geheilt worden (§ 518 Abs. 2). Damit ist zwischen den Parteien ein Schenkungsvertrag zustande gekommen.

b) Dieser Schenkungsvertrag ist unwirksam, wenn A sein Schenkungsversprechen wirksam anficht. Als Anfechtungsgrund kommt § 119 Abs. 1 in Betracht.

Der A hat erklärt, die Möbel schenken zu wollen.

Er wollte jedoch mit seiner Erklärung zum Ausdruck bringen, dass er die Möbel verkaufen will.

Es liegt ein unbewusstes Auseinanderfallen zwischen dem Willen des A und dem, was er mit der Erklärung zum Ausdruck gebracht hat, vor.

Da der A bei Kenntnis der Sachlage und bei verständiger Würdigung des Falles die Erklärung nicht abgegeben hätte, liegt ein Anfechtungsgrund gemäß § 119 Abs. 1 vor.

c) A muss den Eheleuten gegenüber (§ 143 Abs. 2) die Anfechtungserklärung unverzüglich nach Erkennen des Irrtums (§ 121 Abs. 1 S. 1) abgeben. Dazu reicht es aus, dass die Erklärung unzweideutig erkennen lässt, dass das Rechtsgeschäft gerade wegen des Willensmangels rückwirkend beseitigt werden soll.

d) Die Rechtsfolge der Anfechtung

(aa) Wenn A den Eheleuten gegenüber fristgerecht die Anfechtung erklärt hat, ist seine Schenkungserklärung gemäß § 142 Abs. 1 nichtig und es besteht keine wirksame Verpflichtung zur Übereignung. Die Eheleute haben Eigentum und Besitz an den Möbeln ohne Rechtsgrund erlangt. Sie sind gemäß § 812 Abs. 1 S. 1, 1. Fall zur Rückübereignung verpflichtet.

(bb) A muss jedoch den Eheleuten gemäß § 122 Abs. 1 den Schaden ersetzen, den sie dadurch erleiden, dass sie auf die Gültigkeit der Erklärung vertraut haben.

_____

c) Der Erklärende wollte ein Rechtsgeschäft über einen anderen Gegenstand tätigen.

174   Der Erklärende kann seine Willenserklärung gemäß § 119 Abs. 1 anfechten, wenn er damit eine Einigung über einen anderen Gegenstand erzielen wollte.[212] Der Irrtum kann darauf beruhen, dass der Erklärende den Vertragsgegenstand verwechselt, sich verschrieben oder Begriffe verwendet hat, deren rechtliche Bedeutung ihm nicht klar war.

Beispiel 1: A hat im Urlaubsort Ferienwohnungen besichtigt, unter anderem in den beiden Villen Alpenblick und Alpenglück des X; die Wohnung in der Villa Alpenblick am Fluss gefällt ihm. Im nächsten Frühjahr bestellt er eine Wohnung in der Villa Alpenglück im Ortskern in der irrigen Meinung, dass diese die Villa am Fluss sei.

I. Der Vertrag ist über die Wohnung in der Villa Alpenglück zustande gekommen.
II. A kann gemäß § 119 Abs. 1 anfechten, weil er mit seiner Erklärung eine andere Wohnung bestellen wollte, als er bestellt hat. Er glaubte, die Wohnung am Fluss bestellt und dies auch erklärt zu haben.

Beispiel 2: A will einen Waschautomaten mit Trockner beim Versandhaus V bestellen. Der Waschautomat hat die Bestellnummer 2091. Irrtümlich bestellt A unter der Bestellnummer 2019 einen Waschautomaten ohne Trockenanlage. Als ihm dieser zugeschickt wird, erkennt er den Irrtum.

I. Der Vertrag ist über den Waschautomaten 2019 – ohne Trockenanlage – zustande gekommen.
II. Dem A steht jedoch ein Anfechtungsgrund gemäß § 119 Abs. 1 zu.
Er hat erklärt: Waschautomat 2019, also ohne Trockenanlage. Er wollte mit seiner Erklärung zum Ausdruck bringen: Waschautomat 2091 (mit Trockenanlage). Das mit seiner Erklärung zustande gekommene Rechtsgeschäft weicht unbewusst von dem mit der Erklärung gewollten Rechtsgeschäft ab, sodass ein Anfechtungsgrund gemäß § 119 Abs. 1 gegeben ist.

Beispiel 3: Der A wollte für sein Kind ein Spielgerät mit Fernsehanschluss – PlayStation 3 – kaufen. Er unterschreibt ein Auftragsformular, in dem als Kaufsache „PlayStation Portable" aufgeführt worden ist. Dieses Gerät hat einen selbstständigen Bildschirm und kann nicht an das Fernsehen angeschlossen werden.

I. Die Parteien haben einen Kaufvertrag über eine PlayStation Portable abgeschlossen.
II. Dem A steht jedoch ein Anfechtungsgrund gemäß § 119 Abs. 1 zu:
Er hat erklärt: PlayStation Portable. Er wollte erklären: PlayStation 3.

d) Irrtum bei der Erklärung über das Entgelt

175   Ein Irrtum bei der Abgabe der Erklärung über das Entgelt fällt unstreitig unter § 119 Abs. 1. Zwar ist ein Irrtum bei der der Erklärung vorgelagerten Berechnung des Entgelts als Kalkulationsirrtum grundsätzlich unbeachtlich,[213] für einen Willensmangel im Zeitpunkt der Abgabe gilt dies jedoch nicht.

Beispiel: Der Anwalt berechnet bei Honorarvereinbarungen einen Stundensatz von 250 €. Wenn er sich bei der Honorarvereinbarung vertippt und 150 € eingibt, kann er seine Erklärung gemäß § 119 Abs. 1 anfechten.

Nach h.M. ist auch die irrtümliche Eingabe eines **Startpreises bei einer Online-Auktion** als Erklärungsirrtum gemäß § 119 Abs. 1 anfechtbar.[214]

---

212   Staudinger/Singer § 119 Rn. 45; Soergel/Hefermehl § 119 Rn. 23.
213   Vgl. unten Rn. 181 ff.
214   BGH, Urt. v. 10.12.2014 – VIII ZR 90/14, Rn. 14, NJW 2015, 1009.

e) Der Irrtum beim einseitigen Rechtsgeschäft

Auch einseitige Rechtsgeschäfte sind anfechtbar, wenn sich der Erklärende in einem Irrtum gemäß § 119 Abs. 1 befand.

176

Der Käufer, der wegen eines Mangels den Rücktritt erklärt hat, aber mit seiner Erklärung lediglich eine Minderung erstrebte, kann gemäß § 119 Abs. 1 anfechten.

Der Mieter, der die Anfechtung seiner Mietvertragserklärung zum Ausdruck bringt, kann diese Anfechtungserklärung anfechten, wenn er mit der Erklärung die Kündigung wollte.

2. Der Irrtum über Rechtsfolgen

Willenserklärungen sind auf Rechtsfolgen gerichtet. Im weiteren Sinn ist daher jeder Irrtum gemäß § 119 Abs. 1 auch ein Rechtsfolgenirrtum.[215] Umgekehrt ist jeder Rechtsfolgenirrtum erheblich, wenn sich der Erklärende über die **mit der Erklärung erstrebten Rechtsfolgen** irrt.

177

Beispiel: V verkauft dem Unternehmer K eine gebrauchte Maschine. Er will die Mängelhaftung ausschließen und glaubt, dies dadurch erreichen zu können, dass er in den Vertrag aufnimmt, die „Eviktionshaftung" sei ausgeschlossen. Kann V anfechten, wenn er erfährt, dass sich dieser Haftungsausschluss nicht auf die Sachmängel, sondern nur auf die Rechtsmängel bezieht?

I. Der V hat erklärt: Ich verkaufe die Maschine unter Ausschluss der Eviktionshaftung, d.h. unter Ausschluss der Rechtsmängelhaftung.
II. V wollte mit der Erklärung zum Ausdruck bringen, dass die nach §§ 434, 437 bestehende Sachmängelhaftung nicht zur Anwendung kommen soll.
III. Der geäußerte und der tatsächliche Geschäftswille fallen unbewusst auseinander.[216]

Der Erklärende kann sich aber auch über Umstände irren, die nicht direkt Inhalt der Erklärung sind oder sein sollen, sondern kraft Gesetzes oder aufgrund ergänzender Auslegung als **weitere Rechtsfolgen** eintreten (Rechtsfolgenirrtum i.e.S.). Die Konsequenzen dieses Rechtsfolgenirrtums sind umstritten.

178

In der Literatur wird überwiegend eine Anwendung des § 119 Abs. 1 auf den Rechtsfolgenirrtum i.e.S. abgelehnt, weil die (nur) aufgrund Gesetzes eintretenden Rechtsfolgen nicht von dem Willen des Erklärenden erfasst sind.[217]

179

Nach der Rechtsprechung ist der Irrtum über Rechtsfolgen, die kraft Gesetzes eintreten, dann ein Inhaltsirrtum, wenn das vorgenommene Rechtsgeschäft **wesentlich andere als die beabsichtigten Wirkungen** erzeugt. Dagegen ist der nicht erkannte Eintritt zusätzlicher und mittelbarer Rechtswirkungen, die zu den gewollten und eingetretenen Rechtsfolgen hinzutreten, kein Irrtum über den Inhalt der Erklärung, sondern ein unbeachtlicher Motivirrtum.[218]

180

Beispiel:[219] Der E hat seinen Sohn S als Alleinerben eingesetzt. Als E verstirbt, stellt S fest, dass das Erbe durch Vermächtnisse und Auflagen erheblich belastet ist. Gleichwohl erklärt S die Annahme der Erbschaft, weil er meint, bei einer Ausschlagung des Erbes würde er seinen Anspruch auf den Pflichtteil verlieren. Später erfährt er, dass er gemäß § 2306 Abs. 1 S. 2 den Pflichtteil bei einer Ausschlagung des Er-

---

215 MünchKomm/Armbrüster § 119 Rn. 80.

216 Soergel/Hefermehl § 119 Rn. 22; MünchKomm/Armbrüster § 119 Rn. 81.

217 MünchKomm/Armbrüster § 119 Rn. 82; Staudinger/Singer § 119 Rn. 67.

218 BGH, Urt. v. 05.07.2006 – IV ZB 39/05, Rn. 19, BGHZ 168, 210; BGH, Urt. v. 05.06.2008 – V ZB 150/07, Rn. 19, BGHZ 177, 62.

219 Nach BGH, Urt. v. 05.07.2006 – IV ZB 39/05, BGHZ 168, 210.

bes verlangen kann. Da er das Recht zur Ausschlagung durch die Annahme der Erbschaft verloren hat, erklärt S die Anfechtung der Annahme der Erbschaft. Zu Recht?

Als Anfechtungsgrund kommt allein § 119 Abs. 1 in Betracht. Die Sonderregeln der §§ 1954, 1955, 1957 für Form, Frist und Wirkung der Anfechtung ändern oder erweitern die Anfechtungsgründe nicht.

Unstreitig läge ein Inhaltsirrtum vor, wenn S mit der Annahme der Erbschaft eine andere als die eingetretene Rechtsfolge erstrebt hätte. S wollte aber mit der Annahme nicht erklären, dass im Fall der Ausschlagung der Pflichtteilsanspruch erlischt.

Die Annahmeerklärung hat als gesetzliche Folge, dass das Recht zur Ausschlagung erlischt und damit auch der gemäß § 2306 Abs. 1 S. 2 bestehende Anspruch auf den Pflichtteil. Ob eine Anfechtung gemäß § 119 Abs. 1 bei einem Irrtum über diese gesetzliche Folgen möglich ist, ist umstritten.

1. In der Literatur wird weitgehend angenommen, die Annahme der Erbschaft habe nur den Erklärungsinhalt, die Stellung als Erbe anzunehmen. Der infolgedessen eintretende Verlust des Wahlrechts nach § 2306 Abs. 1 S. 2 sei nur eine mittelbare Rechtsfolge, deren Unkenntnis die Anfechtung nicht rechtfertige.[220]

2. Der BGH hat das Anfechtungsrecht des Erben gemäß § 119 Abs. 1 bejaht. Zu den unmittelbaren und wesentlichen Wirkungen der Erklärung einer Annahme der Erbschaft gehöre keineswegs nur, dass der Erbe die ihm zugedachte Rechtsstellung einnehme, sondern ebenso, dass er das von § 2306 Abs. 1 S. 2 eröffnete Wahlrecht verliere, sich für den möglicherweise dem Wert nach günstigeren Pflichtteilsanspruch zu entscheiden.[221]

3. Der Kalkulationsirrtum

181   Ein Kalkulationsirrtum liegt vor, wenn dem Erklärenden ein Fehler bei der Berechnung des Preises unterlaufen ist. Es handelt sich um einen Irrtum, der der Abgabe der Willenserklärung vorgelagert ist. Bei der Abgabe will der Erklärende den Vertrag zu dem erklärten Preis abschließen, er irrt sich darüber, dass ihm vor Abgabe der Erklärung ein Berechnungsfehler unterlaufen ist. Ein Kalkulationsirrtum kann unter folgenden rechtlichen Gesichtspunkten relevant sein.

- Auslegung: Es kann sich im Wege der Auslegung ergeben, dass sich die Parteien nicht über ein (falsches) Berechnungsergebnis geeinigt haben, sondern über eine bestimmte Berechnungsmethode.

- Anfechtung: Ist der Kalkulationsirrtum vom Geschäftsgegner erkannt worden, ist nach teilweiser Ansicht § 119 Abs. 1 bzw. § 119 Abs. 2 entsprechend anwendbar.

- §§ 311 Abs. 2, 241 Abs. 2, 280 Abs. 1 (c.i.c.): Der Geschäftsgegner kann verpflichtet sein, den Erklärenden auf seinen Irrtum hinzuweisen. Ein schuldhaftes Unterlassen dieser Pflicht kann einen Schadensersatzanspruch begründen.

- § 313 (Störung der Geschäftsgrundlage): Die korrekte Berechnung kann Geschäftsgrundlage geworden sein.

- Unzulässige Rechtsausübung (§ 242): Das unveränderte Festhalten am Vertrag kann eine unzulässige Rechtsausübung darstellen, wenn der Empfänger ein Vertragsangebot annimmt und auf der Durchführung des Vertrags besteht, obwohl er wusste (oder sich treuwidrig der Kenntnis entzog), dass das Angebot auf einem Kalkulati-

---

220   MünchKomm/Armbrüster § 119 Rn. 82; Staudinger/Otte § 1954 Rn. 6.
221   BGH, Urt. v. 05.07.2006 – IV ZB 39/05, Rn. 22, BGHZ 168, 210.

onsirrtum des Erklärenden beruht. Weiterhin muss die Vertragsdurchführung für den Erklärenden schlechthin unzumutbar sein.[222]

Ob diese Gesichtspunkte eingreifen, hängt entscheidend davon ab, ob ein interner oder ein externer Kalkulationsirrtum vorliegt, und ob der Erklärungsgegner den Irrtum erkannt hat oder es sich um einen gemeinsamen Irrtum der Parteien handelte.

a) Interner Kalkulationsirrtum

Ein interner Kalkulationsirrtum liegt vor, wenn die fehlerhafte Kalkulation nicht zum Gegenstand der Vertragsverhandlungen gemacht wurde, sondern im forum internum des Erklärenden geblieben ist.

182

Der Kalkulationsirrtum ist folgenlos, wenn der Vertragspartner ihn nicht erkannt hat und ihn auch nicht erkennen musste.

Auch wenn der Vertragspartner den Irrtum erkannt hat oder ihn hätte erkennen müssen, scheidet nach h.M. eine Anfechtung aus. Es kommt der Einwand der unzulässigen Rechtsausübung und ein Schadensersatzanspruch aus §§ 280 Abs. 1, 241 Abs. 2, 311 Abs. 2 BGB in Betracht.

Fall 5: Berechnungsfehler der EDV-Anlage

Der Tischler U schloss mit dem B am 15.04. einen Vertrag über Tischlerarbeiten in einem Neubau zu einem Gesamtpreis von 200.000 €. Am 18.04. schreibt U dem B, dass infolge eines Fehlers in seiner EDV-Anlage die Transport- und Montagekosten in Höhe von 30.000 € nicht einberechnet wurden und er deswegen nicht am Vertrag festhalten könne.

1. Ist U zur Durchführung der Arbeiten gegen Zahlung von 200.000 € verpflichtet, wenn festgestellt wird, dass B beim Vertragsschluss den Berechnungsfehler erkannt hat?

2. Wie ist zu entscheiden, wenn B den Kalkulationsfehler nicht erkannt hat, er ihn aber durch Addition der einzelnen Posten hätte erkennen können?

---

1. Frage: Anspruch des B, wenn er den Kalkulationsfehler erkannt hat

I. Ein Anspruch des B gegen U auf Durchführung der Arbeiten gegen eine Zahlung von 200.000 € kann sich aus § 631 ergeben.

U hat am 15.04. einen Vertrag abgeschlossen, der auf die Durchführung von Tischlerarbeiten gegen eine Zahlung von 200.000 € gerichtet war. Eine Auslegung des Vertrags in der Weise, dass die Transport- und Montagekosten zusätzlich zu vergüten sind, scheidet aus. Bei einem Bauvertrag mit einer Gesamtsumme einigen sich die Parteien nicht über eine bestimmte Berechnungsmethode. Die ausgewiesene Gesamtsumme ist auch dann vereinbart, wenn ein Berechnungsfehler vorliegt, der von dem Erklärungsgegner erkannt wird.[223]

---

222 BGHZ 46, 268, 273; 139, 177, 184; BGH LM § 119 Nr. 8; NJW 1983, 1671, 1672.

223 BGH NJW-RR 1995, 1360; Kindl WM 1999, 2198, 2204.

183   1. Möglicherweise hat U den Vertrag am 18.04. wirksam angefochten. Als Anfechtungsgrund kommt § 119 Abs. 1 in Betracht. Dagegen spricht, dass U bei Abgabe der Erklärung den Willen hatte, die Werkleistung für den genannten Preis zu erbringen.

     a) Das Reichsgericht und ein Teil der Literatur haben § 119 Abs. 1 auch dann angewandt, wenn die Berechnungsgrundlage Gegenstand der für den Vertragsschluss entscheidenden Verhandlungen war und damit ein offener Kalkulationsirrtum vorlag. Die Berechnung sei dann nicht nur das Motiv der Erklärung, sondern gehöre zu ihrem Inhalt (erweiterter Inhaltsirrtum).[224] Im vorliegenden Fall ist die Berechnungsgrundlage nicht Gegenstand der Vertragsverhandlungen gewesen.

     b) Teilweise wird angenommen, der Kalkulationsirrtum berechtige zur Anfechtung analog § 119 Abs. 1 (bzw. analog § 119 Abs. 2), wenn der Berechnungsfehler dem Erklärungsempfänger bekannt war.[225]

     c) Die h.M. lehnt eine Analogie ab. Diese füge sich nicht in die Systematik der Irrtumsanfechtung ein. Schwierigkeiten bereiten würde insbesondere die Anwendung des § 121 Abs. 1, wonach die Anfechtung unverzüglich nach Kenntnis des Anfechtungsgrundes zu erfolgen hat. Wenn aber die Kenntnis des Erklärungsempfängers Tatbestandsmerkmal des Anfechtungsgrundes sei, käme es darauf an, wann der Erklärende Kenntnis von der Kenntnis des Erklärungsempfängers habe. Diese Häufung subjektiver Umstände würde zu einer erheblichen Rechtsunsicherheit führen.[226] Der Kalkulationsirrtum ist lediglich ein Irrtum über den Beweggrund; eine Diskrepanz zwischen dem erklärten Willen und dem Willen, den der Erklärende erklären wollte, liegt nicht vor.[227]

184   2. Dem Anspruch des B auf Erstellung des Werks könnte der Einwand der unzulässigen Rechtsausübung aus § 242 entgegenstehen. Allein die Kenntnis von einem Kalkulationsirrtum begründet jedoch die Annahme einer unzulässigen Rechtsausübung nicht. Die Annahme eines fehlerhaften Angebots ist nur dann mit Treu und Glauben unvereinbar, wenn die Vertragsdurchführung für den Anbietenden schlechthin unzumutbar ist, etwa weil er dadurch in erhebliche wirtschaftliche Schwierigkeiten geriete.[228] Im vorliegenden Fall hat sich U um 15% verrechnet. Da die Kalkulation in seinem Risikobereich liegt, ist die Vertragsdurchführung für ihn nicht schlechthin unzumutbar. Der Einwand der unzulässigen Rechtsausübung steht dem U nicht zu.

     Aus dem Werkvertrag besteht ein Anspruch auf Durchführung der Tischlerarbeiten gegen Zahlung der vereinbarten Summe von 200.000 €.

185   II. U könnte jedoch gegen B einen Schadensersatzanspruch aus §§ 280 Abs. 1, 241 Abs. 2, 311 Abs. 2 haben, der den B zur Zahlung der Transport- und Montagekosten

---

224 RGZ 162, 198; Heimann BB 1984, 1836; Habersack JuS 1992, 548.

225 Kindl WM 1999, 2198, 2206 f. (§ 119 Abs. 2 analog); Singer JZ 1999, 342, 347 (§ 119 Abs. 1 analog).

226 BGHZ 139, 177, 183.

227 Soergel/Hefermehl § 119 Rn. 27–30; Staudinger/Singer § 119 Rn. 51; Bork Rn. 837.

228 BGHZ 139, 177, 182.

verpflichtet. Zwischen den Parteien bestand ein vorvertragliches Schuldverhältnis. Im Rahmen dieser schuldrechtlichen Beziehung ist der Auftraggeber, der einen Kalkulationsirrtum des Anbieters erkennt, verpflichtet, den Anbieter darauf hinzuweisen. Unterlässt er den Hinweis, ist er zum Schadensersatz aus §§ 280 Abs. 1, 241 Abs. 2, 311 Abs. 2 verpflichtet.[229] Der Schadensersatzanspruch geht in diesen Fällen dahin, dass der Auftraggeber verpflichtet ist, die Differenz zum korrekt errechneten Preis zu zahlen.[230] Erbringt U die vertraglich vereinbarten Leistungen, hat er gegen B einen Anspruch auf Zahlung der Transport- und Montagekosten in Höhe von 30.000 € aus §§ 280 Abs. 1, 241 Abs. 2, 311 Abs. 2.

2. Frage: Rechte des U, wenn B den Berechnungsfehler nicht erkannt hat, ihn aber hätte   **186**
erkennen können

I. B und U haben einen Werkvertrag über die Erbringung von Tischlerarbeiten gegen Zahlung von 200.000 € geschlossen. Eine Anfechtung des Vertrags durch U ist nach ganz h.M. ausgeschlossen. Auch die Autoren, die bei einem erkannten Kalkulationsirrtum eine Anfechtung analog § 119 Abs. 1 oder § 119 Abs. 2 zulassen wollen, lehnen diese Analogie ab, wenn der Erklärungsempfänger den Irrtum nicht erkannt hat, sondern dieser lediglich erkennbar war.[231]

Auch grob fahrlässige Unkenntnis schadet danach nicht. Eine Anfechtung soll aber zulässig sein bei einem „evidenten, gleichsam ins Auge springenden" Berechnungsfehler",[232] der sich dem Erklärungsempfänger „aufdrängen musste".[233]

II. Anspruch des U gegen B auf Zahlung weiterer 30.000 € als Schadensersatz aus §§ 280 Abs. 1, 241 Abs. 2, 311 Abs. 2

B könnte aus dem vorvertraglichen Schuldverhältnis verpflichtet sein, den U über einen erkennbaren Berechnungsfehler aufzuklären. Eine fehlerhafte Kalkulation liegt jedoch grundsätzlich im Risikobereich des Werkunternehmers. Der Auftraggeber ist nicht verpflichtet, Angebote auf etwaige Kalkulationsfehler zu überprüfen. Eine Pflicht zur Aufklärung kann allenfalls dann bestehen, wenn sich der Berechnungsfehler dem Auftraggeber geradezu aufdrängt. Bloße Erkennbarkeit des Irrtums reicht dagegen nicht.[234]

III. Es kommt ein Anspruch auf Vertragsanpassung oder Vertragsaufhebung nach § 313   **187**
in Betracht.

Geschäftsgrundlage sind die gemeinsamen Vorstellungen beider Vertragspartner, die nicht zum eigentlichen Vertragsinhalt erhoben worden sind, auf denen sich aber der gemeinsame Geschäftswille aufbaut.[235]

---

229 BGH, Urt. v. 11.11.2014 – X ZR 32/14, Rn. 6, BauR 2015, 479.
230 Ingenstau/Korbion VOB A § 19 Nr. 3 Rn. 27.
231 Kindl WM 1999, 2198, 2206; Singer JZ 1999, 342, 349.
232 Singer a.a.O.
233 Kindl a.a.O.
234 BGH NJW 1980, 180; NJW-RR 1986, 569; BGHZ 139, 177, 187 ff.
235 BGHZ 128, 230, 236; BGH NJW-RR 2000, 1219.

Fraglich ist schon, ob die Preiskalkulation des U Geschäftsgrundlage geworden ist. Die Preisberechnung eines Werkunternehmers wird, auch wenn sie offengelegt wird, für den Besteller nur selten Geschäftsgrundlage sein. Ob der Besteller den Werkvertrag abschließt, wird regelmäßig davon abhängen, ob ihm der Gesamtpreis angemessen und tragbar erscheint.[236]

Eine Vertragsanpassung nach § 313 kommt jedenfalls nur dann in Betracht, wenn die Vertragsdurchführung für den Erklärenden schlechthin unzumutbar ist, etwa weil er dadurch in erhebliche wirtschaftliche Schwierigkeiten geriete.[237]

Hier bestehen keine Anhaltspunkte dafür, dass dem U die Vertragsdurchführung schlechthin unzumutbar ist. Es besteht kein Anspruch aus § 313.

IV. Das Festhalten des B am Vertrag stellt auch keine unzulässige Rechtsausübung dar. Diese wird bei einem Kalkulationsirrtum nur dann angenommen, wenn der Erklärungsempfänger den Irrtum erkannt hat (bzw. sich treuwidrig der Kenntnis entzog) und das Festhalten am Vertrag für den Erklärenden schlechthin unzumutbar ist.[238]

---

b) Externer (offener) Kalkulationsirrtum

188 Ein externer oder offener Kalkulationsirrtum liegt vor, wenn die fehlerhafte Kalkulation zum Gegenstand der Vertragsverhandlungen gemacht wurde.

aa) Vorrang der Auslegung

189 Vorrangig ist zu prüfen, ob ein Kalkulationsirrtum sich überhaupt auf den Vertragsinhalt auswirkt. Haben sich die Parteien nämlich über eine Berechnungsmethode geeinigt, ist ein falsches Berechnungsergebnis als falsa demonstratio rechtlich unbeachtlich.[239]

Beispiel: Der Radiohersteller V verkauft an die Handelskette K 350 Radios. In den Vorgesprächen hatten V und K einen Stückpreis von „unter 500 €" ins Auge gefasst. Im Vertrag ist folgende Preisangabe enthalten: „350 Radios zum Stückpreis von 475 € = 131.250 €."

V und K haben sich über den Verkauf von 350 Radios zu einem Stückpreis von 475 € geeinigt. Im Handelsverkehr ist es üblich, über Stückpreise zu verhandeln und beim Kauf größerer Mengen die Stückpreise entsprechend anzupassen. Die falsch errechnete Gesamtsumme ist eine unerhebliche Falschbezeichnung. K ist verpflichtet, die korrekt errechnete Summe von 166.250 € zu zahlen.

Fehler in der Preiskalkulation können in Ausnahmefällen auch im Wege der ergänzenden Vertragsauslegung zu korrigieren sein.

Beispiel: V verkauft dem K mit notariellem Vertrag das Bergwerkseigentum zweier Bergfelder zum Preis von 2,5 Mio. €. Dabei gehen beide Parteien davon aus, dass Bergwerkseigentum nicht der Umsatzsteuer unterliegt. Als V feststellt, dass dies nicht der Fall ist, verlangt er Zahlung von 2.927.500 € (Kaufpreis laut Vertrag zuzüglich der Umsatzsteuer). K ist vorsteuerabzugsberechtigt.

---

236 BGH NJW 1981, 1552; NJW-RR 1995, 1360.

237 BGH NJW-RR 1995, 1360; BGHZ 139, 177, 185; OLG Düsseldorf NJW-RR 1996, 1419, 1420.

238 BGHZ 139, 177, 184 f.

239 MünchKomm/Armbrüster § 119 Rn. 89.

I. Grundsätzlich schließt ein vereinbarter Kaufpreis die hierauf zu entrichtende Umsatzsteuer mit ein, falls nicht etwas anderes vereinbart wurde oder sich ein abweichender Handelsbrauch ergibt. Demnach wären hier der vereinbarte Preis von 2,5 Mio. € als Bruttokaufpreis inklusive Umsatzsteuer anzusehen.

II. Da die Parteien übereinstimmend davon ausgingen, der Kauf sei umsatzsteuerfrei, ist im Wege der ergänzenden Vertragsauslegung davon auszugehen, dass der Kaufpreis als Nettopreis vereinbart ist und der vorsteuerabzugsberechtigte K die Umsatzsteuer trägt. BGH:[240] „Wohl aber sind die Voraussetzungen für die ergänzende Vertragsauslegung dann gegeben, wenn der Vortrag der Bekl. zutrifft, nach dem die Parteien übereinstimmend davon ausgegangen sind, dass der Kaufvertrag nicht der Umsatzsteuer unterliegt. Denn in diesem Fall haben die Parteien die Frage, wer die Umsatzsteuer zu tragen hat, an sich als regelungsbedürftig angesehen, ihre Regelung aber als unerheblich erachtet. Es liegt dann kein in ihre Risikosphäre fallender einseitiger Kalkulationsirrtum der Bekl., sondern eine Regelungslücke vor, die im Wege der ergänzenden Auslegung zu schließen ist. … Hätten sie sich insoweit aber nicht geirrt, hätten sie bei einer angemessenen Abwägung ihrer Interessen nach Treu und Glauben als redliche Vertragspartner den Kaufpreis als Nettokaufpreis ausgewiesen, weil dies die Kl. im Hinblick auf ihre Vorsteuerabzugsberechtigung nicht belastet und eine andere Regelung der Bekl. nicht zugemutet werden kann."

bb) Störung der Geschäftsgrundlage

§ 313 (Störung der Geschäftsgrundlage) greift regelmäßig nicht ein, weil die einseitige Berechnungsmethode nicht zur Grundlage des Vertrags gemacht worden ist. Es fehlt an der gemeinsamen bzw. einseitigen, aber vom Partner erkannten, Vorstellung von Umständen, die die Grundlage des Geschäfts bilden sollten. Einseitige Vorstellungen sind unbeachtlich. Überdies fällt eine fehlerhafte Preiskalkulation regelmäßig in den Risikobereich des Anbietenden. Nach h.M. sind aber die sogenannten Börsenkursfälle nach den Grundsätzen des § 313 zu lösen. **190**

Beispiel: V verkauft dem K Aktien zu einem Kurs von 340 €. Dabei gehen die Parteien davon aus, dass dieser Preis dem Börsenkurs entspricht. Tatsächlich betrug der Börsenkurs im Verkaufszeitpunkt aber 430 €.

I. Es ist ein Kaufvertrag mit einem Kaufpreis von 340 € pro Aktie zustande gekommen. Eine Auslegung des Vertrags dahingehend, dass eine Einigung über den Börsenkurs getroffen wurde, scheidet aus, da die Parteien ausdrücklich einen Kaufpreis von 340 € genannt haben. Die Vertragserklärungen enthalten keine Bezugnahme auf den Börsenkurs, die Übereinstimmung von Kaufpreis und Börsenkurs ist lediglich eine gemeinsame Vorstellung der Parteien.

II. Eine Anfechtung gemäß § 119 Abs. 1 scheidet aus, denn V hat erklärt, die Aktien zum Stückpreis von 340 € zu verkaufen und er wollte diese Erklärung auch abgeben.

III. Es muss eine Vertragsanpassung nach § 313 erfolgen.[241]

1. Die Tatsache, dass der Kaufpreis dem Börsenkurs entsprach, war Geschäftsgrundlage der Vereinbarungen.

2. Die Parteien hätten den Vertrag so nicht abgeschlossen, wenn sie den richtigen Börsenkurs gekannt hätten und dieser Umstand lag nicht im Risikobereich einer Partei. V und K wollten kein spekulatives Geschäft abschließen, sie hatten die übereinstimmende falsche Vorstellung von dem Börsenkurs.

3. Da dem V ein Festhalten am Vertrag unzumutbar ist, muss eine Vertragsanpassung unter Zugrundelegung des tatsächlichen Börsenkurses erfolgen. Diese setzt allerdings voraus, dass festgestellt wird, dass K auch zu dem höheren Kaufpreis von 430 € die Aktien erworben hätte. Ist dies nicht der Fall, ist der Vertrag (nach einer Rücktrittserklärung des V) rückabzuwickeln.[242]

---

240 Urt. v. 14.01.2000 – V ZR 416/97, BB 2000, 690.

241 Wolf/Neuner § 41 Rn. 78; MünchKomm/Armbrüster § 119 Rn. 91.

242 BGH NJW 1981, 1551, 1552.

cc) Anfechtung

191   Das Reichsgericht und ein Teil der Literatur haben § 119 Abs. 1 auch dann angewandt, wenn die Berechnungsmethode Gegenstand der für den Vertragsschluss entscheidenden Verhandlungen war. Die Berechnung sei dann nicht nur das Motiv der Erklärung, sondern gehöre zu ihrem Inhalt (erweiterter Inhaltsirrtum).[243]

Von der h.M. wird eine Anfechtungsmöglichkeit bei einem offenen Kalkulationsirrtum abgelehnt. Die Kalkulation ist der Abgabe der Willenserklärung vorgelagert. Der offene Kalkulationsirrtum ist ein Motivirrtum, der kein Anfechtungsrecht begründet.[244]

dd) Unzulässige Rechtsausübung

192   Der Erklärende kann den Einwand der unzulässigen Rechtsausübung aus § 242 erheben, **wenn der Vertragspartner im Zeitpunkt des Vertragsschlusses wusste, dass der Erklärende einem Kalkulationsirrtum unterliegt** und ihm die Durchführung des Vertrags schlechthin unzumutbar ist.[245]

ee) Anspruch aus §§ 280 Abs. 1, 241 Abs. 2, 311 Abs. 2

193   Hat der Erklärungsempfänger den Kalkulationsirrtum erkannt oder hätte er ihn erkennen müssen, trifft ihn eine Pflicht zur Aufklärung. Verletzt er diese Pflicht, ist er gemäß §§ 280 Abs. 1, 241 Abs. 2, 311 Abs. 2 zum Schadensersatz verpflichtet.

4. Der Irrtum bei der invitatio ad offerendum

194   Ein Irrtum bei der Aufforderung, ein Angebot abzugeben, berechtigt zur Anfechtung, wenn die Annahmeerklärung automatisiert ist und der Irrtum bei der Annahme noch fortwirkt. Vom Kalkulationsirrtum unterscheidet sich dieser Irrtum dadurch, dass er als Erklärungsirrtum bei Abgabe der invitatio ad offerendum vorliegt und nicht lediglich einen Berechnungsfehler darstellt.

Fall 6: Automatisierte Erklärungen

V betreibt einen Versandhandel mit einer eigenen Angebotsseite im Internet. K bestellt bei ihm ein Notebook, das auf der Angebotsseite mit einem Preis von 150 € angezeigt wird. Wenige Augenblicke nachdem er das Bestellformular angeklickt hat, erhält er eine automatisch erzeugte E-Mail mit dem folgenden Inhalt:

„Sehr geehrter Kunde, Ihr Auftrag wird jetzt unter der Kundennummer ... von unserer Versandabteilung bearbeitet. ... Wir bedanken uns für den Auftrag ..."

Drei Tage später entdeckt V, dass der Preis auf der Seite falsch angezeigt wurde. Dazu kam es, weil er sich bei der Eingabe der Preise vertippt hatte. Eigentlich wollte er das Notebook zu einem Preis von 1.500 € anbieten. V erklärt dem K sofort die Anfechtung. Muss er das Notebook liefern?

---

243   RGZ 162, 198; Heimann BB 1984, 1836; Habersack JuS 1992, 548.
244   Palandt/Ellenberger § 119 Rn. 19.
245   BGH, Urt. v. 27.11.2007 – X ZR 111/04, Rn. 18, IHR 2008, 49.

K hat einen Anspruch auf Lieferung des Notebooks aus § 433 Abs. 1, wenn ein wirksamer **195** Kaufvertrag geschlossen wurde.

I. Zwischen V und K könnte ein Kaufvertrag durch Angebot und Annahme geschlossen worden sein.

1. In dem Einstellen der Angaben über das Notebook auf die Internetseite durch V könnte ein Angebot zu sehen sein. Das erfordert aber, dass V mit Rechtsbindungswillen gehandelt hat. Daran fehlt es, wenn das Internetangebot eine bloße invitatio ad offerendum darstellt. Dies ist schon aus dem Grund anzunehmen, dass V nicht ohne Rücksicht auf seine Lagerbestände schlechthin an jeden Interessenten liefern will. Etwas anderes kann allenfalls beim Bezug von Software erwogen werden, die über das Internet nahezu unbegrenzt lieferbar ist. Dies ist beim Kauf eines Notebooks aber nicht der Fall. Der Vertrag soll also erst durch eine Bestätigung des V zustande kommen. Das Einstellen auf der Internetseite stellt folglich kein Angebot im Rechtssinn dar.

2. Ein Angebot kann dagegen in der Bestellung des K liegen. Im Anklicken des Bestellformulars brachte dieser zum Ausdruck, dass er verbindlich die Lieferung eines Notebooks zu dem angegebenen Preis verlangte. Das Anklicken ist als Angebot zu werten.

3. Die Annahme könnte in der automatisch erzeugten E-Mail liegen. Auch eine automatische Erklärung kann eine echte Willenserklärung sein, da sie letztlich auf einem menschlichen Handeln beruht.[246] Fraglich ist aber, ob diese Nachricht nicht bloß eine Eingangsbestätigung i.S.d. § 312 i Abs. 1 S. 1 Nr. 3 darstellt. Zu einer solchen Mitteilung ist der Unternehmer verpflichtet. Sie beinhaltet allerdings keine Annahme, sondern lediglich einen Hinweis, dass das Angebot des Kaufinteressenten eingegangen ist. Hier ergibt sich aber aus dem Inhalt der E-Mail, dass nicht bloß eine Empfangsbestätigung, sondern die verbindliche Annahme erklärt werden sollte. Ein objektiver Empfänger konnte die Mitteilung nur so verstehen, dass nicht mehr über den Kaufvertrag an sich entschieden werden sollte, sondern dass nur noch der Versand abgewickelt werden sollte.[247] Ein Kaufvertrag ist zustande gekommen.

II. Der Vertrag könnte durch die von V erklärte Anfechtung aber rückwirkend nichtig **196** geworden sein, § 142 Abs. 1. V hat die Anfechtung gemäß § 143 Abs. 1 gegenüber dem K sofort nach Entdeckung des Irrtums, also unverzüglich i.S.d. § 121 Abs. 1 S. 1, erklärt. Fraglich ist aber, ob V einen Anfechtungsgrund hat. In Betracht kommt ein Erklärungsirrtum gemäß § 119 Abs. 1 Alt. 2. Das Vertippen stellt grundsätzlich einen Erklärungsirrtum dar.[248] Problematisch erscheint hier jedoch, dass der Irrtum des V schon beim Eingeben der Preise, also bei Erstellen der invitatio ad offerendum vorlag. Der Irrtum lag zeitlich *vor* der automatischen Annahmeerklärung. Aus diesem Grund könnte man annehmen, dass ein bloßer Motivirrtum vorliege, da von dem

---

246 Staudinger/Singer § 119 Rn. 36.

247 BGH, Urt. v. 26.01.2005 – VIII ZR 79/04, NJW 2005, 976.

248 Palandt/Ellenberger § 119 Rn. 10.

Fehler die Willensbildung vor Abgabe der Erklärung betroffen sei. Bei automatisierten Erklärungen ist aber die menschliche Handlung typischerweise vorgelagert. Mit dem Einstellen des Angebots gab V die entscheidende Erklärung ab, nach der nur noch ein Automatismus ablief. Sein Irrtum wirkte sich also unmittelbar auf den Inhalt der automatisierten Erklärung aus. Die beiden Erklärungsakte – Eingabe der Daten und automatisches Versenden der Antwort – müssen somit juristisch als eine Einheit angesehen werden. Der Irrtum bei der Eingabe muss sich auch in der automatisierten Erklärung fortwirken, denn der Fehler setzt sich im System bis zum Abschluss des Geschäfts fort.[249]

Die invitatio ad offerendum ist zum Vorteil des Anbieters entwickelt worden, um dessen Interessenlage Rechnung zu tragen, dass er sich in dieser Situation noch nicht sofort und endgültig binden will. Diese Konstruktion kann ihm jedenfalls dann nicht zum Nachteil gereichen, wenn die Folgen eines Irrtums bei einer invitatio ad offerendum unverändert bei der Annahme noch fortwirken.[250]

Da sich V bei Abgabe der invitatio in einem Erklärungsirrtum befand und sich dieser Irrtum wegen der Automatisierung der Erklärung auch auf seine Annahmeerklärung ausgewirkt hat, kann er seine Erklärung anfechten. V ist nicht zur Lieferung des Notebooks verpflichtet.

---

249 BGH, Urt. v. 26.01.2005 – VIII ZR 79/04, NJW 2005, 976; OLG Hamm NJW 1993, 2321; AG Lahr NJW 2005, 991; Spindler JZ 2005, 793, 795.

250 OLG Frankfurt, Urt. v. 20.11.2002 – 9 U 94/02, MMR 2003, 405.

Anfechtung gemäß § 119 Abs. 1

Anfechtungsgrund, § 119 Abs. 1

- **Unbewusste** Nichtübereinstimmung von rechtsgeschäftlich **Erklärtem** und dem mit der **Erklärung Gewollten**

  - Der Erklärende wollte mit seiner Erklärung

  - ein Rechtsgeschäft mit einer anderen **Person**,

  - einen anderen **Vertragstypus**,

  - ein Rechtsgeschäft mit einem anderen **Gegenstand** der Leistung bzw. Gegenleistung,

  - über einen anderen **Vertragsbestandteil** eine von den dispositiven Vorschriften im Schuldrecht abweichende Regelung erreichen.

- Wenn der Erklärende eine andere gesetzliche **Rechtsfolge** als die eingetretene wollte, so kann grundsätzlich er nur dann anfechten, wenn er mit seiner Erklärung den Eintritt dieser Rechtsfolge abändern wollte. Nach der Rechtsprechung besteht darüber hinaus auch ein Anfechtungsrecht, wenn das vorgenommene Rechtsgeschäft wesentlich andere als die beabsichtigten Wirkungen erzeugt.

- Ein Irrtum bei der invitatio ad offerendum berechtigt zur Anfechtung, wenn er aufgrund der Automatisierung der späteren Willenserklärung bei Abgabe dieser Erklärung noch fortwirkt.

Kalkulationsirrtum

Unterschieden wird der externe Kalkulationsirrtum (Berechnung ist Vertragsgegenstand) von dem internen Kalkulationsirrtum (Berechnung ist nicht Vertragsgegenstand).

- **Für beide Arten des Kalkulationsirrtums gilt**:

  - Dem Erfüllungsanspruch des Erklärungsgegners steht aus § 242 der Einwand der unzulässigen Rechtsausübung entgegen, wenn er bei Vertragsschluss **erkannt hat oder erkennen musste**, dass der Erklärende einem Kalkulationsirrtum unterliegt und ihm die Vertragsdurchführung deswegen unzumutbar war.

  - Bei **Kenntnis oder Kennenmüssen** hat der Vertragspartner eine Aufklärungspflicht, deren Verletzung einen Anspruch aus §§ 280 Abs. 1, 241 Abs. 2, 311 Abs. 2 begründet.

- **interner Kalkulationsirrtum**
  Der interne Kalkulationsirrtum ist folgenlos, wenn der Vertragspartner ihn nicht erkannt hat und auch nicht erkennen musste.

  - Auch wenn der Vertragspartner den Irrtum erkannt hat, ist eine Anfechtung nach h.M. nicht möglich, da der Kalkulationsirrtum ein Motivirrtum ist.

  - Bei Kenntnis oder Kennenmüssen unzulässige Rechtsausübung und Anspruch aus §§ 280 Abs. 1, 241 Abs. 2, 280 Abs. 1 (s.o.)

- **externer Kalkulationsirrtum**

  - Vorrangig sind die Erklärungen der Parteien auszulegen. Haben sich die Parteien über eine bestimmte Berechnungsmethode geeinigt, ist ein falsches Berechnungsergebnis als falsa demonstratio unbeachtlich.

  - Die Berechnungsmethode kann Geschäftsgrundlage sein, deren Störung gemäß § 313 zu berücksichtigen ist.

  - Bei Kenntnis oder Kennenmüssen unzulässige Rechtsausübung und Anspruch aus §§ 280 Abs. 1, 241 Abs. 2, 280 Abs. 1 (s.o.)

D. Der Anfechtungsgrund gemäß § 119 Abs. 2

197 Als Irrtum über den Inhalt der Erklärung gilt der Irrtum über solche Eigenschaften der Sache oder der Person, die im Verkehr als wesentlich angesehen werden.

I. Die Regelung des Irrtums über Eigenschaften der Sache

1. Anwendbarkeit des § 119 Abs. 2

198 ■ Wegen eines Irrtums über Eigenschaften einer Sache ist § 119 Abs. 2 unanwendbar, soweit die Gewährleistungsregeln des Besonderen Teils des Schuldrechts eingreifen.

■ Teilweise wird auch angenommen, dass bei einem Irrtum beider Parteien über dieselbe Eigenschaft vorrangig die Regeln über die Störung der Geschäftsgrundlage (§ 313) eingreifen.[251]

a) Vorrang des Gewährleistungsrechts

199 Soweit der Anwendungsbereich der **Gewährleistungsrechte** reicht, ist die Anwendung des **§ 119 Abs. 2 ausgeschlossen**. Diese Ausschlussregel gilt auch im Werkvertragsrecht und im Mietrecht. Der mit Abstand wichtigste Fall ist allerdings der Ausschluss des § 119 Abs. 2 durch die kaufrechtlichen Gewährleistungsvorschriften der §§ 434 ff. Begründung: Die Gewährleistungsvorschriften dürfen nicht durch die Anwendung des § 119 Abs. 2 unterlaufen werden:

■ Der Käufer kann gemäß § 442 Abs. 1 S. 2 grundsätzlich keine Gewährleistungsrechte geltend machen, wenn ihm infolge grober Fahrlässigkeit der Fehler unbekannt geblieben ist. Wäre § 119 Abs. 2 anwendbar, so könnte sich der Käufer dennoch vom Vertrag lösen.

■ Die Gewährleistungsansprüche verjähren regelmäßig gemäß § 438 Abs. 1 Nr. 3 in zwei Jahren, während eine Anfechtung gemäß § 121 noch innerhalb von zehn Jahren erfolgen kann, sofern dies unverzüglich nach Kenntnis des Anfechtungsgrundes geschieht.

200 **aa)** Auch im Kaufrecht ist eine Anfechtung nach § 119 Abs. 2 möglich, wenn ein Irrtum des Verkäufers vorliegt, denn diesem stehen keine Gewährleistungsrechte zu. Eine Anfechtung des Verkäufers ist allerdings nach § 242 unter dem Gesichtspunkt des Rechtsmissbrauchs ausgeschlossen, wenn sie zur Folge hätte, dass sich der Verkäufer der Gewährleistungspflicht entzieht.[252]

201 **bb)** Die Anwendung des § 119 Abs. 2 vor Gefahrübergang

§ 434 setzt voraus, dass der Sachmangel bei Gefahrübergang vorliegt. Vor Gefahrübergang stehen dem Käufer keine Gewährleistungsrechte zu, die die Anwendung des § 119 Abs. 2 ausschließen könnten.[253]

---

251 BGH NJW 1986, 1348, 1349.
252 BGH NJW 1988, 2597, 2598; Köhler/Fritsche JuS 1990, 16.
253 MünchKomm/Westermann § 434 Rn. 52.

cc) Eine Anfechtung gemäß § 119 Abs. 2 durch den Käufer einer Sache ist weiterhin möglich, wenn sich sein Irrtum auf verkehrswesentliche Eigenschaften bezieht, die nicht zugleich einen Mangel darstellen.[254]

202

b) Vorrang des § 313 beim Doppelirrtum

Nach der h.M. sind bei einem gemeinsamen Irrtum beider Parteien über den gleichen Umstand vorrangig die Grundsätze über die Störung der Geschäftsgrundlage (§ 313) anzuwenden.[255] Irrten sich beide Parteien über den gleichen Umstand, sei es nicht gerechtfertigt, nur einen Teil die Risiken von Fehlvorstellungen tragen zu lassen und im Falle einer Anfechtung mit der Schadensersatzpflicht aus § 122 zu belasten.

203

In der Literatur wird demgegenüber vertreten, dass die Tatsache, dass beide Parteien demselben Irrtum unterlägen, die Anfechtung einer Partei nicht ausschließt.[256]

204

Für die Irrtumsanfechtung einer Partei sei es bedeutungslos, ob auch der Vertragspartner dem gleichen Irrtum unterlegen ist. Die Irrtumsanfechtung werde nur eine Partei erklären, die sich davon einen Vorteil verspricht. Dann sei es auch nicht unbillig, sie mit der Schadensersatzpflicht aus § 122 zu belasten.

Beispiel: V bietet dem K eine Jawlenski-Kopie für 1.300 € an. K erwirbt das Bild, wobei er wie V der Überzeugung ist, es handele sich um eine Kopie. Nach einem Jahr stellt sich heraus, dass das Werk ein Original des Künstlers ist. V erklärt die Anfechtung des Kaufvertrags und verlangt Herausgabe des Bildes.

A. V kann das Bild gemäß § 812 Abs. 1 S. 1 Alt. 1 Zug um Zug gegen Rückzahlung des Kaufpreises verlangen, wenn er seine Vertragserklärung wirksam anficht.
I. Anfechtung gemäß § 119 Abs. 1?
Der V hat mit seiner Erklärung zum Zustandekommen des Kaufvertrags das zum Ausdruck gebracht, was er erklären wollte.
1. Er hat erklärt, dass er das bestimmte Bild, das eine Jawlenski-Kopie sei, verkaufen will.
2. Diese Erklärung wollte er auch beim Zustandekommen des Vertrags abgeben.
II. Anfechtung gemäß § 119 Abs. 2:
1. Die Vorschrift des § 119 Abs. 2 ist hier nicht durch das Gewährleistungsrecht ausgeschlossen, da für den Verkäufer keine Gewährleistungsrechte bestehen.[257]
2. § 119 Abs. 2 könnte unanwendbar sein, da beide Parteien dem gleichen Irrtum unterliegen.
a) Es wird vertreten, dass der Doppelirrtum vorrangig nach den Grundsätzen über die Störung der Geschäftsgrundlage (§ 313) zu behandeln ist.
b) Nach der Literaturansicht schließt ein Doppelirrtum eine Anfechtung gemäß § 119 Abs. 2 nicht aus. Die Anfechtung begünstige eindeutig nur den Verkäufer V. Es sei nicht einzusehen, warum es unbillig sein soll, dass er dem Käufer den Vertrauensschaden gemäß § 122 ersetzen muss. Da die „Echtheit" der Kaufsache wertbildendes Merkmal und nach der Verkehrsanschauung für den Kaufabschluss von Bedeutung ist, kann V nach dieser Ansicht gemäß § 119 Abs. 2 anfechten mit der Folge, dass seine Kaufvertragserklärung nichtig ist und er gemäß § 122 Schadensersatz zu leisten hat.
B. Nach der h.M. ist die gemeinsame Vorstellung der Parteien, das Bild sei eine Kopie, Geschäftsgrundlage des Vertrags. Diese ist mit der Feststellung der Echtheit entfallen. Wenn festgestellt werden kann, dass K bereit ist, den Preis für ein Original zu zahlen, muss eine Vertragsanpassung erfolgen. Anderenfalls hat V ein Rücktrittsrecht gemäß § 313 Abs. 3. Ein Anspruch des K aus § 122 besteht nicht.

---

254 BGH NJW 1979, 160.

255 BGH NJW 1986, 1348, 1349; BGH, Urt. v. 11.10.2000 – VIII ZR 321/99, ZIP 2000, 2222; Palandt/Ellenberger § 119 Rn. 21a.

256 Medicus/Petersen Rn. 162; Flume JZ 1991, 633, 634; Wieling Jura 2001, 577, 585.

257 BGH NJW 1988, 2597, 2598.

2. Sache

205 Nach der Legaldefinition des § 90 sind nur körperliche Gegenstände Sachen. Der Anwendungsbereich des § 119 Abs. 2 ist weiter. Sachen im Sinne dieser Vorschrift sind auch nichtkörperliche Gegenstände, wie z.B. Forderungen.[258]

Beispiel 1: V verkauft dem K eine Forderung gegen S über 95.000 € für 90.000 €, nachdem der beratende Rechtsanwalt R erklärt hat, die Forderung sei nicht verjährt. Als S sich später wirksam auf die Verjährung beruft, will K seine Kaufvertragserklärung anfechten.

K kann seine Erklärung gemäß § 119 Abs. 2 anfechten.
I. Die Forderung ist eine Sache i.S.d. § 119 Abs. 2.
II. Ob eine Forderung verjährt ist oder nicht, ist nach der Verkehrsanschauung für die Wertschätzung von erheblicher Bedeutung, sodass der K sich über eine verkehrswesentliche Eigenschaft geirrt hat.

Beispiel 2: Der Erbe kann die Annahme der Erbschaft gemäß § 119 Abs. 2 wegen eines Irrtums über eine verkehrswesentliche Eigenschaft der Sache „Nachlass" anfechten, wenn der Nachlass mit wesentlichen Verbindlichkeiten belastet ist, die dem Erben bei Annahme der Erbschaft unbekannt waren.[259]

3. Der Eigenschaftsbegriff

206 Eigenschaften der Sache sind neben den auf der natürlichen Beschaffenheit beruhenden Merkmalen auch die gegenwärtigen, tatsächlichen oder rechtlichen Verhältnisse und Beziehungen zur Umwelt von gewisser Dauer, die in der Sache selbst ihren Grund haben und nach der Verkehrsanschauung für die Wertschätzung und Verwendbarkeit von Bedeutung sind.[260]

- Eigenschaften aufgrund natürlicher Beschaffenheit sind:

  - Das Material, aus dem die Sache hergestellt ist,

  - das Herstellungsverfahren,

  - die Qualität der hergestellten Sache.

- Eigenschaften der Sache aufgrund tatsächlicher oder rechtlicher Verhältnisse und Beziehungen zur Umwelt sind:

  - Die mit dem Grundstück verbundenen Berechtigungen (Dienstbarkeiten, Baubeschränkungen),

  - die Echtheit eines Kunstgegenstandes,

  - die Lage eines Grundstücks.

Abgekürzt lässt sich formulieren:

Eigenschaften sind alle gegenwärtigen wertbildenden Merkmale, die ihren Grund in der Sache haben und von gewisser Dauer sind.

---

258 BGH BB 1963, 285; Palandt/Ellenberger § 119 Rn. 27; Staudinger/Singer § 119 Rn. 95.

259 BGHZ 106, 359, 363; BGH NJW 1997, 392; BayObLG NJW-RR 1999, 590.

260 BGHZ 34, 32, 41; 88, 240, 245; Staudinger/Singer § 119 Rn. 87.

a) Gegenwärtige Merkmale

Nur gegenwärtige Merkmale können Eigenschaften i.S.d. § 119 Abs. 2 darstellen. Ist der **207** Erklärende bei der Abgabe seiner Vertragserklärung vom Eintritt künftiger Eigenschaften ausgegangen, so kann er nicht gemäß § 119 Abs. 2 anfechten. Doch falls der Eintritt der – künftigen – Eigenschaften zur Grundlage des Vertrags gemacht worden ist und die irrende Partei nicht das Risiko für das Nichtvorhandensein der Eigenschaft tragen soll, kann § 313 zur Anwendung gelangen.

Beispiel: V verkauft dem K notariell ein Grundstück. Bei der Bestimmung des Kaufpreises berücksichtigen die Parteien, dass auf dem Nachbargrundstück ein Kongresszentrum errichtet werden soll. Als sich später herausstellt, dass dieses Kongresszentrum nicht errichtet wird, beruft sich K auf den Wegfall der Geschäftsgrundlage.

I. Beide Parteien sind bei Vertragsschluss vom Eintritt einer bestimmten Eigenschaft ausgegangen. Das gekaufte Grundstück sollte später an ein mit einem Kongresszentrum bebautes Grundstück angrenzen. Diese Lage des Grundstücks ist eine – künftige – Eigenschaft.
II. Der Vertrag wäre bei Kenntnis der Sachlage so nicht abgeschlossen worden und K sollte nicht allein das Risiko für die Errichtung des Kongresszentrums tragen.
III. Die Geschäftsgrundlage ist nicht eingetreten und es ist dem K nicht zumutbar, am Vertrag festzuhalten. Daher kann K gemäß § 313 Abs. 1 eine Vertragsanpassung verlangen, die in einer angemessenen Reduzierung des Kaufpreises liegen kann. Ist eine Anpassung für einen der Beteiligten nicht zumutbar, kann K gemäß § 313 Abs. 3 vom Vertrag zurücktreten.

b) Wertbildende Merkmale

Der Preis und der Wert der Sache oder des Gegenstandes sind nach h.M. keine Eigen- **208** schaften i.S.d. § 119 Abs. 2. Sie sind keine wertbildenden Merkmale, sondern das Ergebnis von Schätzungen aller für die Wertbildung maßgebenden Eigenschaften, die sich entweder aus der allgemeinen Marktlage oder den besonderen Umständen des Geschäfts ergeben.[261]

Keine Eigenschaft der Sache ist ferner das Eigentum an einer Sache. Aufgrund des Eigentums wird die Sache einer bestimmten Person zugeordnet, diese Beziehung hat für die Brauchbarkeit und den Wert der Sache keinen Einfluss.[262]

c) In der Sache selbst begründet

Der Wert einer Sache kann durch außerhalb der Sache liegende Umstände beeinflusst **209** werden. Die Eigenschaften müssen aber in der Sache selbst ihren Grund haben, von ihr ausgehen oder sie unmittelbar kennzeichnen.[263] Keine Eigenschaften sind demnach der Umsatz eines Unternehmens oder der Mietertrag eines Grundstücks.

Ob Umsatz und Ertrag eines Unternehmens als Beschaffenheitsmerkmal i.S.d. § 434 anzusehen sind, ist umstritten. Teilweise werden sie dann als Beschaffenheitsmerkmal behandelt, wenn sich Umsatz- und Ertragsangaben über einen längeren Zeitraum erstrecken und deshalb einen verlässlichen Anhalt für die Bewertung der Ertragsfähigkeit und damit den Wert des Unternehmens geben.

---

261 BGHZ 16, 54, 57; BGH NJW 1963, 253; Palandt/Ellenberger § 119 Rn. 27.
262 BGHZ 34, 32, 41; Palandt/Ellenberger § 119 Rn. 27.
263 BGHZ 70, 47, 48; Palandt/Ellenberger § 119 Rn. 24 und 27.

4. Die Verkehrswesentlichkeit der Eigenschaft

210 Wann eine Eigenschaft verkehrswesentlich ist, ist umstritten.

Teilweise wird angenommen, eine Eigenschaft sei nur dann verkehrswesentlich, wenn sie **Inhalt der rechtsgeschäftlichen Erklärung** geworden ist. Dazu müsse sie nicht unbedingt bezeichnet werden, die Eigenschaft könne angesichts der wirtschaftlichen Eigenart des Geschäfts und des Geschäftsgegenstandes auch ohne besondere Abrede nach der Verkehrsanschauung als zum Rechtsfolgeinhalt gehörend gelten.[264]

Nach h.M. ist nicht erforderlich, dass die Eigenschaft vereinbart wird. Sie muss aber **erkennbar dem Rechtsgeschäft zugrunde gelegt** werden, wobei ausreichend ist, dass es sich von selbst versteht, dass diese Eigenschaft für das konkrete Rechtsgeschäft von Bedeutung ist.[265]

Die Ansichten unterscheiden sich weniger in den praktischen Ergebnissen, als in ihrem theoretischen Ausgangspunkt. Nach der ersten Ansicht ist § 119 Abs. 2 ein Erklärungsirrtum, wohingegen die Vorschrift nach h.M. einen Motivirrtum behandelt.[266]

Soergel/Hefermehl § 119 Rn. 36: „Dieser Frage kommt nur theoretische Bedeutung zu. Die Ergebnisse, zu denen die Lehre vom Erklärungsirrtum gelangt, sind im Allgemeinen dieselben wie bei der Annahme eines ausnahmsweise zur Anfechtung berechtigenden Motivirrtums."

5. Der Eigenschaftsirrtum beim Gattungskauf

211 Wird bei einem Vertrag über eine Gattungssache die Sache begrifflich bestimmt und will der Erklärende zwar diesen Begriff verwenden, irrte er aber über die Bedeutung des Begriffes, so ist zweifelhaft, ob er seine Erklärung nach § 119 Abs. 1 oder nach § 119 Abs. 2 anfechten kann.

Beispiel: K bestellt bei der Weinhandlung des V eine Kiste „Deidesheimer Goldtropfen" in der Meinung, es handele sich um einen Moselwein. Als er feststellt, dass es sich um einen Pfälzer handelt, will er vom Vertrag loskommen.

A. Ein Rücktritt gemäß §§ 434, 437 Nr. 2, 323 kommt nur in Betracht, wenn die gelieferte Kaufsache mangelhaft ist.
I. Die Kaufsache „Deidesheimer Goldtropfen" ist geliefert. Der V hat das Angebot des K, „Deidesheimer Goldtropfen" zu erwerben, uneingeschränkt angenommen.
II. Diese Kaufsache ist mangelfrei. Weder fehlt der Kaufsache eine vereinbarte Beschaffenheit, noch weicht sie von der üblichen Beschaffenheit ab.
B. Anfechtung der Kaufvertragserklärung gemäß § 119 Abs. 1
Wird beim Gattungskauf der Vertragsgegenstand durch Begriffe bestimmt, so ist zweifelhaft, wie der Erklärungstatbestand lautet:
1. Möglichkeit: Es ist nur das ausdrücklich Erklärte zu berücksichtigen, dann gilt:
K hat erklärt: „Deidesheimer Goldtropfen".
K wollte diese Erklärung auch zum Zustandekommen des Vertrags abgeben, sodass das Erklärte und das mit der Erklärung Gewollte übereinstimmen; § 119 Abs. 1 greift nicht ein.
2. Möglichkeit: Der Erklärungstatbestand wird aus der Sicht des Empfängers V ausgelegt, und es werden dem Erklärungstatbestand die tatsächlichen Eigenschaften hinzugerechnet. Dann gilt:
K hat erklärt: „Deidesheimer Goldtropfen aus der Pfalz."

---

264 Soergel/Hefermehl § 119 Rn. 34; Flume § 24, 2 c.
265 BGH NJW 1979, 160, 161; BGHZ 88, 240, 246.
266 Wieling Jura 2001, 577, 579.

K wollte mit der Erklärung zum Ausdruck bringen: „Deidesheimer Goldtropfen von der Mosel".

Dann fallen die Erklärung und das mit der Erklärung Gewollte unbewusst auseinander, sodass § 119 Abs. 1 vorliegt.[267]

Zutreffend dürfte sein, den Erklärungstatbestand auf das Erklärte zu beschränken (1. Möglichkeit) und somit § 119 Abs. 1 abzulehnen.

C. Wird die Anwendung des § 119 Abs. 1 abgelehnt, dann greift der Anfechtungsgrund gemäß § 119 Abs. 2 durch, weil der K sich über eine verkehrswesentliche Eigenschaft der Kaufsache geirrt hat. Letztlich kann die Streitfrage, ob eine Anfechtung nach § 119 Abs. 1 oder nach § 119 Abs. 2 eingreift, dahingestellt bleiben. Für das praktische Ergebnis macht das keinen Unterschied.

Beispiel 2: Der K geht in eine Ross-Schlächterei und verlangt ein Kilo Filet. Er will damit zum Ausdruck bringen, dass es sich um Rinderfilet handeln soll. Als er feststellt, dass es sich um ein Filetstück von einem Pferd handelt, will er vom Vertrag loskommen.

I. Die Gewährleistungsregeln greifen nicht ein. Das gekaufte Filetstück ist mangelfrei.

II. Es besteht ein Anfechtungsgrund gemäß § 119 Abs. 1, wenn der Erklärungstatbestand dahingehend erweitert wird, dass K zum Ausdruck gebracht hat, er verlange ein Kilo Filet vom Ross. Dann weicht davon das mit der Erklärung Gewollte ab, weil er Rinderfilet haben wollte.

III. Wird die Anwendung des § 119 Abs. 1 abgelehnt, so kann § 119 Abs. 2 angewandt werden. Der K hat sich über eine verkehrswesentliche Eigenschaft der Kaufsache geirrt.

II. Der Irrtum über verkehrswesentliche Eigenschaften der Person gemäß § 119 Abs. 2

§ 119 Abs. 2 berechtigt auch zur Anfechtung bei einem Irrtum über die verkehrswesentlichen Eigenschaften einer Person.   **212**

1. Die Person

Personen i.S.d. § 119 Abs. 2 sind sowohl natürliche als auch juristische Personen. In aller Regel wird es der Geschäftsgegner sein, über dessen Eigenschaften sich der Erklärende geirrt hat.   **213**

Falls dritte Personen in den Geschäftsbereich einbezogen sind, kann der Erklärende seine Erklärung gemäß § 119 Abs. 2 anfechten, wenn die Eigenschaften des Dritten für die Abwicklung des Vertrags von Bedeutung sind.

Beispiel: E sagt dem D ein Darlehen zu, weil D erklärt, dass sein Freund F die Bürgschaft übernehme. Als sich herausstellt, dass F vermögenslos ist, weigert sich E, das Darlehen auszuzahlen.

Für den Gläubiger ist die Kreditwürdigkeit eine verkehrswesentlichen Eigenschaft des Bürgen, da ein Bürgschaftsvertrag nur dann sinnvoll ist, wenn der Bürge mit seinem Vermögen tatsächlich haftet. E kann gemäß § 119 Abs. 2 anfechten, weil er sich über die Vermögensverhältnisse des Bürgen F geirrt hat.

(Dagegen kann der Bürge nicht mit der Begründung anfechten, er habe sich über die Vermögensverhältnisse des Hauptschuldners geirrt. Die Vermögensverhältnisse des Hauptschuldners gehören zum Risikobereich des Bürgen.[268])

---

267 Leßmann JuS 1969, 528; Wolf/Neuner § 41 Rn. 45; Soergel/Hefermehl § 119 Rn. 36, der diesen Inhaltsirrtum jedoch als Eigenschaftsirrtum nach § 119 Abs. 2 behandelt.

268 MünchKomm/Armbrüster § 119 Rn. 128.

2. Die Eigenschaften der Person

214 Zu den Eigenschaften der Person gehören die persönlichen Eigenschaften, die der Person „anhaften"; so z.B. das Lebensalter, der Gesundheitszustand, die Leistungsfähigkeit, die Vertrauenswürdigkeit, die Sachkunde.[269]

Auch die tatsächlichen und rechtlichen Verhältnisse können einen Einfluss auf die Wertschätzung der Person haben, z.B. Vermögensverhältnisse, Konfession, Vorstrafen, Parteizugehörigkeit.[270]

3. Die Verkehrswesentlichkeit der Eigenschaften der Person

215 Verkehrswesentlich sind die Eigenschaften einer Person, wenn sie erkennbar dem Vertrag zugrunde gelegt wurden, wobei ausreicht, dass dies sich für das konkrete Rechtsgeschäft aufgrund der Verkehrsanschauung von selbst versteht. Eine Eigenschaft der Person wird erst durch den Zusammenhang mit dem konkret abgeschlossenen Rechtsgeschäft zur verkehrswesentlichen Eigenschaft.

Beispiel: Der Bauer B kauft in der Stadt bei V eine Sense. Als er erfährt, dass V evangelisch ist, will er den Kaufvertrag mit der Begründung anfechten, er kaufe nur bei katholischen Geschäftsleuten.

Die Konfession ist für die Abwicklung des Kaufvertrags über eine Sense völlig unerheblich, daher hat B kein Anfechtungsrecht.

■ Die Zahlungsfähigkeit und Kreditwürdigkeit sind verkehrswesentliche Eigenschaften, wenn das Geschäft auf dem Vertrauen in die Zahlungsfähigkeit bzw. Kreditwürdigkeit beruht, wie dies z.B. bei Kreditgeschäften der Fall ist. Die Zahlungsfähigkeit des Verkäufers einer Sache ist demgegenüber in aller Regel unerheblich.[271]

Beispiel: Der B erteilt dem U einen Auftrag zur Errichtung eines Einfamilienhauses. Als U erfährt, dass vor einigen Monaten über das Vermögen des B das Konkursverfahren eröffnet worden ist, will er vom Vertrag loskommen.

Der U kann den Werkvertrag gemäß § 119 Abs. 2 anfechten, weil die Zahlungsfähigkeit des Bestellers für die Abwicklung des Werkvertrags eine verkehrswesentliche Eigenschaft ist.

■ Die Vertrauenswürdigkeit ist bei solchen Rechtsgeschäften verkehrswesentlich, bei denen starke persönliche, insbesondere sich über längere Zeit erstreckende Leistungen Vertragsgegenstand sind. Diese Eigenschaft ist z.B. verkehrswesentlich bei der Einstellung eines Prokuristen oder Handlungsgehilfen, nicht aber beim Käufer einer Sache.[272]

■ Die Anfechtung wegen Irrtums über verkehrswesentliche Eigenschaften einer Person hat insbesondere bei der Einstellung von Arbeitnehmern eine Bedeutung.

■ Der Gesundheitszustand ist dann eine verkehrswesentliche Eigenschaft, wenn die Erkrankung dem Arbeitnehmer die Fähigkeit nimmt oder erheblich beeinträchtigt, die vertraglich übernommene Tätigkeit auszuführen. Dies wurde z.B. bei ei-

---

269 Palandt/Ellenberger § 119 Rn. 26.
270 Palandt/Ellenberger § 119 Rn. 26; Soergel/Hefermehl § 119 Rn. 38–46.
271 Soergel/Hefermehl § 119 Rn. 42.
272 Staudinger/Singer § 119 Rn. 90.

ner schweren Epilepsie bejaht, nicht aber bei einer nur schubweise vorübergehend auftretenden Nervenkrankheit.[273]

- Die Schwangerschaft einer Arbeitnehmerin ist als vorübergehender Zustand grundsätzlich keine Eigenschaft i.S.d. § 119 Abs. 2.[274] Bei der Einstellung ist die Frage nach der Schwangerschaft unzulässig.[275]

- Die Zugehörigkeit zu einer Konfession oder einer politischen Vereinigung ist nur bei Tendenzbetrieben und Religionsgemeinschaften erheblich.

  Tendenzbetriebe sind die in § 118 Abs. 1 BetrVG genannten Betriebe, insbesondere Unternehmen und Betriebe, die unmittelbar und überwiegend politischen, koalitionspolitischen, konfessionellen oder karitativen Bestimmungen dienen.

---

273 Soergel/Hefermehl § 119 Rn. 46.
274 BAG NJW 1992, 2173.
275 AS-Skript Arbeitsrecht (2014), Rn. 249.

Anfechtung gemäß § 119 Abs. 2

Anwendbarkeit des § 119 Abs. 2

- Die Anfechtung gemäß § 119 Abs. 2 ist ausgeschlossen, soweit Gewährleistungsrechte eingreifen.

  - Möglich ist eine Anfechtung seitens des Verkäufers, es sei denn, er entzieht sich damit der Gewährleistungspflicht.

  - Zulässig ist auch eine Anfechtung vor Gefahrübergang, nach h.M. auch dann wenn zu diesem Zeitpunkt ausnahmsweise schon Gewährleistungsrechte des Käufers entsprechend §§ 434 ff. bestehen.

  - Eine Anfechtung gemäß § 119 Abs. 2 ist auch dann zulässig, wenn sich der Irrtum des Käufers auf Eigenschaften bezieht, die nicht zugleich einen Mangel darstellen.

- Nach wohl h.M. sind bei einem gemeinsamen Irrtum beider Parteien über den gleichen Umstand (Doppelirrtum) die Grundsätze über den Wegfall der Geschäftsgrundlage vorrangig.

Eigenschaften von Sachen oder Personen

- Sachen i.S.d. § 119 Abs. 2 sind nicht nur körperliche Gegenstände, sondern auch unkörperliche (z.B. Forderungen).
  Eigenschaften einer Sache sind alle gegenwärtigen, wertbildenden Merkmale, die ihren Grund in der Sache haben und von gewisser Dauer sind (nicht der Preis oder der Wert der Sache oder die Eigentumsverhältnisse).

- Personen sind sowohl natürliche als auch juristische Personen. Zu deren Eigenschaften gehören sowohl diejenigen, die der Person „anhaften" als auch tatsächliche oder rechtliche Verhältnisse (z.B. Kreditwürdigkeit).

Verkehrswesentlichkeit

Verkehrswesentlich sind:

- die vertraglich vereinbarten Eigenschaften,

- sowie diejenigen, die erkennbar dem Rechtsgeschäft zugrunde gelegt wurden, wobei ausreichend ist, dass sich die Bedeutung nach der Verkehrsanschauung von selbst versteht.

E. Der Anfechtungsgrund gemäß § 120

Der Erklärende kann seine Willenserklärung gemäß § 120 anfechten, wenn sie durch **216** eine Person oder Einrichtung unrichtig übermittelt wird. § 120 stellt damit auch klar, dass eine unrichtig übermittelte Erklärung dem Erklärenden zunächst als Willenserklärung zugerechnet wird. Der Erklärende trägt das Risiko der Fehlübermittlung. Ohne (rechtzeitige) Anfechtung wirkt die falsch übermittelte Willenserklärung für und gegen ihn. Im Einzelnen besteht das Anfechtungsrecht unter folgenden Voraussetzungen:

■ Der Übermittelnde muss Erklärungsbote sein. **217**

Nach dem Wortlaut des § 120 muss es sich um eine „zur Übermittlung verwendete Person oder Einrichtung" handeln. Rechtlich sind die in Betracht kommenden Personen (z.B. auch Dolmetscher) und Einrichtungen (Telekom oder Post-AG) als Boten einzustufen. Als eine solche Einrichtung ist auch ein Provider anzusehen, der zur Übermittlung von Willenserklärungen benutzt wird.[276]

■ Gibt der Übermittelnde eine eigene Willenserklärung im Namen eines anderen ab, d.h. handelt er als Vertreter, gilt § 120 nicht. Für die Abgrenzung zum Vertreter ist darauf abzustellen, dass der Vertreter eine eigene Willenserklärung abgibt, der Bote demgegenüber eine fremde Willenserklärung überbringt. Maßgeblich ist dabei das äußere Erscheinungsbild. Bote ist demnach, wer als solcher dem Erklärungsempfänger gegenüber auftritt.[277]

■ Auf Übermittlungsfehler des Empfangsboten ist § 120 nicht anwendbar, weil für dessen Fehler der Empfänger und nicht der Erklärende das Risiko trägt.[278]

■ Der Bote muss die Erklärung unbewusst unrichtig übermitteln. **218**

■ Bei bewusst unrichtiger Übermittlung ist die Willenserklärung auch ohne Anfechtung für den Erklärenden unverbindlich. In den §§ 119 ff. ist nur die unbewusste Fehlleistung als Anfechtungsgrund anerkannt.[279]

Der vorsätzlich falsch übermittelnde Bote wird wie ein vollmachtloser Vertreter behandelt. Der Geschäftsherr hat die Möglichkeit der Genehmigung (§ 177), anderenfalls haftet der Bote aus § 179.[280]

■ Die Gründe für die unrichtige Übermittlung sind gleichgültig. § 120 gilt auch dann, wenn die Erklärung völlig verändert oder irrtümlich einem anderen Empfänger zugeleitet wird.[281]

---

276 OLG Frankfurt, Urt. v. 20.11.2002 – 9 U 94/02, MDR 2003, 405.

277 Palandt/Ellenberger Einf. v. § 164 Rn. 11.

278 Staudinger/Singer § 120 Rn. 6; Soergel/Hefermehl § 120 Rn. 9.

279 Palandt/Ellenberger § 120 Rn. 4; Schwung JA 1983, 12, 14; a.A. Marburger AcP 173, 137, 143; Medicus AT Rn. 748; Staudinger/Singer § 120 Rn. 2.

280 OLG Oldenburg NJW 1978, 951; Palandt/Ellenberger § 120 Rn. 4; Staudinger/Singer § 120 Rn. 3.

281 Palandt/Ellenberger § 120 Rn. 3; Soergel/Hefermehl § 120 Rn. 5 ff.

F. Der Anfechtungsgrund gemäß § 123

219 Wer durch arglistige Täuschung oder Drohung zur Abgabe einer Erklärung veranlasst worden ist, ist gemäß § 123 zur Anfechtung der Willenserklärung berechtigt. Die Vorschrift des § 123 schützt die Freiheit der Willensentschließung.

Da der Erklärende in den Fällen der arglistigen Täuschung die mit der Willenserklärung erstrebte Rechtsfolge im Zeitpunkt der Abgabe auch wollte und nur die vorangegangene Willensbildung in unzulässiger Weise beeinflusst worden ist, handelt es sich um einen Irrtum im Motiv: Die Vorstellung des Erklärenden stimmt im Zeitpunkt der Abgabe nicht mit der Wirklichkeit überein.

Wenn der Erklärende jedoch über den Gegenstand des Rechtsgeschäfts oder Eigenschaften des Gegenstandes getäuscht worden ist, können beide Anfechtungtatbestände – nämlich § 119 und § 123 – erfüllt sein. Der Erklärende kann wählen, welches Anfechtungsrecht er ausüben will. Gegebenenfalls ist durch Auslegung zu ermitteln, ob die Anfechtung wegen arglistiger Täuschung oder widerrechtlicher Drohung die Anfechtung wegen Irrtums mitumfasst.[282]

220 Für das Verhältnis der Anfechtung nach § 123 zu anderen Regelungen gilt Folgendes:

- ■ Auch wenn das durch Täuschung bzw. Drohung zustande gekommene Rechtsgeschäft begrifflich in aller Regel sittenwidrig i.S.d. § 138 Abs. 1 sein wird, ist es nicht ohne Weiteres nichtig, sondern lediglich anfechtbar. Nur wenn zu der unzulässigen Willensbeeinflussung andere, die Sittenwidrigkeit begründende Umstände hinzutreten, gilt § 138 Abs. 1.[283]

- ■ Ebenso ist § 134 unanwendbar, wenn ein Verstoß gegen ein gesetzliches Verbot ausschließlich in einer Täuschung oder widerrechtlichen Drohung zu sehen ist.

- ■ Schadensersatzansprüche können aus §§ 311 Abs. 2, 241 Abs. 2, 280 Abs. 1 und unerlaubter Handlung bestehen:

  - ■ Wer seinen Vertragspartner durch Täuschung oder Drohung zum Vertragsschluss bestimmt, begeht eine vorvertragliche Pflichtverletzung. Der Getäuschte (Bedrohte) hat einen Schadensersatzanspruch aus §§ 311 Abs. 2, 241 Abs. 2, 280 Abs. 1, der sich unter anderem auf Aufhebung und Rückabwicklung des Vertrags richtet. Nach der h.M. gilt für diesen Anspruch die regelmäßige Verjährung (§§ 195, 199), sodass jemand selbst dann einen Anspruch auf Rückabwicklung des Vertrags aus §§ 311 Abs. 2, 241 Abs. 2, 280 Abs. 1 haben kann, wenn die Anfechtungsfrist des § 124 verstrichen ist.[284] Erforderlich ist allerdings, dass der Getäuschte (Bedrohte) einen Vermögensschaden geltend machen kann.

    Beispiel: A zwingt seine Frau F im Februar 2008, ihm ihr Grundstück zu überschreiben. Im Juni 2008 wird die Ehe geschieden.

    I. Die Anfechtungsfrist beträgt gemäß § 124 Abs. 1 ein Jahr. Sie beginnt gemäß § 124 Abs. 2 mit dem Zeitpunkt, in dem die Bedrohung aufhört, d.h. hier mit der Scheidung. Die Frist zur Anfechtung endet im Juni 2009.

---

282 BGHZ 34, 32, 38; 78, 216, 221; BGH NJW 1979, 160, 161.

283 Palandt/Ellenberger § 138 Rn. 15.

284 BGH NJW 1979, 1983, 1984; 1998, 302, 304; BGH, Urt. v. 25.04.2006 – XI ZR 106/05, Rn. 30, NJW 2006, 1955; Lorenz ZIP 1999, 1053, 1056; a.A. MünchKomm/Armbrüster § 123 Rn. 91; Grigoleit NJW 1999, 900.

II. F hat einen Schadensersatzanspruch aus §§ 311 Abs. 2, 241 Abs. 2, 280 Abs. 1, denn A beging durch die Zwangsausübung eine schuldhafte Pflichtverletzung im Rahmen des vorvertraglichen Schuldverhältnisses.

Danach ist die Frau so zu stellen, wie sie stehen würde, wenn die Pflichtverletzung nicht begangen worden wäre. Dann hätte sie ihre Erklärung gar nicht abgegeben und das Grundstück würde ihr gehören. Sie kann Rückauflassung verlangen.

Nach h.M. verjährt der Anspruch gemäß § 195 in einer Frist von drei Jahren. Die Frist beginnt gemäß § 199 Abs. 1 mit dem Schluss des Jahres 2008. Der Schadensersatzanspruch verjährt demnach mit Ablauf des 31.12.2011. Nach a.A. ist § 124 analog anzuwenden.

- Neben der Anfechtungsmöglichkeit nach § 123 besteht häufig die Möglichkeit, aus unerlaubter Handlung (§ 823 Abs. 2 i.V.m. § 263 bzw. § 240 StGB; § 826) Schadensersatz zu verlangen.

I. Die Voraussetzungen der Anfechtung wegen arglistiger Täuschung

Die Anfechtung wegen arglistiger Täuschung hat im Einzelnen folgende Voraussetzungen:　**221**

- Täuschungshandlung

- Irrtum

- Kausalität zwischen Täuschungshandlung und Irrtum

- Arglist des Täuschenden

1. Die – rechtswidrige – Täuschungshandlung

Als Täuschungshandlung kommt jedes – widerrechtliche – Verhalten in Betracht, durch　**222**
das Tatsachen vorgespiegelt, entstellt oder unterdrückt werden.

a) Die Täuschung kann durch **positives Tun oder Unterlassen** erfolgen.　**223**

Jede Behauptung unzutreffender Tatsachen ist eine Täuschung durch **positives Tun**. Sie kann ausdrücklich, aber auch durch schlüssige Handlung erfolgen. Wer z.B. auf Kredit kauft, erklärt konkludent, dass er den Kaufpreis bei Fälligkeit zahlen könne und wolle.[285]

Eine Täuschung durch **Unterlassen** ist nur relevant, wenn eine Rechtspflicht zur Aufklärung　**224**
rung bestand.

Es besteht keine allgemeine Aufklärungspflicht des Partners dahingehend, den anderen uneingeschränkt über die mit einem Rechtsgeschäft verbundenen Risiken aufzuklären. Jede Partei muss grundsätzlich ihre Interessen selbst wahrnehmen und sich erkundigen, ob die Umstände, die sie veranlassen, das Rechtsgeschäft zu tätigen, tatsächlich gegeben sind und ob der Vertragszweck erreicht werden kann.[286]

285　OLG Köln NJW 1967, 740.
286　BGH NJW 1989, 763, 764.

Eine Aufklärungspflicht ergibt sich aus Treu und Glauben unter Berücksichtigung der Umstände des jeweiligen Einzelfalles. Jeder Vertragspartner hat die Pflicht, den anderen Teil über solche Umstände aufzuklären, die den Vertragszweck (des anderen) vereiteln können und daher für seinen Entschluss von wesentlicher Bedeutung sind, sofern er die Mitteilung nach der Verkehrsauffassung erwarten konnte. Insbesondere besteht eine Pflicht, Fragen vollständig und zutreffend zu beantworten.[287]

Beispiel: V verkaufte dem K einen Opel mit einem Kilometerstand von 25.000. Als K das Fahrzeug dem TÜV vorführte, wurden Schweißnähte, eine Verbiegung der Lenkung und ein Rahmenschaden festgestellt. Diese Schäden waren durch einen Unfall bedingt, der dem V bekannt war, auf den er den K aber nicht hingewiesen hatte. K erklärt die Anfechtung wegen arglistiger Täuschung.

Die Anfechtung ist begründet, V war zur Aufklärung über den Unfall verpflichtet. Der Verkäufer eines Kraftfahrzeugs ist grundsätzlich auch ungefragt zur Aufklärung über jeden Unfall verpflichtet, da die Kenntnis des Käufers von Schäden und Unfällen bestimmenden Einfluss auf den Kaufentschluss hat. Einer Mitteilung des Verkäufers bedarf es nur dann nicht, wenn der Unfall so geringfügig war, dass bei vernünftiger Betrachtungsweise der Kaufentschluss nicht davon beeinflusst werden kann. Als solche „Bagatellschäden" sind in der Rechtsprechung allerdings nur ganz geringfügige äußere Lackschäden anerkannt, nicht dagegen andere Blechschäden.[288]

Ob eine Täuschungshandlung durch positives Tun, konkludentes Handeln oder Unterlassen vorliegt, kann im Einzelfall zweifelhaft sein. Die Abgrenzung ist unter Berücksichtigung der Einzelumstände und der Verkehrsanschauung vorzunehmen und es ist darauf abzustellen, welches Verhalten dem Handelnden vorzuwerfen ist. Maßgebend ist also der Schwerpunkt der Vorwerfbarkeit.

225 **b)** Es müssen **Tatsachen** behauptet, unterdrückt oder verschwiegen werden, sodass eine Täuschungshandlung i.S.d. § 123 nur im Hinblick auf Begebenheiten, Ereignisse, Zustände gegeben sein kann, die **nachprüfbar** sind. Werturteile, allgemein gehaltene Werbesprüche, übertriebene Anpreisung usw., die keine Mitteilung von konkreten Tatsachen enthalten, sind rechtlich unerheblich.[289]

226 **c)** Die Täuschungshandlung muss **widerrechtlich** sein. Das Gesetz geht davon aus, dass die arglistige Täuschung stets widerrechtlich ist. Dabei ist übersehen worden, dass der Täuschende, der eine unzulässige Frage überhaupt nicht oder unrichtig beantwortet, nicht rechtswidrig handelt, sodass im Einzelfall eine Täuschungshandlung vorliegen kann, ohne dass der Tatbestand des § 123 erfüllt ist. Relevant ist dies vor allem bei Fragen, die ein Arbeitgeber bei der Einstellung von Arbeitskräften stellt. Die Falschbeantwortung einer Einstellungsfrage stellt nur dann eine arglistige Täuschung dar, wenn die Frage zulässig war.[290]

Nach Vorstrafen darf nur gefragt werden, wenn dies objektiv für die Eigenart des zu besetzenden Arbeitsplatzes erforderlich ist, die Strafe also „einschlägig" ist.[291]

---

287 BGH NJW-RR 1998, 1406; BGH, Urt. v. 20.10.2000 – V ZR 285/99, NJW 2001, 64; BGH, Urt. v. 12.07.2001 – IX ZR 360/00, ZIP 2001, 1678.

288 BGH, Urt. v. 10.10.2007 – VIII ZR 330/06, NJW 2008, 53; RÜ 2008, 72.

289 Palandt/Ellenberger § 123 Rn. 3; Soergel/Hefermehl § 123 Rn. 3; Staudinger/Singer/v. Finckenstein § 123 Rn. 7.

290 BAG NZA 1999, 975, 976; BAG, Urt. v. 06.02.2003 – 2 AZR 621/01, NZA 2003, 848.

291 Palandt/Weidenkaff § 611 Rn. 6.

Ein schutzwürdiges Interesse an der Kenntnis einer Körperbehinderung hat der Arbeitgeber nur, wenn diese geeignet ist, die für den Stellenbewerber vorgesehene Tätigkeit zu beeinträchtigen. Die Frage nach der Schwerbehinderteneigenschaft ist uneingeschränkt zulässig,[292] also auch, wenn die Behinderung tätigkeitsneutral ist.[293]

Die Frage nach der Schwangerschaft ist grundsätzlich unzulässig. Da sie naturgemäß nur weibliche Bewerber betreffen kann, ist sie mit dem geschlechtsbezogenen Diskriminierungsverbot der §§ 1, 7 Abs. 1 AGG unvereinbar.[294] Dies gilt sogar dann, wenn die Arbeitnehmerin die vereinbarte Tätigkeit aus mutterschutzrechtlichen Gründen nicht ausüben darf.[295]

2. Die Ursächlichkeit zwischen Täuschungshandlung bzw. Irrtum und abgegebener Willenserklärung

Die abgegebene Willenserklärung muss durch den Irrtum und der Irrtum durch die Täuschungshandlung verursacht worden sein. Es muss also feststehen, dass durch die Täuschungshandlung ein Irrtum erregt, verstärkt oder unterhalten worden ist und dass dieser Einfluss auf die abgegebene Willenserklärung hatte. Ausreichend ist die Mitursächlichkeit.[296]

227

3. Die Arglist

Der Täuschende muss arglistig gehandelt haben. Er muss also in dem Bewusstsein tätig geworden sein, dass der Getäuschte durch die Täuschung zur Abgabe einer Willenserklärung bestimmt wird, die dieser ohne die Täuschung überhaupt nicht oder nicht mit dem erklärten Inhalt abgegeben hätte. Der Täuschende muss also vorsätzlich tätig werden. Dabei genügt es, wenn er mit dolus eventualis gehandelt hat, sodass eine Arglist gegeben ist, falls der Täuschende mit der Möglichkeit rechnet, dass der Getäuschte infolge des Irrtums eine Willenserklärung abgibt und er dieses in Kauf nimmt.[297]

228

Ein fahrlässiges, auch ein grob fahrlässiges Verhalten scheidet als Täuschungshandlung aus. Wer jedoch in bewusster Unkenntnis der Tatsachen **„ins Blaue hinein"** Behauptungen aufstellt, die unzutreffend sind, handelt arglistig. Die Arglist ist darin zu sehen, dass dem Erklärenden, was ihm auch bewusst ist, jegliche zur sachgemäßen Beantwortung erforderliche Kenntnis fehlt und dass er gleichwohl diesen Umstand gegenüber dem anderen Teil verschweigt.[298]

229

Beispiel: Der Gebrauchtwagenhändler B verkauft dem K einen Wagen, den er zwei Tage zuvor in Zahlung genommen hat. Als K sich wegen des Zustandes des Wagens danach erkundigt, ob der Wagen unfallfrei sei, erklärt B, obwohl er den Wagen noch nicht überprüft hat, er wisse sicher, dass der Wagen noch keinen Unfall gehabt habe. Bald nach der Lieferung ficht K den Kaufvertrag wegen arglistiger Täuschung an, weil es sich um einen Unfallwagen handelt.

---

292 BAG NJW 1987, 397; 1994, 1363.
293 BAG NJW 1996, 2323.
294 BGH NZA 1993, 257.
295 BAG, Urt. v. 06.02.2003 – 2 AZR 621/01, BB 2003, 1734.
296 BGH NJW 1991, 1673, 1674.
297 BGH WM 2000, 2160, 2163; OLG Karlsruhe ZGS 2004, 392.
298 BGH Urt. v. 07.06.2006 – VIII ZR 209/05, Rn. 13, BGHZ 168, 64.

Auch wenn nicht festgestellt werden kann, dass V Kenntnis von dem Unfall hatte, ist die Arglist zu bejahen. Ein Verkäufer handelt bereits dann arglistig, wenn er ohne tatsächliche Grundlage ins Blaue hinein unrichtige Angaben macht und mit der möglichen Unrichtigkeit der Angabe rechnet.[299]

230 Ob die Täuschung in wohlmeinender Absicht arglistig ist und ob eine Arglist auch Schädigungsabsicht voraussetzt, ist umstritten. Nach h.A. setzt die Arglist nicht voraus, dass der Täuschende die Absicht oder den Vorsatz hat, den Getäuschten zu schädigen oder sich zu Unrecht zu bereichern, denn § 123 schützt die Willensentschließungsfreiheit. Diese ist aber im gleichen Umfang beeinträchtigt, wenn der Täuschende dies zum „Besten" des Getäuschten tut.[300]

II. Unzulässigkeit der Anfechtung, wenn ein Dritter getäuscht hat

231 Hat ein Dritter die Täuschungshandlung begangen, kann der Getäuschte seine Willenserklärung nur anfechten, wenn der Erklärungsempfänger die Täuschung kannte oder kennen musste. Fraglich ist, wer als „Dritter" i.S.d. § 123 Abs. 2 anzusehen ist.

Fall 7: Treuherzige Eheleute

Der Landmaschinenhändler A verkaufte den Eheleuten E, die allein einen größeren Hof bewirtschaften, einen Traktor. Im Verlaufe eines Gespräches erklärte A sich bereit, den Hof zu erwerben und den Eheleuten ein Einfamilienhaus in der Nähe der Stadt zu errichten. A beauftragte einen Architekten mit der Erstellung der Baupläne und legte diese den Eheleuten zur Billigung vor. Als A von seiner Bank B bedrängt wurde, Sicherheiten für gewährte Kredite zu leisten, veranlasste A die Eheleute E mit dem Versprechen, das Einfamilienhaus für sie zu errichten, an die B eine Eigentümergrundschuld über 50.000 € formgerecht abzutreten. Als A später nicht zahlt, geht die B gegen die Eheleute aus der Grundschuld vor. Die Eheleute erklären gegenüber der B die Anfechtung wegen arglistiger Täuschung. Die B macht geltend, nicht sie, sondern A als Dritter habe getäuscht. Es ist davon auszugehen, dass A von vornherein nicht die Absicht hatte, das Einfamilienhaus zu errichten, und dass die B von der Unerfahrenheit der Eheleute in geschäftlichen Dingen wusste.

Anspruch der B gegen E auf Duldung der Zwangsvollstreckung gemäß §§ 1147, 1191 Abs. 1, 1192 Abs. 1

Die Eheleute E haben die Grundschuld im Wege der formgerechten Abtretung gemäß §§ 398, 1192, 1154 auf die B übertragen. Die B ist Inhaberin der Grundschuld. Die Abtretungserklärung kann gemäß § 123 von den Eheleuten E angefochten werden, wenn sie durch arglistige Täuschung zur Abgabe dieser Willenserklärung veranlasst worden sind.

I. Der A hat den Eheleuten E vorgespiegelt, er werde für sie ein Einfamilienhaus errichten, und hat anlässlich der Bitte, die Grundschuld an die Bank abzutreten, konkludent zum Ausdruck gebracht, dass die Eheleute dadurch keine Nachteile erleiden. Die Eheleute durften nach den gesamten Umständen davon ausgehen, dass die Bank

---

299 BGHZ 63, 382, 388; BGH, Urt. v. 20.12.2000 – VIII ZR 36/00.

300 Hk/Dörner § 123 Rn. 5.

aus der Grundschuld nicht vorgehen werde. Daher hat A durch arglistige Täuschung in den Eheleuten einen Irrtum erregt und diese zur Abgabe der Willenserklärung veranlasst. Der Tatbestand des § 123 Abs. 1 ist erfüllt.

II. Da die B von der Täuschungshandlung des A weder Kenntnis hatte noch hätte Kenntnis haben müssen, ist die Anfechtung nur möglich, wenn A nicht Dritter ist, § 123 Abs. 2. Der Begriff des Dritten ist weder im Gesetz definiert noch von der Rechtsprechung und Rechtslehre inhaltlich festgelegt. Nach allgemeiner Auffassung ist negativ abzugrenzen, d.h. es ist unter Berücksichtigung von Sinn und Zweck der in § 123 Abs. 2 getroffenen Regelung zu bestimmen, welche Personen nicht Dritte sind.

1. Der Täuschende ist dann nicht Dritter, wenn sein Verhalten dem des Anfechtungsgegners gleichzusetzen ist, d.h. wenn er auf der Seite des Anfechtungsgegners tätig wird.   **232**

   ■ Nicht Dritter ist der gesetzliche oder rechtsgeschäftliche Vertreter des Anfechtungsgegners.

   ■ Nicht Dritter ist der vom Erklärungsempfänger beauftragte Verhandlungsführer oder Verhandlungsgehilfe.[301]

   ■ Ebenfalls nicht als Dritter anzusehen ist die Person, die wegen ihrer engen Beziehung zum Erklärungsempfänger als dessen Vertrauensperson erscheint.[302]

   Es können die zu § 278 entwickelten Grundsätze herangezogen werden. Wer Erfüllungsgehilfe des Anfechtungsgegners ist, hat auch eine hinreichend enge Beziehung zu ihm, sodass er nicht Dritter ist.[303]

2. Nach heute ganz h.M. ist im Übrigen nach Billigkeitsgesichtspunkten unter Berücksichtigung der Interessenlage zu prüfen, ob aufgrund besonderer Umstände die Eigenschaft als Dritter zu verneinen ist.[304] Im vorliegenden Fall[305] hat der BGH den A nicht als Dritten im Verhältnis zur B angesehen. Begründet wurde dies damit, dass die B ein hohes Interesse an der Bestellung der Grundschuld hatte und sie den A erheblich unter Druck gesetzt hatte. Trotz der ihr bekannten Geschäftsungewandtheit hatte die B von Verhandlungen mit den Eheleuten E abgesehen und diese ganz dem A überlassen. Die B konnte in Anbetracht dieser Sachlage nicht annehmen, dass die Eheleute bei richtiger Unterrichtung die Eigentümergrundschuld zur Sicherung abtreten würden. Zudem hat sie dem A den Kredit zunächst ohne Sicherheiten eingeräumt, sodass es gerechtfertigt ist, dass die B das Risiko für die Rückzahlung des Kredites durch A trägt. Da die Eheleute fristgerecht die Anfechtung wegen arglistiger Täuschung erklärt haben, ist nach dieser Ansicht ihre Abtretungserklärung gemäß § 142 Abs. 1 nichtig. Die B kann keine Ansprüche aus der Eigentümergrundschuld durchsetzen.

---

301 Martens JuS 2005, 887, 890.

302 BGH NJW 1996, 1051; BGH, Urt. v. 14.11.2000 – XI ZR 336/99, NJW 2001, 358; Palandt/Ellenberger § 123 Rn. 14; Soergel/Hefermehl § 123 Rn. 30 ff.; Staudinger/Singer/v. Finckenstein § 123 Rn. 50.

303 BGH NJW 1989, 287, 288; Schubert AcP 168, 470 ff.; MünchKomm/Armbrüster § 123 Rn. 65.

304 BGH NJW 1962, 1907; 1978, 2144, 2145; 1979, 1593, 1594; 1989, 2879; 2880; MünchKomm/Armbrüster § 123 Rn. 65.

305 BGH NJW 1962, 1907.

III. (Gewährleistungs-)Ansprüche des arglistig Getäuschten

233 Einer der häufigsten Fälle der arglistigen Täuschung ist die unterlassene Aufklärung über einen offenbarungspflichtigen Mangel. In diesem Fall hat der Getäuschte die Wahl, ob er die Anfechtung erklärt oder ob er Gewährleistungsrechte geltend macht.

Fall 8: Bagatellschaden?

V verkauft dem K einen gebrauchten Ford Cougar für 9.000 €. Der Kaufvertrag enthält einen Gewährleistungsausschluss, aber keine Angaben über Unfallschäden. Nach Kaufpreiszahlung und Übergabe stellt K fest, dass das Fahrzeug an der linken Tür und dem linken hinteren Seitenteil einen Karosserieschaden hat. Ein Sachverständiger stellt fest, dass es sich nicht nur um Lackschäden, sondern um Blechschäden handelt, deren Beseitigung 1.700 € kosten würde. Dem V waren die Schäden bekannt, er meint aber, es handele sich um Bagatellschäden, über die er nicht hätte aufklären müssen. Jedenfalls habe K die Schäden ohne Weiteres erkennen können. K verlangt Rückzahlung des Kaufpreises und Schadensersatz (Zulassungskosten, Kfz-Steuer, Gutachterkosten).

Welche Ansprüche hat K, wenn er

1. die Anfechtung erklärt oder

2. von einer Anfechtungserklärung absieht?

---

234 A. Rechte des K, wenn er die Anfechtung fristgerecht erklärt.

    I. K kann von V gemäß § 812 Abs. 1 S. 1, 1. Fall den gezahlten Kaufpreis zurückverlangen, wenn V den Kaufpreis ohne Rechtsgrund erlangt hat.

        1. Der V hat etwas, nämlich den Kaufpreis erlangt.

        2. Diesen Kaufpreis hat V durch Leistung des K erworben, weil K die Zahlung vorgenommen hat, um seiner Verpflichtung aus dem Kaufvertrag nachzukommen. Er hat den Kaufpreis zweckgerichtet dem V zugewandt und damit geleistet.

        3. Die Leistung des Kaufpreises ist ohne Rechtsgrund erfolgt, wenn der Zweck der Leistung verfehlt worden ist. Der Leistungszweck – die Erfüllung einer Verbindlichkeit aus dem Kaufvertrag – ist nicht erreicht, wenn K seine Willenserklärung wirksam angefochten hat und damit der Kaufvertrag entfällt.

            a) Dem K könnte ein Anfechtungsgrund gemäß § 123 Abs. 1 zustehen.

                aa) Hier kommt nur eine Täuschung durch Unterlassen in Betracht. Diese setzt eine Aufklärungspflicht voraus. Unfallschäden muss der Verkäufer auch ungefragt mitteilen, es sei denn, es handelt sich um Bagatellschäden. Dies sind nur ganz geringfügige äußere (Lack-)Schäden, nicht dagegen andere (Blech-)Schäden, auch wenn sie keine weitergehenden Folgen hatten und der Reparaturaufwand gering war.[306]

---

306 BGH, Urt. v. 10.10.2007 – VIII ZR 330/06, Rn. 20, NJW 2008, 53, RÜ 2008, 72.

Nach den Feststellungen des Sachverständigen handelt es sich hier um Blechschäden. Es lag ein aufklärungspflichtiger Unfallschaden vor.

bb) Die fehlende Aufklärung hat bei dem K einen Irrtum über die Unfallfreiheit hervorgerufen.

cc) Arglist setzt Vorsatz voraus. Da V den Unfallschaden kannte, sind die Voraussetzungen des § 123 Abs. 1 gegeben.

b) Wenn K fristgerecht die Anfechtung erklärt, ist seine Kaufvertragserklärung rückwirkend gemäß § 142 Abs. 1 nichtig und auch der Kaufvertrag ist von Anfang an unwirksam. Die Voraussetzungen einer Kondiktion aus § 812 Abs. 1 S. 1, 1. Fall liegen vor.[307]

4. Der K kann von V das erlangte Etwas, nämlich den Kaufpreis zurückverlangen.

a) Nach der Saldotheorie ist das Gegenseitigkeitsverhältnis auch bei der Rückabwicklung zu berücksichtigen. Danach bestünde der Anspruch des K auf Rückzahlung des Kaufpreises nur Zug um Zug gegen Rückübertragung des Fahrzeugs.

b) Die Saldotheorie gilt jedoch nach h.M. nicht zugunsten des arglistig Täuschenden.[308] Der Rückzahlungsanspruch des K ist daher nicht auf eine Zug-um-Zug Leistung beschränkt.

c) Auf einen eventuellen Wegfall der Bereicherung kann sich der verschärft Haftende nicht berufen.[309] V haftet gemäß § 819 Abs. 1 Alt. 1 verschärft, denn er wird gemäß § 142 Abs. 2 so behandelt, als ob er die Nichtigkeit des Rechtsgeschäfts von Anfang an gekannt hätte.

II. Da V verschärft haftet, besteht auch ein Anspruch des K aus §§ 819 Abs. 1, 818 Abs. 4, 292 Abs. 1, 989, 990.

III. Anspruch des K gegen V aus §§ 311 Abs. 2 Nr. 1, 241 Abs. 2, 280 Abs. 1

Die arglistige Täuschung stellt eine Verletzung vorvertraglicher Pflichten dar. V ist zum Ersatz der geltend gemachten Schäden aus §§ 311 Abs. 2 Nr. 1, 241 Abs. 2, 280 Abs. 1 verpflichtet.

IV. Ein Schadensersatzanspruch aus § 823 Abs. 1 besteht nicht, da V keines der dort genannten Rechtsgüter verletzt hat.

B. Ansprüche des K, wenn er die **Anfechtung nicht erklärt**.   235

I. Anspruch auf Rückzahlung des Kaufpreises aus §§ 434, 437 Nr. 2, 326 Abs. 5, 323, 346.

1. Die Parteien haben einen wirksamen Kaufvertrag geschlossen.

---

307 Staudinger/Lorenz § 812 Rn. 88; BeckOK BGB/Wendehorst § 812 Rn. 63; a.A. Palandt/Sprau § 812 Rn. 26: Kondiktion aus § 812 Abs. 1 S. 2, 1. Fall (nachträglicher Wegfall des rechtlichen Grundes).

308 BGHZ 53, 144; Palandt/Sprau § 818 Rn. 49.

309 BGHZ 55, 128; Palandt/Sprau § 818 Rn. 53.

2. Die Kaufsache müsste mangelhaft gewesen sein.

a) Ein Mangel gemäß § 434 Abs. 1 S. 1 liegt nicht vor, da keine Beschaffenheitsvereinbarung über die Unfallfreiheit getroffen worden ist.

b) Auch ein Mangel gemäß § 434 Abs. 1 S. 2 Nr. 1 oder § 434 Abs. 1 S. 2 Nr. 2 Alt. 1 ist nicht gegeben, da sich das Fahrzeug sowohl für die vorausgesetzte als auch für die gewöhnliche Verwendung eignet.

c) Es kommt ein Mangel gemäß § 434 Abs. 1 S. 2 Nr. 2 Alt. 2 in Betracht. Dann müsste die Beschaffenheit fehlen, die bei Sachen gleicher Art üblich ist und die der Käufer nach der Art der Sache erwarten kann. Bei Gebrauchtwagen gehören Bagatellschäden zur üblichen Beschaffenheit.[310] Hier liegt jedoch kein Bagatellschaden, sondern ein Blechschaden vor. Das verkaufte Fahrzeug ist mangelhaft gemäß § 434 Abs. 1 S. 2 Nr. 2 Alt. 2.

Die Abgrenzung zwischen Bagatellschäden und mitteilungspflichtigen Unfallschäden ist in gleicher Weise für die Aufklärungspflicht bei § 123 als auch für das Vorliegen eines Mangels relevant.

3. Gemäß § 326 Abs. 5 besteht ein Rücktrittsrecht, wenn die Nacherfüllung gemäß § 275 Abs.1 bis 3 ausgeschlossen ist. Die Nacherfüllung kann durch Nachbesserung oder Nachlieferung erfolgen.

a) Die Nachbesserung ist unmöglich. Der Mangel besteht darin, dass es sich um einen Unfallwagen handelt. Diese Eigenschaft lässt sich durch Nachbesserung nicht beseitigen.

b) Die Nachlieferung ist bei einem Stückkauf möglich, wenn die Kaufsache nach dem durch Auslegung zu ermittelnden Willen der Parteien durch eine gleichartige oder gleichwertige Sache ersetzt werden kann. Bei Gebrauchtwagen ist dies regelmäßig nicht der Fall.[311]

Die Nacherfüllung ist unmöglich.

4. Die Gewährleistung könnte gemäß § 442 ausgeschlossen sein. V behauptet, K hätte die Mängel ohne Weiteres erkennen können. Grob fahrlässige Unkenntnis schließt die Rechte des Käufers wegen eines Mangels jedoch dann nicht aus, wenn der Verkäufer arglistig handelte (§ 442 Abs. 1 S. 2).

5. Der im Kaufvertrag vereinbarte Gewährleistungsausschluss ist gemäß § 444 unwirksam, da V arglistig handelte.

6. Gemäß § 323 Abs. 5 S. 2 ist der Rücktritt ausgeschlossen, wenn die Pflichtverletzung unerheblich ist. Bei Arglist des Verkäufers ist eine unerhebliche Pflichtverletzung aber regelmäßig zu verneinen.[312]

---

310 BGH, Urt. v. 10.10.2007 – VIII ZR 330/06, Rn. 20, NJW 2008, 53, RÜ 2008, 72.

311 BGH, Urt. v. 07.06.2006 – VIII ZR 209/05, Rn. 24, BGHZ 168, 64, RÜ 2006, 505.

312 BGH, Urt. v. 24.03.2006 – V ZR 173/05, Rn. 13, BGHZ 167, 19, RÜ 2006, 349.

7. Wenn K den Rücktritt erklärt, kann er gemäß §§ 346 Abs. 1, 348 Rückzahlung des Kaufpreises Zug um Zug gegen Rückgewähr des Fahrzeugs verlangen.

II. Schadensersatzanspruch aus §§ 434, 437 Nr. 3, 311a Abs. 2. **236**

1. Die Voraussetzungen dieses Anspruchs liegen vor, denn der verkaufte Pkw war mangelhaft i.S.d. § 434 Abs. 1 S. 2 Nr. 2 Alt. 2 und die Beseitigung des Mangels war schon bei Vertragsschluss unmöglich. V kann sich auch nicht gemäß § 311a Abs. 2 S. 2 entlasten, da er den Mangel kannte.

2. K hat einen Schadensersatzanspruch statt der Leistung. Mit diesem kann er zwar nicht die Gegenleistung als solche, aber einen Geldbetrag in gleicher Höhe als Mindestbetrag seines Schadens zurückfordern. Auch die weiteren Schäden (Zulassungskosten, Kfz-Steuer, Gutachterkosten) sind gemäß § 311a Abs. 2 zu ersetzen.

III. Schadensersatzanspruch aus §§ 311 Abs. 2 Nr. 1, 241 Abs. 2, 280 Abs. 1 **237**

1. Fraglich ist, ob diese Anspruchsgrundlage anwendbar ist. K kann gemäß §§ 434, 437 Gewährleistungsrechte geltend machen. Grundsätzlich schließen die §§ 434 ff. nach Gefahrübergang die Anwendung der allgemeinen Vorschriften aus. Umstritten ist, ob bei Arglist des Verkäufers eine Ausnahme gilt.

a) In der Literatur wird vertreten, dass neben dem Gewährleistungsrecht eine Anwendung der in den §§ 311 Abs. 2, 241 Abs. 2, 280 Abs. 1 geregelten Grundsätze über das Verschulden vor Vertragsschluss auch bei Arglist überflüssig ist.[313] Der Käufer sei durch die Gewährleistungsvorschriften hinreichend geschützt. Eine konkurrierende Anwendung des Anspruchs aus §§ 311 Abs. 2 Nr. 1, 241 Abs. 2, 280 Abs. 1 könne auch nicht auf die Erwägung gestützt werden, sie verschaffe dem Käufer neben dem Schadensersatzanspruch statt der Leistung einen Anspruch auf Ersatz des negativen Interesses. Im Gesetzgebungsverfahren habe es der Gesetzgeber ausdrücklich abgelehnt, dem Gläubiger eines Anspruchs auf Schadensersatz statt der Leistung wahlweise einen Anspruch auf Ersatz des negativen Interesses einzuräumen.

b) Der BGH hat entschieden, dass die Anspruchsgrundlage aus §§ 311 Abs. 2, 241 Abs. 2, 280 Abs. 1 bei vorsätzlichem Handeln des Verkäufers anwendbar ist.[314] Kaufrechtliche Sonderregeln, die durch die Anwendung des Anspruchs umgangen werden könnten, würden bei vorsätzlichem Handeln nicht eingreifen. Überdies sei der arglistig handelnde Verkäufer nicht schutzwürdig.

c) Der Ansicht des BGH wird gefolgt. Da jedenfalls im vorliegenden Fall ein über den bestehenden Schadensersatzanspruch aus §§ 434, 437 Nr. 3, 311a Abs. 2 hinausgehender Anspruch auf Ersatz des negativen Interesses nicht

---

313 Palandt/Grüneberg § 311 Rn. 15; Jauernig/Stadler § 311 Rn. 38; Weiler ZGS 2002, 249, 254; Schaub AcP 202, 757, 783; Mertens AcP 203, 818, 830.

314 BGH, Urt. v. 27.03.2009 – V ZR 30/08, Rn. 19 ff., RÜ 2009, 341.

verfolgt wird, werden durch die Anwendung des §§ 311 Abs. 2 Nr. 1, 241 Abs. 2, 280 Abs. 1 keine Sonderregeln unterlaufen.

2. Mit dem Unterlassen der Aufklärung über den Unfallschaden hat V bei den Vertragsverhandlungen bestehende vorvertragliche Pflichten verletzt.

3. V kann sich nicht gemäß § 280 Abs. 1 S. 2 entlasten.

4. K kann die durch die Pflichtverletzung entstandenen Schäden ersetzt verlangen.

IV. Die widerrechtliche Drohung

238 Der Erklärende, der infolge einer Drohung eine Willenserklärung abgegeben hat, kann diese anfechten, weil in unzulässiger Weise auf seine freie Willensbildung eingewirkt worden ist.

1. Drohung

239 Drohung ist die Ankündigung eines künftigen Übels, dessen Eintritt der Handelnde aus der Sicht des Adressaten beeinflussen kann. Es genügt nicht, dass auf eine vom Handelnden unabhängig bestehende oder drohende Gefahr hingewiesen wird; die bloße Warnung vor einem Übel ist keine Drohung.[315] Als Übel kommt jeder materielle oder ideelle Nachteil in Betracht, der den Adressaten, einen Verwandten oder eine andere nahestehende Person treffen soll, falls die Willenserklärung nicht abgegeben wird.[316]

2. Widerrechtlichkeit

240 Die Widerrechtlichkeit ist gegeben, wenn die Abgabe der Willenserklärung unter Anwendung rechtswidriger Mittel erzwungen worden ist, der mit der Willenserklärung verfolgte Zweck verwerflich oder die Verknüpfung dieses Mittels zur Erreichung dieses Zweckes anstößig ist.

■ Das Mittel ist unabhängig vom verfolgten Zweck rechtswidrig, wenn das angedrohte Übel unzulässig ist, wenn also mit etwas Verbotenem gedroht wird.[317] Ob die Veröffentlichung in der Presse rechtswidrig ist, muss durch eine Abwägung der Grundrechte (Meinungsfreiheit, allgemeines Persönlichkeitsrecht) entschieden werden.[318]

■ Der Zweck ist rechtswidrig, wenn der erzwungene Erfolg verboten oder sittenwidrig ist. Es genügt nach h.M. nicht, dass der Drohende keinen Anspruch auf die erstrebte Willenserklärung hat.[319]

---

315 BGH, Urt. v. 19.04.2005 – X ZR 15/04, NJW 2005, 2766.
316 BGHZ 2, 287, 295; BGH NJW 1988, 2599, 2600; Palandt/Ellenberger § 123 Rn. 15.
317 BGH LM § 123 Nr. 32; Palandt/Ellenberger § 123 Rn. 19; Staudinger/Singer/v. Finckenstein § 123 Rn. 73.
318 BGH, Urt. v. 19.04.2005 – X ZR 15/04, NJW 2005, 2766.
319 Palandt/Ellenberger § 123 Rn. 20; MünchKomm/Armbrüster § 123 Rn. 106.

Nach einer abweichenden Ansicht[320] ist die Drohung widerrechtlich, wenn auf die Abgabe der Willenserklärung „keinerlei Anspruch bzw. kein berechtigtes Interesse besteht". Allerdings soll schon der gute Glaube daran, dass auf die erstrebte Handlung ein Recht besteht, zur Rechtmäßigkeit des Zweckes führen.

■ Auch wenn Mittel und Zweck für sich allein betrachtet nicht widerrechtlich sind, ihre Verbindung aber unter Berücksichtigung von Treu und Glauben anstößig ist, weil die Einsetzung dieses Mittels zu diesem konkreten Zweck verwerflich ist, ist die Drohung rechtswidrig.[321]

Etwas Verbotenes liegt nicht nur bei der Begehung einer Straftat oder Ordnungswidrigkeit vor, sondern bereits in der Ankündigung eines Vertragsbruches bezüglich einer bestehenden Verpflichtung.[322]

a) Ob die **Mittel-Zweck-Relation** anstößig ist, d.h. ob dieses Mittel zu diesem Zweck   **241**
eingesetzt werden durfte, ist unter Berücksichtigung der Einzelumstände, der Interessen des Drohenden und nach Sinn und Zweck des § 123 zu entscheiden, der die freie Willensbestimmung gewährleisten soll. Daher ist die Androhung eines Übels, um den anderen zur Abgabe einer Willenserklärung zu veranlassen, grundsätzlich rechtswidrig; es sei denn,

■ der Drohende hat einen Anspruch auf oder ein berechtigtes Interesse an der Abgabe der Willenserklärung und

■ es besteht ein innerer Zusammenhang zwischen dem Mittel – angedrohten Übel – und dem Zweck, die Abgabe der Willenserklärung zu erreichen.[323]

Beispiel: A schuldet dem B aus einem Kaufvertrag 13.000 €. B will Sicherheiten. Er schreibt dem A, falls ihm nicht innerhalb von zehn Tagen eine Hypothek bestellt werde oder Sachen zur Sicherheit übereignet würden, werde er Strafanzeige wegen einer – von A begangenen – Steuerhinterziehung erstatten. A übereignet dem B einen wertvollen Wohnzimmerschrank zur Sicherheit. Kann A anfechten?

Die Einigungserklärung des A gemäß § 929 S. 1 ist nach § 123 Abs. 1 wegen rechtswidriger Drohung anfechtbar.
1. Drohung: Die angedrohte Strafanzeige ist ein empfindliches Übel.
2. Rechtswidrig?
a) Das Mittel, nämlich die Drohung mit einer Anzeige wegen einer begangenen Straftat, ist für sich rechtmäßig.
b) Der Zweck, eine Sicherung für eine bestehende Kaufpreisforderung zu erlangen, ist für sich betrachtet rechtmäßig.
c) Jedoch ist die Mittel-Zweck-Relation verwerflich. Wenn auch der B ein berechtigtes Interesse an der Einräumung von Sicherheiten hatte, so durfte er dennoch nicht mit einer Anzeige drohen, weil kein innerer Zusammenhang zwischen der anzuzeigenden Straftat und dem erstrebten Sicherungsmittel bestand. Die Drohung mit einer Strafanzeige ist rechtmäßig, wenn die Straftat gegenüber dem Drohenden begangen worden ist und der Drohende lediglich die Wiedergutmachung des ihm aus der Straftat entstandenen Schadens erstrebt.[324]

---

320 Soergel/Hefermehl § 123 Rn. 46.

321 BGH NJW 1983, 384; 1995, 3052; LM § 123 Nr. 32; Palandt/Ellenberger § 123 Rn. 21.

322 Saarl. OLG MDR 1999, 1313.

323 BGH NJW 1982, 2301; 1983, 384, 385; Palandt/Ellenberger § 123 Rn. 21; Soergel/Hefermehl § 123 Rn. 47.

324 Medicus AT Rn. 818; Soergel/Hefermehl § 123 Rn. 47.

242 **b)** Die Drohung muss **vorsätzlich** erfolgen.

Dazu genügt es, wenn der Drohende in dem Bewusstsein tätig geworden ist, dass das In-Aussicht-Stellen des Übels geeignet ist, die Abgabe der Willenserklärung zu beeinflussen, und den Willen hat, den Erklärenden zur Abgabe einer bestimmten Willenserklärung zu veranlassen.[325] Nicht erforderlich ist, dass der Drohende das Bewusstsein der Widerrechtlichkeit oder Schädigungsvorsatz hat.[326] Zu der Frage, ob ein unverschuldeter Irrtum über die Tatsache, die die Rechtswidrigkeit der Drohung ergibt, die Rechtswidrigkeit ausschließt, nachstehender Fall:

> **Fall 9: Bedrohte Ehefrau**
>
> Der Ehemann der H hat durch betrügerisches Verhalten gegenüber der B-Bank Kredite erschlichen. Die B verlangt von Frau H eine Bürgschaft; anderenfalls werde Strafanzeige gegen den Mann erstattet. Frau H gibt eine schriftliche Bürgschaftserklärung ab. Als sie später in Anspruch genommen wird, verweigert sie die Zahlung unter Berufung auf die Drohung. Ist der Anspruch der B gerechtfertigt, wenn die Frau H von den Straftaten des Mannes keine Kenntnis hat und auch keine Vorteile dadurch erlangt hat, die B hingegen annehmen durfte, dass eine Beteiligung an den Straftaten vorliege, die B also gutgläubig war?

243 Anspruch der B gegen Frau H auf Zahlung gemäß § 765 Abs. 1

I. Frau H und B haben sich darüber geeinigt, dass Frau H für die Schuld ihres Mannes gegenüber B einstehen soll, und damit einen Bürgschaftsvertrag abgeschlossen. Der Vertrag ist formwirksam, weil Frau H die Bürgschaftserklärung in der Form des § 766 S. 1 abgegeben hat.

II. Die Verpflichtung der Frau H aus dem Vertrag besteht nicht, wenn Frau H ihre Bürgschaftserklärung wirksam angefochten hat. Als Anfechtungsgrund kommt § 123 Abs. 1 in Betracht.

   1. Die B hat für den Fall, dass die Bürgschaft nicht übernommen wird, angekündigt, den Ehemann anzuzeigen. Die Einleitung des Strafverfahrens und die zu erwartende Verurteilung ihres Mannes waren für Frau H empfindliche Übel. Daher ist sie durch Drohung zur Abgabe der Bürgschaftserklärung veranlasst worden.

   2. Diese Drohung müsste widerrechtlich sein.

      a) Wenn auch das angedrohte Verhalten – die Erstattung der Strafanzeige – und der erstrebte Erfolg – die Abgabe der Bürgschaftserklärung – für sich allein betrachtet rechtlich zulässig waren, so kann dennoch die Rechtswidrigkeit wegen einer anstößigen Mittel-Zweck-Relation gegeben sein. Da Frau H weder Straftaten begangen hat noch an ihnen beteiligt war und auch keine Ansprüche gegen sie auf Zahlung bzw. Eingehung einer Bürgschaft bestanden, bestand kein Anspruch auf Abgabe der Bürgschaftserklärung. Ein berechtigtes

---

325 BeckOK BGB/Wendtland § 123 Rn. 35.

326 BGHZ 25, 2; 17, 224; Palandt/Ellenberger § 123 Rn. 23; Staudinger/Singer/v. Finckenstein § 123 Rn. 85.

Interesse an der Abgabe der Bürgschaftserklärung wäre nur dann zu bejahen, wenn die Ehefrau aufgrund ihrer Beteiligung an dem Geschäft ihres Mannes auch nur mittelbar aus dessen strafbarem Verhalten Vorteile erlangt hätte. Dann wäre es gerechtfertigt gewesen, dass die Bank eine Bürgschaftserklärung für die Schulden des Mannes forderte.[327] Da nach dem Sachverhalt die Vorteilserlangung nicht nachweisbar ist, könnte die Widerrechtlichkeit der Drohung zu bejahen sein.

b) Doch die B ist ohne Verschulden davon ausgegangen, dass die Frau wegen ihrer Beteiligung an dem Geschäft ihres Mannes Vorteile erlangt hat. Sie hat also einen Sachverhalt angenommen, der die Widerrechtlichkeit der Drohung ausschließt.

Die Rechtsprechung nimmt in den Fällen des unverschuldeten Sachverhaltsirrtums an, dass die Widerrechtlichkeit der Drohung nicht gegeben sei.[328] Danach scheidet eine Anfechtung wegen widerrechtlicher Drohung aus.

In der Literatur wird überwiegend die Auffassung vertreten, dass die Rechtswidrigkeit ausschließlich objektiv bestimmt werden müsse. Es werde keine Schuld des Drohenden vorausgesetzt. Sinn und Zweck des § 123 sei es, die Willensfreiheit des Erklärenden zu gewährleisten.[329] Danach ist die Drohung widerrechtlich. Frau H kann ihre Bürgschaftserklärung anfechten.

---

327 BGHZ 25, 217; Flume § 28, 2 c.
328 BGHZ 25, 217; BGH, Urt. v. 19.04.2005 – X ZR 15/04, NJW 2005, 2766.
329 Wolf/Neuner § 41 Rn. 137.

Anfechtung gemäß § 123

Täuschungshandlung, Irrtum

- Die Täuschungshandlung kann durch positives Tun oder durch Unterlassen erfolgen. Unterlassen ist nur relevant, wenn eine Aufklärungspflicht besteht. Dafür muss es sich um Umstände handeln, die für den Vertragspartner wesentlich sind, und er muss nach der Verkehrsauffassung eine Mitteilung erwarten dürfen.

- Hat ein Dritter die Täuschung verübt, ist die Erklärung gemäß § 123 Abs. 2 nur anfechtbar, wenn der Empfänger die Täuschungshandlung kannte oder hätte kennen müssen.

- Der Begriff des Dritten wird negativ abgegrenzt: Nicht Dritter ist der Vertreter, der Verhandlungsführer oder -gehilfe und die Person, die wegen der engen Beziehung zum Erklärungsempfänger als dessen Vertrauensperson erscheint.

- Die Täuschungshandlung muss widerrechtlich sein.

- Die abgegebene Erklärung muss durch den Irrtum und der Irrtum durch die Täuschungshandlung verursacht worden sein.

Arglist

- Arglist erfordert eine vorsätzliche Täuschung (dolus eventualis reicht).

- Arglist liegt auch vor, wenn bei bewusster Unkenntnis Angaben ins Blaue hinein gemacht werden.

Widerrechtliche Drohung

- Drohung ist die **Ankündigung eines künftigen Übels**, dessen Eintritt der Handelnde aus der Sicht des Adressaten beeinflussen kann.

- Die Drohung ist **widerrechtlich**, wenn das Mittel, der Zweck **oder** die Mittel-Zweck-Relation verwerflich ist.

Konkurrenzen

- Verhältnis § 123 zu §§ 311 Abs. 2, 241 Abs. 2, 280 Abs. 1:
  Auch nach der Anfechtung kann ein Anspruch aus §§ 311 Abs. 2, 241 Abs. 2, 280 Abs. 1 geltend gemacht werden; selbst dann, wenn die Anfechtungsfrist abgelaufen ist. Voraussetzung ist ein Vermögensschaden des Getäuschten (Bedrohten). Es besteht gemäß § 249 ein Anspruch auf Aufhebung des Vertrags.

G. Die Durchführung der Anfechtung und die dadurch ausgelösten Rechtsfolgen

Der Anfechtungsberechtigte muss die Anfechtung fristgerecht gegenüber dem Anfech-   **244**
tungsgegner erklären. Es darf kein Ausschlussgrund vorliegen. Mit dem Zugang der Anfechtungserklärung ist das Rechtsgeschäft gemäß § 142 Abs. 1 nichtig.

I. Die wirksame Ausübung der Anfechtung

Die Anfechtungserklärung ist ein einseitiges, rechtsgestaltendes Rechtsgeschäft, mit   **245**
der der Anfechtungsberechtigte dem Anfechtungsgegner gegenüber uneingeschränkt
und eindeutig zum Ausdruck bringen muss, dass er die Willenserklärung wegen eines
Willensmangels nicht gegen sich gelten lassen will. Sie ist bedingungsfeindlich.

1. Anfechtungsberechtigung

Anfechtungsberechtigt ist grundsätzlich der Erklärende, in dessen Person die Rechtsfol-   **246**
gen der wirksam gewordenen Willenserklärungen eingetreten sind.

Anfechtungsgegner ist gemäß § 143 regelmäßig der Vertragspartner (§ 143 Abs. 2), bei
einseitigen empfangsbedürftigen Willenserklärungen der Empfänger der Erklärung
(§ 143 Abs. 3) und bei den nichtempfangsbedürftigen Willenserklärungen derjenige,
der aufgrund des Rechtsgeschäfts unmittelbar einen rechtlichen Vorteil erlangt hat
(§ 143 Abs. 4).[330]

Umstritten ist, wer bei der Anfechtung einer Vollmacht der richtige Anfechtungsgegner
ist. Teilweise wird danach differenziert, ob eine Außen- oder Innenvollmacht vorliegt.[331]
Andere bejahen ein Wahlrecht des Anfechtenden analog §§ 143 Abs. 3 S. 1, 167
Abs. 1.[332] Es wird auch vertreten, dass in jedem Fall der Vertragspartner Anfechtungsgegner sei, da die Anfechtung das mit ihm geschlossene Geschäft beseitigen solle.[333]

2. Anfechtungserklärung

Die Anfechtungserklärung muss unmissverständlich darauf schließen lassen, dass die   **247**
Willenserklärung wegen des Willensmangels – Irrtums – nicht gelten soll. Es ist nicht erforderlich, dass der Begriff der Anfechtung verwendet wird.[334]

Nach überwiegender Ansicht braucht die Anfechtungserklärung nicht ausdrücklich den
Anfechtungsgrund zu enthalten. Es ist jedoch erforderlich, dass der Grund aus den an-
geführten Tatsachen erkennbar oder dem Anfechtungsgegner sonst bekannt ist.[335]
Eine Anfechtung wegen arglistiger Täuschung kann die Anfechtung wegen Irrtums
mitumfassen.[336]

---

330 Palandt/Ellenberger § 143 Rn. 5 ff.; MünchKomm/Busche § 143 Rn. 12 ff.

331 MünchKomm/Schramm § 167 Rn. 109 ff.; Palandt/Ellenberger § 143 Rn. 6.

332 Jauernig/Mansel § 167 Rn. 11; Soergel/Hefermehl § 143 Rn. 10.

333 Medicus/Petersen Rn. 96.

334 BGH NJW-RR 1988, 566; 1995, 859; OLG Oldenburg, Urt. v. 27.09.2006 – 4 U 25/06, NJW-RR 2007, 268; Palandt/Ellenberger
     § 143 Rn. 3; MünchKomm/Busche § 143 Rn. 2; Soergel/Hefermehl § 143 Rn. 2.

335 BGH WM 1980, 985; Palandt/Ellenberger § 143 Rn. 3; Soergel/Hefermehl § 143 Rn. 2.

336 BGHZ 78, 221.

Die Anfechtungserklärung ist bedingungsfeindlich. Zulässig ist aber eine Eventualanfechtung, d.h. die Anfechtung wird im Prozess nur hilfsweise zu anderen Rechtsansichten erklärt.[337]

Als einseitiges Rechtsgeschäft kann die Anfechtungserklärung selbst angefochten werden, die infolge der ursprünglichen Anfechtung eingetretene Änderung der Rechtslage ist dann als nicht eingetreten anzusehen: Das ursprüngliche Rechtsgeschäft bleibt bestehen.[338]

Eine Teilanfechtung kann erklärt werden, wenn das Rechtsgeschäft teilbar ist. An die Teilbarkeit sind die gleichen Anforderungen zu stellen wie bei § 139. Das nach der Abtrennung des nicht angefochtenen Teils verbleibende Restgeschäft muss als selbstständiges Rechtsgeschäft Bestand haben können.[339]

3. Die Anfechtungserklärung muss fristgerecht erfolgen.

248   Die Anfechtung wegen eines Irrtums gemäß §§ 119, 120 muss ohne schuldhaftes Zögern (unverzüglich) erklärt werden, nachdem der Anfechtungsberechtigte Kenntnis von dem Anfechtungsgrund erlangt hat, § 121.

Die Anfechtung einer nach § 123 anfechtbaren Willenserklärung kann nur binnen Jahresfrist erfolgen, beginnend mit dem Ende der Täuschungs- bzw. Zwangslage (§ 124). In beiden Fällen ist die Anfechtung zehn Jahre nach Abgabe der Willenserklärung ausgeschlossen.

249   Auch wenn die Jahresfrist des § 124 abgelaufen ist, hat der Getäuschte bzw. Bedrohte in aller Regel einen Schadensersatzanspruch aus §§ 311 Abs. 2, 241 Abs. 2, 280 Abs. 1, der sich unter anderem auf Vertragsaufhebung richtet und eine längere Verjährungsfrist haben kann.[340] Erforderlich ist allerdings, dass ein Vermögensschaden vorliegt. Dieser kann nicht allein in dem Abschluss des Vertrags gesehen werden. Der Umstand, dass der Getäuschte den Vertrag ohne Täuschung nicht abgeschlossen hätte, begründet einen allein von § 123 sanktionierten Angriff auf die Entschließungsfreiheit und nicht einen Vermögensschaden. Ein solcher kann beispielsweise in dem Minderwert einer Kaufsache oder darin liegen, dass der Käufer eines Grundstücks oder einer Eigentumswohnung in seiner wirtschaftlichen Dispositionsfreiheit nachhaltig beeinträchtigt wird.

4. Die Anfechtung darf nicht ausgeschlossen sein.

250   **a)** Die Anfechtung ist ausgeschlossen, wenn der Anfechtungsberechtigte das Rechtsgeschäft bestätigt hat, § 144 Abs. 1.

Bestätigung ist jede Erklärung des Anfechtungsberechtigten, mit der er zum Ausdruck bringt, ein ihm bekanntes Anfechtungsrecht nicht auszuüben. Dies kann auch durch schlüssiges Verhalten bekundet werden (z.B. Annahme von Leistungen, freiwillige Erfül-

337 BGH NJW 1968, 2099; MünchKomm/Busche § 143 Rn. 6; Palandt/Ellenberger § 143 Rn. 2.
338 Soergel/Hefermehl § 142 Rn. 9; Wolf/Neuner § 41 Rn. 141.
339 MünchKomm/Busche § 143 Rn. 11; Staudinger/Roth § 143 Rn. 24; OLG Köln VersR 2000, 871.
340 BGH, Urt. v. 30.03.2007 – V ZR 89/06, Rn. 8, BB 2007, 1077; a.A. MünchKomm/Armbrüster § 123 Rn. 391.

lung, Verlangen nach Nachbesserung). Das Anfechtungsrecht muss im Zeitpunkt der Bestätigung noch bestehen. Es darf weder die Anfechtung bereits ausgeübt worden sein noch darf die Anfechtung bereits durch Ablauf der Anfechtungsfrist ausgeschlossen sein. Die Bestätigung ist eine nicht empfangsbedürftige Willenserklärung, sodass sie auch Dritten gegenüber erfolgen kann. Sie setzt einen Bestätigungswillen und damit die Kenntnis des Anfechtungsrechts oder doch mindestens das Bewusstsein voraus, dass das Rechtsgeschäft fehlerhaft sein könnte.[341]

Allein die Geltendmachung von Gewährleistungsansprüchen stellt keine Bestätigung i.S.d. § 144 Abs. 1 dar, da der Berechtigte zwischen der Anfechtung und der Geltendmachung von Gewährleistungsansprüchen zumindest so lange wählen kann, wie die Verfolgung eines Rechts erfolglos bleibt.[342]

Im Falle der Drohung setzt die Bestätigung den Wegfall der Zwangslage voraus.

b) Die Anfechtung kann nach Treu und Glauben (§ 242) ausgeschlossen sein. **251**

Wenn der Vertragspartner bereit ist, das Rechtsgeschäft mit dem vom Erklärenden gewollten Inhalt abzuschließen, so soll es nach h.M. bei dem Geschäft mit dem von dem Irrenden gemeinten Inhalt bleiben.[343] Der Vertragspartner hat insofern ein Wahlrecht.[344] Da tatsächlich anders lautende Willenserklärungen ausgetauscht wurden, ist die Geltung des Vertrags mit diesem Inhalt nur über die Regeln der falsa demonstratio bzw. durch eine Umdeutung zu erreichen.[345]

Die Gegenansicht lehnt dies ab.[346] Die Anfechtung „kassiere", sie „reformiere" nicht. Werde die Erklärung angefochten, so trete nach § 142 Abs. 1 Nichtigkeit ein. Eine Verpflichtung, das Rechtsgeschäft mit dem gewollten Inhalt zu tätigen, könne nur durch Neuabschluss eines Vertrags erreicht werden. Dazu sei aber der Irrende nicht verpflichtet. Danach tritt der Rechtszustand ein, der vor der Abgabe der Willenserklärung bestanden hat, sodass jede Partei frei darüber entscheiden kann, ob sie nochmals rechtsgeschäftlich tätig werden will oder nicht.

Der Verkäufer (Vermieter, Werkunternehmer) hat kein Anfechtungsrecht, wenn die Anfechtung nur dazu dient, sich der Gewährleistungspflicht zu entziehen.[347]

II. Die Rechtsfolgen der Anfechtung

1. Die Nichtigkeit der Willenserklärung gemäß § 142 Abs. 1

Mit dem Zugang der Anfechtungserklärung ist die Willenserklärung gemäß § 142 Abs. 1 **252** **von Anfang an** (ex tunc) nichtig. Bei Verträgen ist nach der h.M. nicht der gesamte Vertrag anfechtbar, sondern nur die einzelne, mit einem Willensmangel behaftete Willenserklärung. Mit der wirksamen Anfechtung wird eine der für den Vertrag erforderlichen Willenserklärungen beseitigt; auch der Vertrag wird damit hinfällig.[348]

---

341 BGH, Urt. v. 21.09.2011 – IV ZR 38/09, Rn. 48, NJW 2012, 296.
342 BGH NJW 1990, 1106.
343 Medicus AT Rn. 781.
344 Müller JuS 2005, 18, 19.
345 Köhler/Fritzsche JuS 1990, 16, 19.
346 Soergel/Hefermehl § 142 Rn. 9; Spieß JZ 1985, 593.
347 Soergel/Hefermehl § 119 Rn. 80.
348 Wolf/Neuner § 41 Rn. 138; Medicus AT Rn. 243.

253 Bei **Gesellschafts- und Arbeitsverträgen**, die in Vollzug gesetzt sind, führt die Anfechtung ausnahmsweise nicht zu einer Nichtigkeit von Anfang an.

- ■ Im Gesellschaftsrecht gelten die Grundsätze über die fehlerhafte Gesellschaft. Danach entfällt der angefochtene Gesellschaftsvertrag nicht ex tunc, sondern mit ex-nunc-Wirkung, d.h. bis zum Zeitpunkt der Geltendmachung des Willensmangels wird die Gesellschaft grundsätzlich wie eine fehlerfreie Gesellschaft behandelt.[349]

- ■ Die Anfechtung eines Arbeitsverhältnisses wirkt ebenfalls nicht auf den Zeitpunkt des Vertragsschlusses zurück. Die Anfechtung hat grundsätzlich nur ex-nunc-Wirkung, d.h. das Arbeitsverhältnis ist für die Vergangenheit grundsätzlich als wirksam zustande gekommen zu behandeln.[350] Das Arbeitsverhältnis erlischt jedoch mit ex-tunc-Wirkung, soweit der Arbeitnehmer tatsächlich nicht gearbeitet hat.[351]

254 Auch bei **Mietverträgen** wird die Ansicht vertreten, dass die Anfechtung nach Überlassung der Mietsache nicht gemäß § 142 Abs. 1 rückwirkend sondern nur ex nunc ab Zugang der Anfechtungserklärung wirkt.[352] Ein bereits vollzogenes Mietverhältnis könne nur mit großen Schwierigkeiten abgewickelt werden. Überdies könne eine einmal begonnene Dauerleistung nur beendet, aber nicht rückgängig gemacht werden. Der BGH hat dagegen entschieden, dass auch bei Mietverträgen die Anfechtung gemäß § 142 Abs. 1 zurückwirkt.[353] Schwierigkeiten bei der Rückabwicklung rechtfertigten keine Ausnahme von der gesetzlichen Regelung. Es sei zwar nicht mehr möglich, die Vermieterleistung rückgängig zu machen, für diesen Fall sehe das Bereicherungsrecht aber einen Wertersatz gemäß § 818 Abs. 2 vor.

255 Wird ein **Verfügungsgeschäft** angefochten und hat der Erwerber schon eine Verfügung zugunsten eines Dritten getroffen, so stellt sich diese wegen der Rückwirkung der Anfechtung als Verfügung eines Nichtberechtigten dar. Bei der Prüfung eines gutgläubigen Erwerbs des Dritten ist § 142 Abs. 2 zu beachten, wonach die Kenntnis der Anfechtbarkeit mit der Kenntnis der Nichtigkeit der Verfügung (und damit der Kenntnis der Nichtberechtigung) gleichgestellt wird.

256 Die Anfechtung eines schuldrechtlichen Kausalgeschäfts lässt das dingliche Erfüllungsgeschäft grundsätzlich unberührt. Etwas anderes kann jedoch dann gelten, wenn beide Rechtsgeschäfte auf einem einheitlichen Willensakt beruhen und beide an einem – u.U. demselben – Willensmangel leiden, d.h. sich als anfechtbar herausstellen (Fehleridentität). In diesem Fall kann die Anfechtung beide Rechtsgeschäfte erfassen, wobei es nur einer Anfechtungserklärung bedarf. Die Anfechtung gemäß § 123 erfasst regelmäßig beide Rechtsgeschäfte. Dagegen bleibt bei einer Anfechtung gemäß § 119 Abs. 1 oder § 119 Abs. 2 das Verfügungsgeschäft grundsätzlich wirksam.[354]

---

349 BGHZ 13, 324; 63, 338, 345; AS-Skript Gesellschaftsrecht (2014), Rn. 28.

350 Palandt/Weidenkaff § 611 Rn. 23; BAG NJW 1985, 646, 647.

351 BAG ZIP 1999, 458.

352 Staudinger/Rolfs § 542 Rn. 179.

353 BGH, Urt. v. 06.08.2008 – XII ZR 67/06, Rn. 33 ff., BGHZ 178, 16.

354 Haferkamp Jura 1998, 511, 512 ff.; Grigoleit AcP 199, 379, 397 ff.

Ist eine wirksame **Teilanfechtung** erklärt, so ist der angefochtene Teil nichtig. Die Teil-   **257**
nichtigkeit führt nach § 139 zur Gesamtnichtigkeit, wenn nicht anzunehmen ist, dass
der „Restvertrag" dem mutmaßlichen Willen der Parteien entspricht.

2. Die Ansprüche nach wirksamer Anfechtung

Der Anfechtende muss in den Fällen der Anfechtung gemäß §§ 119, 120 dem Anfech-   **258**
tungsgegner **Schadensersatz gemäß § 122** leisten (Vertrauensschaden). Vom Vertrauensinteresse (negatives Interesse) ist das Erfüllungsinteresse (positives Interesse) zu unterscheiden. Vertrauensinteresse ist der Schaden, den der Geschädigte erleidet, weil er
auf die Gültigkeit der nichtigen oder durch Anfechtung beseitigten Willenserklärung
vertraute; Erfüllungsinteresse ist der Schaden, der bei Gültigkeit der Erklärung und or-
dentlicher Erfüllung der in ihr versprochenen Leistung vermieden worden wäre.[355] Bei
dem Ersatzanspruch aus § 122 ist das Vertrauensinteresse der Höhe nach durch das Erfüllungsinteresse begrenzt.[356]

Beispiel: V verkauft dem K einen Gebrauchtwagen für 4.000 €. Der Vertrag wird später durch V wirksam
wegen Irrtums angefochten. K hätte den Wagen für 4.800 € an D weiterverkaufen können.

Aus § 122 kann K lediglich den Ersatz des Vertrauensschadens verlangen, d.h. des Schadens, der dadurch entstanden ist, dass K auf die Gültigkeit des Kaufvertrags vertraut hat. Dies sind z.B. die Kosten
der Ummeldung beim Straßenverkehrsamt. Den Gewinn aus der Weiterveräußerung an D hätte K nur
bei ordnungsgemäßer Erfüllung des Kaufvertrags durch V erzielen können. Der entgangene Gewinn ist
das Erfüllungsinteresse, das nicht nach § 122 ersetzt wird.

Die Ersatzpflicht entfällt, wenn der Geschädigte den Grund der Anfechtbarkeit kannte
oder infolge Fahrlässigkeit nicht kannte (§ 122 Abs. 2). Wenn die Voraussetzungen des
§ 122 Abs. 2 nicht vorliegen, der Geschädigte aber den Irrtum des Anfechtenden schuld-
los mit veranlasst hat, findet auf den Schadensersatzanspruch des § 122 Abs. 1 die Vorschrift des § 254 Abs. 1 entsprechende Anwendung.[357] Neben dem Anspruch aus § 122
Abs. 1 kommen auch Schadensersatzansprüche des Anfechtungsgegners aus §§ 311
Abs. 2, 241 Abs. 2, 280 Abs. 1 in Betracht.[358]

Sofern die Parteien eines infolge der Anfechtung unwirksamen Vertrags Leistungen   **259**
ausgetauscht haben, müssen diese gemäß § 812 zurückgegeben werden, weil der Empfänger diese Leistungen ohne Rechtsgrund erlangt hat.

Im Falle der Anfechtung wegen arglistiger Täuschung oder Drohung kommen außer-   **260**
dem Schadensersatzansprüche des Anfechtenden aus §§ 311 Abs. 2, 241 Abs. 2, 280
Abs. 1, § 823 Abs. 2 i.V.m. Schutzgesetzen (insbesondere §§ 263, 240 StGB) und § 826 in
Betracht.

---

355 Palandt/Ellenberger § 122 Rn. 4.
356 Palandt/Ellenberger § 122 Rn. 4.
357 BGH NJW 1969, 1380; Staudinger/Singer § 122 Rn. 19.
358 Palandt/Ellenberger § 122 Rn. 6.

Anfechtung gemäß §§ 119 ff.

Zulässigkeit

- Sonderregeln im Erb- und Familienrecht
- fingierte Willenserklärung grundsätzlich nicht anfechtbar
- Gründungs- und Beitrittserklärungen zu Kapitalgesellschaften nicht anfechtbar
- Gewährleistungsrechte schließen eine Anfechtung nach § 119 Abs. 2 aus.

Anfechtungsgründe

- § 119 Abs. 1: Gewollte Erklärung und tatsächliche Erklärung stimmen unbewusst nicht überein.
- § 119 Abs. 2: Die vorgestellten Eigenschaften der Person bzw. der Sache entsprechen nicht der Wirklichkeit.
- § 120: Der Bote überbringt unbewusst eine unrichtige WE.
- § 123: Arglistige Täuschung des Erklärenden durch den Empfänger. Wenn Dritter täuscht, Anfechtung nur zulässig, wenn Empfänger Täuschung kannte bzw. hätte kennen müssen.
- § 123: Widerrechtliche Drohung, d.h. Inaussichtstellen eines empfindlichen Übels und Mittel, Zweck bzw. Mittel-Zweck-Relation verwerflich

Wirksame Anfechtungserklärung

- **Anfechtungsberechtigt** ist grundsätzlich der Erklärende.
- **Anfechtungsgegner** ist gemäß § 143 grundsätzlich der Vertragspartner.
- Die **Anfechtungserklärung** ist formlos gültig und muss unmissverständlich darauf schließen lassen, dass die Willenserklärung wegen des Willensmangels nicht gelten soll.
- **Anfechtungsfristen**: § 121 bzw. § 124

Ausschluss

Die Anfechtung ist ausgeschlossen,

- wenn der Anfechtungsberechtigte **bestätigt** (§ 144),
- nach **Treu und Glauben,**
- wenn der Vertragspartner bereit ist, das Rechtsgeschäft mit dem vom Erklärenden tatsächlich gewollten Inhalt gelten zu lassen,
- wenn die Anfechtung nur dazu dient, sich der Gewährleistungspflicht zu entziehen.

Rechtsfolgen

- Die angefochtene Willenserklärung ist gemäß § 142 Abs. 1 von Anfang an nichtig. Bei in Vollzug gesetzten Arbeits- und Gesellschaftsverträgen wirkt die Anfechtung nicht zurück.
- Ist ein Leistungsaustausch erfolgt, greift § 812 ein; daneben kann ein Schadensersatzanspruch aus § 122 oder §§ 311 Abs. 2, 241 Abs. 2, 280 Abs. 1, ggf. auch aus §§ 823, 826 gegeben sein.

5. Abschnitt: Die Teilnichtigkeit, Umdeutung und Bestätigung

A. Die Teilnichtigkeit gemäß § 139

Wenn ein Teil eines einheitlichen Rechtsgeschäfts nichtig ist, so ist das ganze Rechtsgeschäft nichtig, wenn nicht anzunehmen ist, dass es auch ohne den nichtigen Teil vorgenommen sein würde. Zweck dieser Regelung ist es, zu verhindern, dass den Parteien anstelle eines als Ganzes gewollten Rechtsgeschäfts nur ein Teil aufgedrängt wird.[359]

261

I. Voraussetzungen des § 139

- einheitliches Rechtsgeschäft
- Teilbarkeit des Rechtsgeschäfts
- Nichtigkeit eines Teils

262

1. Einheitliches Rechtsgeschäft

Es muss ein einheitliches Rechtsgeschäft vorliegen. Ob dies der Fall ist, entscheidet sich danach, ob die Parteien bei der Vornahme des Rechtsgeschäfts einen „Einheitlichkeitswillen" hatten. Auch mehrere Geschäfte unterschiedlicher Art können eine Einheit bilden, wenn die Auslegung nach §§ 133, 157 ergibt, dass die äußerlich getrennten Rechtsgeschäfte miteinander „stehen und fallen" sollen.[360]

263

Indiz dafür kann der wirtschaftliche Zusammenhang sein. Sind die verschiedenen Abreden in einer einheitlichen Urkunde enthalten, so besteht die tatsächliche Vermutung für einen Einheitlichkeitswillen der Parteien.[361] Eine getrennte Beurkundung ist dagegen ein starkes Indiz für die Selbstständigkeit der Geschäfte.[362]

Nach der h.M. können auch das Verpflichtungsgeschäft (Kausalgeschäft) und das Verfügungsgeschäft (Erfüllungsgeschäft) eine Einheit i.S.d. § 139 bilden, wenn ein entsprechender Wille der Parteien feststellbar ist. Allein der praktisch immer bestehende wirtschaftliche Zusammenhang reicht für den Einheitlichkeitswillen nicht. Es müssen besondere Umstände vorliegen, die für eine Zusammenfassung beider Rechtsgeschäfte sprechen.[363]

Nach der Gegenansicht verstößt die Annahme einer Geschäftseinheit zwischen Verpflichtungs- und Verfügungsgeschäft gegen das Abstraktionsprinzip.[364] Den Parteien steht es allerdings frei, das Verpflichtungs- und das Verfügungsgeschäft durch eine Bedingung i.S.d. § 158 voneinander abhängig zu machen.

---

359 BGH, Urt. v. 05.07.2002 – V ZR 229/01, NJW-RR 2002, 1527.

360 BGHZ 50, 8, 13; Staudinger/Roth § 139 Rn. 37; Palandt/Ellenberger § 139 Rn. 5; Soergel/Hefermehl § 139 Rn. 17.

361 BGHZ 54, 71, 72; BGH WM 1979, 458, 460.

362 BGH LM § 139 Nr. 34.

363 BGH WM 1989, 723; NJW 1991, 917, 918; Palandt/Ellenberger § 139 Rn. 8; Eisenhardt JZ 1991, 271; Haferkamp Jura 1998, 511, 515.

364 Wolf/Neuner § 56 Rn. 12; Medicus AT Rn. 241; Grigoleit AcP 199, 379, 414 ff.

2. Teilbarkeit des Rechtsgeschäfts

264   Das einheitliche Rechtsgeschäft muss teilbar sein. Erforderlich ist, dass der nicht vom Nichtigkeitsgrund betroffene Teil als selbstständiges Geschäft Bestand haben, die eine Abrede also ohne die andere überhaupt möglich sein kann.

§ 139 kann entsprechend angewandt werden, wenn Verträge wegen überlanger Vertragsdauer nichtig sind.

Beispiel: Ein dreißigjähriger Bierlieferungsvertrag, der wegen seiner langen Dauer eine sittenwidrige Einengung der wirtschaftlichen Bewegungsfreiheit des Abnehmers darstellt und damit gemäß § 138 Abs. 1 nichtig ist, kann in Teile von 20 und 10 Jahren zerlegt werden, da sich der Sittenverstoß eindeutig auf den überlangen und damit abtrennbaren Teil beschränkt, und im Übrigen gegen Inhalt und Zustandekommen des Vertrags nach § 138 Abs. 1 keine Bedenken bestehen. Der Bierlieferungsvertrag kann daher mit zwanzigjähriger Laufzeit aufrechterhalten werden.[365]

Auch Wettbewerbsverbote, die das zeitlich zulässige Maß überschreiten, können entsprechend § 139 auf einen noch zu billigenden Zeitraum (i.d.R. zwei Jahre) zurückgeführt werden. Diese geltungserhaltende Reduktion scheidet allerdings aus, wenn die Sittenwidrigkeit nicht allein in der zeitlichen Beschränkung liegt, sondern weitere Umstände, wie die Überschreitung der räumlich zulässigen Grenze, hinzutreten.[366]

II. Rechtsfolge der Teilnichtigkeit

265   Folge der Teilnichtigkeit ist nach § 139 im Zweifel Gesamtnichtigkeit, es sei denn, es besteht aufgrund einer Sondervorschrift eine davon abweichende Regelung, wie z.B. § 306 für AGB und § 2085 im Erbrecht.

Diese Zweifelsregelung kann nur widerlegt werden, wenn feststeht, dass nach dem Parteiwillen der nicht von der Nichtigkeit betroffene Teil des Rechtsgeschäfts dennoch wirksam sein sollte. Es ist also zu fragen, was die Parteien unter Berücksichtigung des hypothetischen Parteiwillens vereinbart hätten, wenn sie bei Abschluss des Vertrags hätten entscheiden können, ob sie das Rechtsgeschäft auch ohne den nichtigen Teil gelten lassen wollten. Haben die Parteien das Rechtsgeschäft bereits abgewickelt und ergibt sich daraus, dass die nichtige Klausel für die Vertragsdurchführung bedeutungslos geblieben ist, findet § 139 mit Rücksicht auf Treu und Glauben (§ 242) keine Anwendung.[367]

266   Die Parteien können vereinbaren, dass im Fall der Nichtigkeit einer Klausel die Gültigkeit des Vertrags im Übrigen nicht berührt werden soll. Diese **salvatorischen Klauseln** bewirken jedoch nicht, dass die von dem Nichtigkeitsgrund nicht unmittelbar erfassten Teile des Geschäfts unter allen Umständen als wirksam betrachtet werden sollen. Sie enthalten vielmehr nur eine Bestimmung über die Verteilung der Darlegungs- und Beweislast im Rahmen der bei § 139 stets vorzunehmenden Prüfung, ob die Parteien das teilnichtige Geschäft als Ganzes verworfen hätten oder aber den Rest hätten gelten lassen. Während bei Fehlen einer salvatorischen Erhaltungsklausel die Vertragspartei, die das teilnichtige Geschäft aufrechterhalten will, darlegungs- und beweispflichtig ist, ist

---

365 BGH NJW 1974, 2089, 2090.

366 BGH NJW 1997, 3089.

367 Wolf/Neuner § 56 Rn. 29.

bei Vorliegen einer salvatorischen Klausel diejenige Partei, die den ganzen Vertrag verwerfen will, darlegungs- und beweispflichtig.[368]

Die salvatorischen Klauseln bestehen meist aus einer Kombination von Erhaltungs- und Ersetzungsklauseln. Die Erhaltungsklauseln bezwecken die Aufrechterhaltung des Vertragstextes bei Teilungültigkeit des Rechtsgeschäfts. Die Ersetzungsklauseln bestimmen darüber hinaus, was anstelle der nichtigen Vertragsbestimmung gelten soll. Es soll der Vertrag dann – entgegen § 139 – mit dem vereinbarten zulässigen Inhalt Gültigkeit haben.

Grundsätzlich sind solche Klauseln zulässig. Sie können im Einzelfall unwirksam sein, wenn der Schutzzweck des Gesetzes einer Aufrechterhaltung des Vertrags entgegensteht oder die Ersetzungsklausel als Umgehung des gesetzlichen Verbotes anzusehen ist.

Sind sie formularmäßig, also in AGB enthalten, so kann insbesondere eine durch die Ersetzungsklausel bewirkte völlige Veränderung des Vertrags, z.B. durch erhebliche Störung des Synallagmas, zur Unwirksamkeit führen.[369]

B. Die Umdeutung gemäß § 140

Ein nichtiges Rechtsgeschäft kann gemäß § 140 in ein anderes Rechtsgeschäft umgedeutet werden, wenn es den Erfordernissen des anderen Rechtsgeschäfts entspricht und wenn anzunehmen ist, dass dessen Geltung bei Kenntnis der Nichtigkeit des vereinbarten Geschäfts gewollt sein würde. **267**

Voraussetzungen der Umdeutung sind im Einzelnen:

a) Das von den Parteien **gewollte Geschäft** muss **nichtig** sein. **268**

Auf bloß anfechtbare oder schwebend unwirksame Geschäfte bezieht sich § 140 nicht, wohl aber auf bereits angefochtene und endgültig unwirksam gewordene Rechtsgeschäfte.[370]

Vor der Anwendung des § 140 ist daher stets zu prüfen, ob nicht im Wege der Auslegung ein gültiges Geschäft angenommen werden kann.[371]

b) In dem nichtigen Rechtsgeschäft müssen **sämtliche Tatbestandserfordernisse** eines anderen gültigen Rechtsgeschäfts – Ersatzgeschäft – enthalten sein. **269**

c) Es muss festgestellt werden, dass die Parteien das andere Rechtsgeschäft abgeschlossen hätten, wenn sie gewusst hätten, dass das ursprünglich gewollte Geschäft nichtig ist. Ausreichend ist ein entsprechender **hypothetischer Wille** der Beteiligten. Kann ausnahmsweise der wirkliche Parteiwille festgestellt werden, so hat dieser Vorrang. Gegen den eindeutig erklärten Willen der Parteien ist eine Umdeutung nicht möglich.[372] **270**

---

368 BGH, Urt. v. 24.09.2002 – KZR 10/01, NJW 2003, 347; BGH, Urt. v. 15.03.2010 – II ZR 84/09, Rn. 8, NJW 2010, 1660.

369 Staudinger/Roth § 139 Rn. 22 f.; offen gelassen in BGHZ 109, 240, 248.

370 BGHZ 40, 218.

371 Palandt/Ellenberger § 140 Rn. 4.

372 BGHZ 19, 269, 274 ff.

Ein entsprechender Parteiwille ist regelmäßig zu bejahen, wenn der mit dem Rechtsgeschäft erstrebte wirtschaftliche Erfolg durch das Ersatzgeschäft im Wesentlichen erreicht werden kann. Wird der erstrebte Erfolg als solcher von der Rechtsordnung missbilligt (z.B. wegen Sittenwidrigkeit), so ist eine Umdeutung ausgeschlossen, da diese voraussetzt, dass nicht der von den Parteien erstrebte Erfolg, sondern nur der von ihnen gewählte rechtliche Weg unzulässig war. Darüber hinaus muss beachtet werden, dass eine Umdeutung nur dann in Betracht kommt, wenn das Rechtsgeschäft in seinen rechtlichen Wirkungen nicht weiter reicht als das unwirksame Geschäft.

271 So kann z.B. eine unwirksame Anfechtung in eine Kündigung oder einen Rücktritt umgedeutet werden, da hier anders als bei der Anfechtung der abgeschlossene Vertrag wirksam bleibt. Dagegen kann eine Kündigung oder ein Rücktritt nicht in eine Anfechtung umgedeutet werden, da diese in ihren Rechtswirkungen – Nichtigkeit des Vertrags – weiter reicht als der die Wirksamkeit des Vertrags unberührt lassende Rücktritt.

Beispiel 1: A hat dem B zur Sicherung einer Darlehensforderung eine ihm an dem Grundstück des C zustehende Grundschuld dergestalt verpfändet, dass er dem B den Grundschuldbrief mit der Bemerkung übergab: „Ich verpfände hiermit die Grundschuld." Später verlangt A den Brief heraus. Zu Recht?

Die Voraussetzungen des § 985 liegen vor, da A als Grundschuldgläubiger gemäß § 952 Eigentümer und B Besitzer des Briefes ist. B hat auch kein Recht zum Besitz aus einem Pfandrecht, da die (gewollte) Verpfändung der Grundschuld (§§ 1274, 1192, 1154) mangels schriftlicher Verpfändungserklärung und Grundbucheintragung gemäß § 125 S. 1 formnichtig ist. Der Formmangel ist auch beachtlich. Eine Heilung kommt nicht in Betracht und § 242 greift hier nicht ein, weil die Nichtigkeit der Verpfändung weder zu schlechthin untragbaren Folgen für B führt noch das Verhalten des A als treuwidrig zu bewerten ist.

Die unwirksame Verpfändung könnte jedoch gemäß § 140 umgedeutet werden: In der formnichtigen Pfandrechtsbestellung ist ein anderes Rechtsgeschäft enthalten, nämlich die Vereinbarung eines vertraglichen Zurückbehaltungsrechts an dem Brief bis zur Befriedigung des B. Aufgrund des von den Parteien verfolgten Sicherungszweckes kann auch davon ausgegangen werden, dass A und B an die Stelle einer unwirksamen Pfandrechtsbestellung ein vertragliches Zurückbehaltungsrecht gesetzt hätten, wenn sie deren Formnichtigkeit gekannt hätten.[373] Durch die Vereinbarung zwischen A und B ist somit ein vertragliches Zurückbehaltungsrecht an dem Brief für B entstanden. Ein Herausgabeanspruch des A aus § 985 besteht daher nur Zug um Zug gegen Befriedigung des B, und zwar unabhängig davon, ob man aus dem Zurückbehaltungsrecht unmittelbar ein Recht zum Besitz i.S.d. § 986 gewährt oder nicht.

Beispiel 2: Eine einseitige Mieterhöhung kann nur dann in ein Angebot auf Abschluss einer Mieterhöhungsvereinbarung umgedeutet werden, wenn sich der Vermieter bewusst war, dass für eine Erhöhung der Miete die Zustimmung des Mieters erforderlich sein könnte.[374]

C. Die Bestätigung gemäß § 141

272 Wird ein nichtiges Rechtsgeschäft von demjenigen, welcher es vorgenommen hat, bestätigt, so ist die Bestätigung nach § 141 als erneute Vornahme zu beurteilen. Gleichgültig ist, worauf die Nichtigkeit beruht. Die Bestätigung geschieht durch Neuvornahme, d.h. sie muss allen Anforderungen eines wirksamen Geschäfts genügen, insbesondere muss bei der Bestätigung die vorgeschriebene Form gewahrt werden.

---

373 RGZ 66, 25, 27; Palandt/Ellenberger § 140 Rn. 12; MünchKomm/Busche § 140 Rn. 25.

374 BGH, Urt. v. 20.07.2005 – VIII ZR 199/04, NJW-RR 2005, 1464.

Eine Bestätigung setzt voraus, dass die Parteien die Nichtigkeit kennen oder zumindest Zweifel an der Wirksamkeit des Rechtsgeschäfts haben. Erforderlich ist also ein Bestätigungswille der Parteien.[375]

Rechtsfolge der Bestätigung ist die Wirksamkeit ex nunc. Das Rechtsgeschäft gilt also erst vom Zeitpunkt der Bestätigung an.[376] Nach § 141 Abs. 2 sind die Parteien bei Verträgen jedoch im Zweifel verpflichtet, einander so zu stellen, wie sie gestanden hätten, wenn der Vertrag von Anfang an gültig gewesen wäre.

---

375 BGH, Urt. v. 11.02.2003 – XI ZR 130/02, BB 2003, 812.

376 Palandt/Ellenberger § 141 Rn. 8.

2. Teil: Die Allgemeinen Geschäftsbedingungen (AGB)

273 Allgemeine Geschäftsbedingungen dienen der **Rationalisierung** der Geschäftsabwicklung durch die Vereinbarung einheitlicher Bedingungen. Weiterhin können **Lücken** des dispositiven Rechts **gefüllt** werden. Insbesondere gesetzlich nicht geregelte Vertragstypen werden durch Allgemeine Geschäftsbedingungen gestaltet, wie etwa Leasing-, Kreditkarten- und Factoringverträge. Mit Allgemeinen Geschäftsbedingungen wurden aber auch **Risikoabwälzungen** auf den Kunden vorgenommen.

274 Formell ist das AGB-Recht aufgrund seiner Stellung in den §§ 305 ff. ein Teil des Allgemeinen Schuldrechts. Die Vorschriften über die **Einbeziehung von AGB** in einen Vertrag und die **Auslegung** gehören allerdings inhaltlich in den Allgemeinen Teil des BGB.[377] Die Regelungen über die Inhaltskontrolle sind systematisch dem Schuldrecht zuzuordnen und zwar dem Allgemeinen Teil (z.B. § 309 Nr. 2, Klauseln über Leistungsverweigerungsrecht des § 320 und § 273) sowie dem Besonderen Teil (z.B. § 309 Nr. 8 b Klauseln über Gewährleistungsbeschränkungen). An dieser Stelle werden daher die Vorschriften über die Inhaltskontrolle nur im Überblick dargestellt. Bezüglich der Einzelheiten muss auf den entsprechenden Standort im Schuldrecht verwiesen werden.

Überblick zur Regelung in den §§ 305 ff.

- Der **Anwendungsbereich** der §§ 305 ff. ergibt sich aus § 310 und § 306a sowie aus der Begriffsbestimmung des § 305 Abs. 1.

- Unter welchen Voraussetzungen die vorbereiteten Vertragsbedingungen **Vertragsbestandteil** werden, ergibt sich aus den § 305 Abs. 2 und 3, § 305 a, § 305 b, § 305 c Abs. 1 § 310 Abs. 3.

- Die **Auslegung und Inhaltskontrolle** der zum Vertragsbestandteil gewordenen Vertragsbestimmungen (§ 305 c Abs. 2, §§ 307 ff.) stellen den Schwerpunkt der §§ 305 ff. dar.

- Die **Rechtsfolgen der Unwirksamkeit** sind in § 306 geregelt.

1. Abschnitt: Der Anwendungsbereich der §§ 305 ff.

A. § 310 Abs. 4

275 Gemäß § 310 Abs. 4 findet der Abschnitt über Allgemeine Geschäftsbedingungen keine Anwendung bei Verträgen auf dem Gebiet des Erb-, Familien- und Gesellschaftsrechts sowie auf Tarifverträge, Betriebs- und Dienstvereinbarungen. Anders als § 23 Abs. 1 AGBG enthält § 310 keinen generellen Anwendungsausschluss für Verträge auf dem Gebiet des Arbeitsrechts. Gemäß § 310 Abs. 4 S. 2 sind bei der Anwendung der §§ 305 ff. auf Arbeitsverträge die im Arbeitsrecht geltenden Besonderheiten angemessen zu berücksichtigen.[378] § 310 enthält in Abs. 1 bis 3 Einschränkungen und Erweiterungen, die

---

377 Krebs DB Beilage 14/2000 S. 23; Wolf/Pfeifer ZRP 2001, 303.

378 Vgl. dazu AS-Skript Arbeitsrecht (2014), Rn. 143 ff.

sich auf bestimmte Regelungen in den §§ 305 ff. beziehen und keinen generellen Anwendungsausschluss enthalten.

Die Anwendungsbestimmung des § 306a mit der Erstreckung des Anwendungsbereiches auf Umgehungsgeschäfte hat eher theoretische Bedeutung. Es ist denkbar, dass zur Umgehung der §§ 305 ff. Gesellschaftsverträge geschlossen werden, praktisch relevant ist dies aber nicht.

B. Der Begriff der Allgemeinen Geschäftsbedingungen

§ 305 Abs. 1 enthält eine Begriffsbestimmung für Allgemeine Geschäftsbedingungen. Die dort genannten Voraussetzungen werden durch § 310 Abs. 3 für Verbraucherverträge erweitert.   **276**

Allgemeine Geschäftsbedingungen sind gemäß § 305 Abs. 1

- Vertragsbedingungen, d.h. rechtlich verbindliche Regeln,

- die vorformuliert sind und grundsätzlich für eine Vielzahl von Fällen Gültigkeit haben sollen.

  Bei Verbraucherverträgen finden die Vorschriften über Auslegung und Inhaltskontrolle gemäß § 310 Abs. 3 Nr. 2 auch dann Anwendung, wenn die Vertragsbedingungen nur zur einmaligen Verwendung bestimmt sind und soweit der Verbraucher auf ihren Inhalt keinen Einfluss nehmen konnte.

- Die Vertragsbedingungen müssen vom Verwender gestellt worden sein, d.h. der Verwender muss sie dem Vertragspartner einseitig auferlegt haben.

  Bei Verträgen zwischen einem Unternehmer und einem Verbraucher gelten Allgemeine Geschäftsbedingungen gemäß § 310 Abs. 3 Nr. 1 als vom Unternehmer gestellt, wenn sie nicht durch den Verbraucher in den Vertrag eingeführt wurden.

I. Die Vertragsbedingung

Nur Vertragsbedingungen, d.h. Regelungen, die rechtlich verbindlich sein sollen, können AGB sein. Bloße Empfehlungen oder unverbindliche Vorgaben werden von § 305 Abs. 1 nicht umfasst. Vertragsbedingungen setzen eine Erklärung des Verwenders voraus, die den Vertragsinhalt regeln soll.[379]   **277**

Beispiel: In einem Supermarkt befindet sich folgender Aushang:

„Sehr geehrte Kunden! Wir bitten Sie höflich, Ihre Taschen hier an der Information vor dem Betreten des Marktes abzugeben. Anderenfalls weisen wir Sie höflich darauf hin, dass wir an der Kasse gegebenenfalls Taschenkontrollen durchführen müssen."

Mit diesem Aushang will sich der Verwender das Recht vorbehalten, an der Kasse eine Taschenkontrolle durchzuführen. Der Kunde sieht sich vor die Wahl gestellt, entweder seine Tasche abzugeben oder deren Kontrolle an der Kasse dulden zu müssen. Es handelt sich um eine Vertragsbedingung, die einer Inhaltskontrolle gemäß § 307 Abs. 2 Nr. 1 nicht standhält.[380] Die Klausel weicht von wesentlichen Grundgedanken der gesetzlichen Regelung ab, nach der Taschenkontrollen nur gefordert werden dürfen, wenn ein konkreter Verdacht vorliegt.

---

379 BGH, Urt. v. 09.04.2014 – VIII ZR 404/12, Rn. 23, NJW 2014, 2269.
380 BGHZ 133, 184, 188.

II. Vorformuliert für eine Vielzahl von Fällen

278 ▪ Die Vertragsbestimmung ist i.S.d. § 305 Abs. 1 vorformuliert, wenn sie für eine mehrfache Verwendung vorgesehen ist. Regelmäßig handelt es sich dabei um eine schriftliche Erklärung.

    ▪ Doch auch eine „geistig" vorformulierte Erklärung ist ausreichend, sodass es genügt, wenn die Vertragsbestimmung zum Zweck künftiger wiederholter Einbeziehung „im Kopf des Verwenders" gespeichert ist.[381]

    ▪ Sind in dem vorformulierten Vertragstext „Leerstellen" vorhanden, die bei Vertragsschluss handschriftlich vervollständigt werden, so handelt es sich bei dem eingefügten Text um AGB, wenn diese Ergänzung nur eine bereits vorhandene Regelung verdeutlicht, wenn es sich also um eine unselbstständige Ergänzungsregel handelt bzw. diese in einem vorbestimmten Sinne vervollständigt wird.[382]

279 ▪ Für eine Vielzahl von Fällen sind die Vertragsbestimmungen dann vorgesehen, wenn sie wiederholt angewandt werden sollen. Es muss die Absicht der Mehrfachverwendung bestehen. Bereits die Absicht der dreimaligen Verwendung einer bestimmten Klausel reicht aus, um diese als AGB anzusehen.[383] Es muss dabei keine Verwendung gegenüber verschiedenen Vertragspartnern vorliegen.[384]

    ▪ Entscheidend ist die Absicht der Mehrfachverwendung. Besteht diese, liegen AGB bereits bei dem ersten Anwendungsfall vor.

    ▪ Bei Verbraucherverträgen ist die Sonderregelung des § 310 Abs. 3 zu beachten. Danach finden die Vorschriften über Auslegung (§ 305c Abs. 2), Inhaltskontrolle (§§ 307 bis 309) und die Rechtsfolgen bei Nichteinbeziehung und Unwirksamkeit (§ 306) auch dann Anwendung, wenn die Vertragsbedingungen nur zur einmaligen Verwendung bestimmt sind.

    ▪ In einem Bauvertrag kann sich aus dem Inhalt und der Gestaltung der verwendeten Bedingungen ein vom Verwender zu widerlegender Anschein ergeben, dass sie zur Mehrfachverwendung vorformuliert sind.[385]

280 ▪ Werden Vertragsbedingungen **von einem Dritten** für eine Vielzahl von Fällen vorformuliert, handelt es sich auch dann um Allgemeine Geschäftsbedingungen, wenn die Vertragspartei selbst sie nur in einem einzigen Vertrag verwenden will.[386]

III. Stellen bzw. Aushandeln

281 Allgemeine Geschäftsbedingungen liegen nur vor, wenn sie vom Verwender gestellt werden, sie dürfen nicht zwischen den Vertragsparteien im Einzelnen ausgehandelt sein. Wann ein Stellen oder Aushandeln i.S.d. § 305 Abs. 1 gegeben ist, muss im Wege

---

381 BGH, Urt. v. 13.05.2014 – XI ZR 170/13, Rn. 20, NJW-RR 2014, 1133.
382 Palandt/Grüneberg § 305 Rn. 8.
383 BGH, Urt. v. 27.09.2001 – VII ZR 388/00, NJW 2002, 138; BGH, Urt. v. 11.12.2003 – VII ZR 31/03, ZIP 2004, 315.
384 BGH, Urt. v. 11.12.2003 – VII ZR 31/03, ZIP 2004, 315.
385 BGH, Urt. v. 27.11.2003 – VII ZR 53/03.
386 BGH, Urt. v. 23.06.2005 – VII ZR 277/04, BauR 2006, 106.

der Auslegung unter Berücksichtigung des Normzweckes ermittelt werden. Es sollen alle Vertragsklauseln, bei denen nicht im Einzelnen das Für und Wider von den Vertragspartnern abgewogen worden ist, der verschärften Kontrolle der §§ 305 ff. unterworfen werden. Die AGB sind immer dann **gestellt, wenn der Vertragspartner keine reale Möglichkeit zur Abänderung der Vertragsbestimmungen hatte**.[387]

■ Ein Aushandeln liegt daher im Regelfall vor, wenn

■ die einzelne AGB-Bestimmung auf Veranlassung des Vertragspartners im Text **tatsächlich abgeändert** worden ist oder

■ ohne Änderung des Textes,

■ wenn dem Verbraucher dafür **anderweitig Vorteile eingeräumt** worden sind oder

■ der Vertragspartner **nach der Erörterung denkbarer Alternativen** die einzelne AGB-Bestimmung bzw. die AGB insgesamt anerkannt hat, weil er sie für die Abwicklung dieses Vertrags für sachgerecht hält.[388] Der Verwender muss also ernsthaft zur Abänderung bereit sein.[389]

■ Sind **Dritte** an der Vertragsgestaltung beteiligt, so ist festzustellen, ob und welche Partei die Vertragsbedingungen eingefügt hat.

■ Hat der Dritte im Auftrag einer Vertragspartei ein Formular entwickelt, dann wird sein Handeln dem Auftraggeber zugerechnet.[390]

■ Hat ein **Notar** die Vertragsbestimmungen vorformuliert, dann sind diese nur dann von einer Partei gestellt, wenn der Notar einseitig eine Partei begünstigt.[391]

■ Bei **Verbraucherverträgen** gelten gemäß § 310 Abs. 3 Nr. 1 alle Geschäftsbedingungen als vom Unternehmer gestellt, es sei denn, dass sie durch den Verbraucher in den Vertrag eingeführt wurden.

■ Bei Unternehmerverträgen wird zunehmend gefordert, den Begriff des Aushandelns weit auszulegen. Ein Aushandeln soll danach schon dann zu bejahen sein, wenn die Parteien bewusst über eine Klausel nicht verhandelt haben.[392]

Beispiel 1: Der V betreibt ein Einrichtungshaus. Von seinen Mitarbeitern wird bei Abschluss des Kaufvertrags ein Formular verwandt, das mit „Auftragsbestätigung und Rechnung" überschrieben war. In der Rubrik „Zahlung" wird von den Mitarbeitern neben dem Anzahlungsbetrag handschriftlich die Ergänzung „Restzahlung vor Lieferung" oder eine inhaltsgleiche Formulierung eingetragen.[393]

I. Bei dem Formular handelt es sich um AGB i.S.d. §§ 305 Abs. 1.
Zwar ist die Zahlungsregelung nicht schriftlich vorformuliert, doch wird sie aus dem Gedächtnis in den Vertrag mit dem Kunden eingefügt. Der im Kopf gespeicherte Vertragstext ist vorformuliert und gemäß § 310 Abs. 3 Nr. 1 vom Unternehmer gestellt.

---

387 BGH, Urt. v. 17.02.2010 – VIII ZR 67/09, Rn. 18, BGHZ 184, 259.

388 BGH NJW 1992, 1107; 2283, 2285; WM 2000, 629, 632; BGH, Urt. v. 06.12.2002 – V ZR 220/02, NJW 2003, 1313; Palandt/Grüneberg § 305 Rn. 21; MünchKomm/Basedow § 305 Rn. 43.

389 OLG Dresden NJW-RR 1998, 1524.

390 Palandt/Grüneberg § 305 Rn. 11; MünchKomm/Basedow § 305 Rn. 22.

391 Heinrichs NJW 1994, 1380, 1381; Palandt/Grüneberg § 305 Rn. 12.

392 Berger ZGS 2004, 415; Pfeiffer ZGS 2004, 401.

393 Nachgebildet BGHZ 141, 108.

II. Diese Zahlungsregelung ist in den Vertrag einbezogen worden.

III. Die Zahlungsregelung enthält einen Verstoß gegen § 307 Abs. 2 Nr. 1, weil die Vorleistungsklausel „Restzahlung vor Lieferung" den Vertragspartner unangemessen benachteiligt. Der Kunde wird entgegen der gesetzlichen Regelung in den §§ 320, 322 zur Vorleistung verpflichtet.

282 **Beispiel 2:** V verpachtet dem P seine Kfz-Reparaturwerkstatt. In den AGB sind Regeln über die Instandhaltungspflicht der Gebäude und Beschränkungen bzgl. des Verschuldensmaßstabes enthalten. Am Schluss heißt es dann: „Ich bestätige ausdrücklich, dass ich vor Abschluss ausreichend Zeit gehabt habe, den heute mit V geschlossenen Pachtvertrag durchzulesen, die einzelnen Bestimmungen zu prüfen und zur Kenntnis zu nehmen. Ich erkläre mich vorbehaltlos mit allen Bestimmungen des Vertrags einverstanden und verzichte daher auf eine Abänderung des Vertrags."

Die Vertragsbedingungen sind von V gestellt und nicht ausgehandelt worden, da

- die Vertragsbestimmungen nicht abgeändert,

- dem P wegen seines Verzichtes auf Abänderung keine anderweitigen Vorteile eingeräumt und

- die einzelnen Vertragspunkte nicht hinsichtlich ihrer Bedeutung für diesen Vertragsschluss erörtert und als sachgerecht anerkannt worden sind.

283 **Beispiel 3:** In einem notariellen Baubetreuungsvertrag zwischen V und K, der für mehrere Kaufverträge vorbereitet worden ist, wird die Gewährleistung des Verkäufers beschränkt. Der Vertragsentwurf ist dem Käufer K zuvor zur Prüfung überlassen worden. Der Notar fragt vor dem Verlesen des Vertrags, ob Änderungswünsche bestehen. Da keine Partei sich äußert, verliest der Notar den Vertrag. Er wird von den Parteien und dem Notar unterschrieben. Sind die Bestimmungen in diesem notariellen Vertrag AGB?

I. Vorbereitete notarielle Verträge sind AGB i.S.d. § 305 Abs. 1, sofern sie für mehrere Vertragsschlüsse verwendet werden sollen.

II. Zwar hat nicht der V als Vertragsschließender, sondern der Notar – ein Dritter – die Vertragsbestimmungen vorformuliert. Doch wenn im notariellen Vertrag Vertragsbestimmungen enthalten sind, die eine Partei unter Verletzung der §§ 307 bis 309 begünstigen, dann gelten die Vertragsbedingungen nach den allgemeinen Grundsätzen als von der begünstigten Partei gestellt. Danach hat der V die Vertragsbedingungen gestellt, weil

- der Vertragstext tatsächlich nicht abgeändert worden ist,

- dem K für die beeinträchtigende Abänderung der Gewährleistung keine anderweitigen Vorteile eingeräumt und

- die einzelnen Vertragspunkte nicht auf ihre Bedeutung für diesen Vertragsschluss im Einzelnen erörtert und für sachgerecht befunden worden sind.

2. Abschnitt: Einbeziehung der AGB als Vertragsbestandteil

284 Die AGB, d.h. die vorformulierten und gestellten Vertragsbedingungen müssen Vertragsbestandteil geworden sein.

- Die Einbeziehung der AGB gegenüber Privatpersonen erfolgt gemäß § 305 Abs. 2 und 3.

- Für die Einbeziehung der AGB gegenüber Unternehmern gelten § 305 Abs. 2 und 3 nicht (§ 310 Abs. 1 S. 1). Die Einbeziehung richtet sich nach den allgemeinen bürgerlich-rechtlichen und handelsrechtlichen Regeln über das Zustandekommen des Vertrags.

- Sonderfälle der Einbeziehung sind in § 305 a geregelt.

- Vertragsklauseln in den AGB, denen eine Individualabrede entgegensteht oder die überraschend sind, werden nicht Vertragsbestandteil (§ 305 b und § 305 c Abs. 1).

A. Die Einbeziehung gegenüber Privatpersonen

I. Einbeziehung gemäß § 305 Abs. 2

Gemäß § 305 Abs. 2 werden AGB in den Vertrag einbezogen, **285**

- wenn der Verwender bei Vertragsschluss ausdrücklich auf sie hinweist. Ist ein ausdrücklicher Hinweis wegen der Art des Vertragsschlusses nur unter unverhältnismäßigen Schwierigkeiten möglich, reicht ein deutlich sichtbarer Aushang am Ort des Vertragsschlusses (§ 305 Abs. 2 Nr. 1).

- Dem Vertragspartner muss die Möglichkeit verschafft werden, in zumutbarer Weise von ihrem Inhalt Kenntnis zu nehmen (§ 305 Abs. 2 Nr. 2)

- und die andere Vertragspartei muss mit der Geltung der AGB einverstanden sein. Für den Empfänger des Angebots muss der Wille des Anbieters erkennbar sein, dieser wolle seine Bedingungen in den Vertrag einbeziehen.[394]

Grundsätzlich muss deshalb bei Vertragsschluss ein **ausdrücklicher Hinweis** auf die AGB erfolgen.

- Der Hinweis muss **bei Vertragsschluss** erfolgen. Die nachträgliche Einbeziehung der AGB ist nur durch eine Änderungsvereinbarung möglich. Dazu genügt nicht die einseitige Mitteilung des Verwenders; das bloße Schweigen auf ein Angebot zur Änderungsvereinbarung ist nicht als Zustimmung zu werten.[395]

- Der Verwender muss **ausdrücklich** auf die AGB hinweisen, d.h. der Hinweis muss unmissverständlich und für den Kunden klar erkennbar geäußert werden. Konkludente Hinweise genügen nach h.M. ebenso wenig wie der bloße Ausdruck der AGB auf der Rückseite eines Vertragsformulars.

- Ist ein ausdrücklicher Hinweis wegen der Art des Vertragsschlusses nur unter unverhältnismäßigen Schwierigkeiten möglich, genügt ein deutlich sichtbarer **Aushang** am Ort des Vertragsschlusses.

  Dies ist der Fall bei den **Massenverträgen**, d.h. bei Verträgen zum Besuch von Kino-, Theater-, Sportveranstaltungen u.Ä., bei Verträgen mit Lottoannahmestellen, Autowaschanlagen, Reinigungsanstalten; beim Erwerb von Waren oder Eintrittskarten aus Automaten sowie bei der Benutzung automatischer Schließfächer und Kleiderablagen, bei denen ein Hinweis schon wegen des Fehlens eines persönlichen Kontaktes unmöglich ist.

  Nicht ausreichend ist es, wenn in diesen Fällen auf Eintrittskarten, Berechtigungsscheinen oder Quittungen ein Hinweis auf die AGB erfolgt, weil diese im Regelfall erst nach dem Vertragsschluss ausgehändigt werden.

Der anderen Vertragspartei muss die **Möglichkeit** verschafft werden, in zumutbarer **286** Weise von den AGB **Kenntnis zu nehmen**. Bei einem mündlichen Vertragsschluss unter Anwesenden reicht ein deutlicher Aushang des Wortlauts der AGB im Geschäftslokal des Verwenders. Bei einem schriftlichen Vertragsschluss besteht dagegen regelmäßig die Obliegenheit des Verwenders zur Vorlage oder Übersendung der AGB.

---

394 BGH, Urt. v. 31.10.2001 – VIII ZR 60/01, BGHZ 149, 113.

395 Palandt/Grüneberg § 305 Rn. 28.

Der in § 305 Abs. 2 Nr. 2 enthaltene Hinweis auf eine für den Verwender erkennbare körperliche Behinderung bezieht sich insbesondere auf Menschen mit einer Sehbehinderung. Hier erfordert die Einbeziehung die Übergabe in einer Form, die eine Kenntnisnahme vor Vertragsschluss ermöglicht. Dies kann durch Abfassung in Brailleschrift oder in elektronischer oder akustischer Form erfolgen.[396]

Werden beim fernmündlichen Vertragsschluss dem Kunden die AGB zuvor nicht zugänglich gemacht, ist die Einbeziehung weder durch Aushändigung noch durch Aushang möglich. Das Verlesen der AGB anlässlich des Ferngespräches ist unpraktikabel, daher bleibt dem Verwender mit dem Kunden nur die Möglichkeit, eine Individualvereinbarung mit dem Inhalt zu treffen, dass der Kunde auf die Einhaltung von § 305 Abs. 2 Nr. 2 verzichtet.[397]

II. Einbeziehung durch Rahmenvereinbarung

287   Gemäß § 305 Abs. 3 ist die Einbeziehung auch durch eine Rahmenvereinbarung im Hinblick auf bestimmte noch abzuschließende Verträge möglich. Das setzt allerdings voraus, dass ein genereller Einbeziehungswille bezüglich der noch abzuschließenden Rechtsgeschäfte besteht.[398]

Vereinbarungen gemäß § 305 Abs. 3 werden vor allem von Banken geschlossen.

B. Die Einbeziehung gegenüber Unternehmern

288   Werden AGB gegenüber einem Unternehmer, einer juristischen Person des öffentlichen Rechts oder einem öffentlich-rechtlichen Sondervermögen verwendet, finden § 305 Abs. 2 und 3 gemäß § 310 Abs. 1 S. 1 keine Anwendung. Die Einbeziehung richtet sich nach allgemeinen bürgerlich-rechtlichen und handelsrechtlichen Grundsätzen. Auch im unternehmerischen Geschäftsverkehr ist eine vertragliche Einbeziehung erforderlich. Sie kann entweder ausdrücklich oder stillschweigend erfolgen.[399]

Die Einbeziehung durch schlüssiges Verhalten setzt voraus, dass

- der Verwender bei Vertragsschluss auf AGB verweist und

- der Vertragspartner zumindest in der Lage ist, sich über die Bedingungen ohne Weiteres Kenntnis zu verschaffen, und sein Verhalten unter Berücksichtigung aller Umstände als Einverständnis gewertet werden kann.[400]

I. Die Hinweispflicht

289   Der Verwender muss deutlich auf seine AGB hinweisen. Der Hinweis kann auch konkludent erfolgen; erforderlich ist aber, dass bei dem Vertragspartner keine Zweifel auftreten können, dass die Geltung der Vertragsbedingungen gewollt ist.

---

396 Schumacher MDR 2002, 974.

397 Palandt/Grüneberg § 305 Rn. 35.

398 BGH NJW-RR 1987, 112; Palandt/Grüneberg § 305 Rn. 44.

399 BGH NJW 1992, 1232; 1985, 1838; BGHZ 102, 293, 304; Palandt/Grüneberg § 305 Rn. 49 ff.

400 Palandt/Grüneberg § 305 Rn. 53.

Kein eindeutiger Hinweis ist beispielsweise gegeben, wenn die Vertragsbedingungen ohne weiteren Verweis in einer „Vorbemerkung" aufgeführt werden.[401]

Im Rahmen einer bestehenden ständigen Geschäftsverbindung ist es nicht erforderlich, dass bei jedem neu getätigten Rechtsgeschäft auf die AGB verwiesen wird, wenn vereinbart worden ist, dass alle Verträge zu den Bedingungen der AGB abgewickelt werden.[402]

In den folgenden Fällen ist ein Hinweis entbehrlich:

- Bei branchenüblichen AGB ergibt sich der Einbeziehungswille des Verwenders ohne besonderen Hinweis bereits aus der Branchenüblichkeit.

  Beispielsweise: AGB der Banken; Allgemeine Deutsche Spediteurbedingungen (ADSp).

- Bei ständigen Geschäftsbeziehungen werden AGB, die bisher regelmäßig vereinbart waren, auch ohne erneuten Hinweis Bestandteil weiterer Verträge, wenn der Vertragspartner nicht deutlich widerspricht.[403]

II. Die Möglichkeit der Kenntnisnahme durch den Unternehmer

Ist der Vertragspartner Unternehmer, so ist es nicht erforderlich, dass ihm die AGB ausgehändigt werden. Er muss aber zumindest in der Lage sein, sich über die Bedingungen ohne Weiteres Kenntnis zu verschaffen. Der Unternehmer hat jedoch, soweit es sich nicht um gebräuchliche, leicht zugängliche Klauselwerke handelt, einen Anspruch auf Aushändigung der AGB.[404] **290**

In einem Vertrag, der dem UN-Kaufrecht unterliegt, reicht die Möglichkeit der Kenntnisnahme dagegen nicht, da das UN-Kaufrecht nicht zwischen Unternehmern und Verbrauchern unterscheidet und eine einheitliche Bewertung geboten ist.[405]

C. Einbeziehung in besonderen Fällen gemäß § 305a

§ 305a lässt in engen Grenzen Ausnahmen von dem Grundsatz zu, dass AGB nur durch ausdrücklichen Hinweis (oder Aushang) und die zumutbare Möglichkeit der Kenntnisnahme Vertragsbestandteil werden. Die Ausnahmen betreffen Tarife und Ausführungsbestimmungen der Eisenbahnen, andere genehmigte Beförderungsbedingungen und im Amtsblatt der Regulierungsbehörde für Telekommunikation und Post veröffentlichte AGB. **291**

D. Vorrang der Individualvereinbarung (§ 305b)

Die einzelne Vertragsbestimmung, die mit einer außerhalb der AGB getroffenen Individualabrede im Widerspruch steht, ist unwirksam und wird nicht Vertragsbestandteil. **292**

---

401 BGHZ 102, 293, 304.
402 BGH DB 1993, 1393; NJW-RR 1991, 570.
403 BGH NJW 1978, 2243.
404 BGHZ 102, 293, 304; BGH NJW 1992, 1232, 1233; Palandt/Grüneberg § 305 Rn. 53.
405 BGH, Urt. v. 31.10.2001 – VIII ZR 60/01, NJW 2002, 370; Schmidt-Kessel NJW 2002, 3444.

Beispiel: V verkauft dem K ein Fertighaus und vereinbart im Kaufvertrag als Liefertermin den 1. Juni. In den AGB des V findet sich die Klausel: „Der Verkäufer kann die Auslieferung bis zu sechs Wochen verschieben."

Die Klausel ist nach § 305b nicht Vertragsbestandteil geworden, da sie dem K die Berufung auf den individuell vereinbarten Liefertermin abschneidet und dem V eine sanktionslose Fristüberschreitung bis zu sechs Wochen ermöglicht.[406]

Auch nachträgliche mündliche Individualvereinbarungen haben Vorrang vor Schriftformklauseln.[407]

E. Überraschende Klauseln (§ 305c Abs. 1)

293   Einzelne Bestimmungen in AGB werden nicht Vertragsbestandteil, wenn sie nach den Umständen so ungewöhnlich sind, dass der Vertragspartner mit ihnen nicht zu rechnen brauchte. Eine solche Klausel liegt dann vor, wenn ihr ein Überrumpelungseffekt innewohnt. Sie muss eine Regelung enthalten, die von den Erwartungen des Vertragspartners deutlich abweicht und mit der dieser den Umständen nach vernünftigerweise nicht zu rechnen braucht. Die Erwartungen des Vertragspartners werden dabei bestimmt

- von allgemeinen Begleitumständen des Vertragsschlusses, wie etwa der Grad der Abweichung vom dispositiven Gesetzesrecht und die für den Geschäftskreis übliche Gestaltung

- und von individuellen Begleitumständen des Vertragsschlusses, wie dem Gang und dem Inhalt der Vertragsverhandlungen und der äußere Zuschnitt des Vertrags.[408]

Nach ständiger Rechtsprechung können Abweichungen vom dispositiven Recht überraschend i.S.d. § 305c Abs. 1 sein. Bejaht wird diese Fallgruppe allerdings sehr selten.[409] Auch in Klausuren empfiehlt es sich, Klauseln, deren Inhalt vom dispositiven Recht abweicht, nicht vorrangig auf ihren Überrumpelungseffekt hin zu untersuchen, sondern sie einer Inhaltskontrolle zu unterziehen.

294   In der Fallgruppe der Abweichung vom Inhalt der Vertragsverhandlungen ist ein Standardfall der überraschenden Klausel die Erstreckung des Sicherungszwecks einer Grundschuld auf alle Verbindlichkeiten, wenn Anlass der Grundschuldgewährung nur ein bestimmter Kredit ist.

Beispiel: M nimmt bei der B-Bank einen Kredit für Investitionen in seinem Betrieb auf. Zur Sicherung des Darlehens bestellt seine Frau F an einem ihr gehörenden Grundstück eine Grundschuld zugunsten der Bank. Nach der Sicherungszweckerklärung sichert die Grundschuld alle bestehenden und künftigen Verbindlichkeiten des M bei der Bank.

Die Klausel ist gemäß § 305c Abs. 1 nicht Bestandteil des Sicherungsvertrags. Die formularmäßige Ausdehnung der dinglichen Haftung des Sicherungsgebers auf alle bestehenden und künftigen Verbindlichkeiten eines Dritten bei Bestellung einer Grundschuld aus Anlass einer bestimmten Kreditaufnahme ist in aller Regel überraschend i.S.d. § 305c Abs. 1. Das gilt auch dann, wenn der Dritte Ehegatte des Sicherungsgebers ist.[410] Der Überrumpelungseffekt liegt in dem Widerspruch zwischen der durch den besonderen Anlass der Grundschuld zutage getretenen Zweckvorstellung des Sicherungsgebers und

---

406 BGHZ 92, 24, 25.

407 BGH, Urt. v. 21.09.2005 – XII ZR 312/02, NJW 2006, 138.

408 BGH, Urt. v. 24.10.2000 – XI ZR 273/99, WM 2000, 2423; BGH, Urt. v. 16.01.2001 – XI ZR 84/00, NJW 2001, 1416.

409 Beispielsweise in BGHZ 130, 150 und BGH, Urt. v. 11.12.2003 – III ZR 118/03, NJW-RR 2004, 780, 781.

410 BGH, Urt. v. 16.01.2001 – XI ZR 84/00, NJW 2001, 1416.

der davon abweichenden formularmäßigen Ausweitung des Sicherungszwecks in einem nicht zu erwartenden Umfang.[411]

Ist die zukünftige Haftung dagegen nach Grund und Umfang schon bei Vertragsschluss für den Sicherungsgeber klar erkennbar, wird auch eine weite Zweckerklärung Vertragsbestandteil.[412] Sie ist dann allerdings unwirksam wegen eines Verstoßes gegen das Transparenzgebot.[413]

3. Abschnitt: Die Auslegung und Inhaltskontrolle

Die unter Berücksichtigung des § 305 c Abs. 2 ausgelegten Vertragsbestimmungen unterliegen der Inhaltskontrolle gemäß §§ 307 bis 309.   **295**

Die Auslegung geht der Inhaltskontrolle vor.[414]

A. Die Auslegung der einzelnen Vertragsbestimmungen in den AGB

I. Der Grundsatz der objektiven Auslegung

Wegen des Massencharakters der unter Verwendung von AGB geschlossenen Verträge   **296**
und der fehlenden Einflussnahme des Kunden auf ihren Inhalt sind AGB objektiv auszulegen. Die Auslegung richtet sich nach dem typischen Verständnis redlicher Vertragspartner unter Abwägung der Interessen der an Geschäften dieser Art beteiligten Kreise.[415] Bei Verbraucherverträgen sind gemäß § 310 Abs. 3 Nr. 3 auch die den Vertragsschluss begleitenden (individuellen) Umstände zu berücksichtigen.

II. Die Unklarheitenregel des § 305 c Abs. 2

Gemäß § 305 c Abs. 2 gehen Zweifel bei der Auslegung AGB zulasten des Verwenders.   **297**
Zweifel in diesem Sinne bestehen, wenn eine Klausel mehrdeutig ist und sich diese Mehrdeutigkeit nicht durch objektive Auslegung beseitigen lässt. Von den danach bestehenden mehreren Auslegungsmöglichkeiten ist der Prüfung diejenige zugrunde zu legen, die „zulasten des Verwenders" geht. Würde man dabei immer die kundenfreundlichste Auslegungsmöglichkeit wählen, würde dies häufig dazu führen, dass eine Klausel wirksam ist und dies den Kunden mehr belastet als die kundenfeindliche Auslegungsvariante, die zur Unwirksamkeit der Klausel führt. Es müssen vielmehr die Auslegungsmöglichkeiten zugrunde gelegt werden, die im Ergebnis zulasten des Verwenders gehen und den Kunden begünstigen. Nach heute h.M. ist dabei zu differenzieren:

- Im **Verbandsprozess** nach dem Unterlassungsklagegesetz ist bei mehreren Auslegungsalternativen von der Auslegung auszugehen, die zur Unwirksamkeit der Klausel führt. Die scheinbar kundenfeindlichste Auslegung ist dann im Ergebnis die für den Kunden günstigere.[416]

---

411 BGHZ 100, 82, 85; 102, 152, 158 ff.

412 BGHZ 142, 213, 220; BGH WM 1996, 1391, 1392.

413 BGH, Urt. v. 29.03.2001 – IX ZR 20/00, ZIP 2001, 1361.

414 BGH NJW 1999, 1108; v. Westphalen NJW Beilage zu Heft 43/2001, 7.

415 BGH NJW-RR 1996, 857; NJW 1999, 1005.

416 BGH NJW 1999, 276; Palandt/Grüneberg § 305 c Rn. 19.

- Auch im **Individualprozess** ist zunächst die kundenfeindlichste Auslegungsmöglichkeit einer Inhaltskontrolle zu unterziehen. Stellt sich dabei die Unwirksamkeit der Klausel heraus, verbleibt es bei der kundenfeindlichsten Auslegung. Stellt sich dagegen auch unter Zugrundelegung der kundenfeindlichsten Auslegungsmöglichkeit die Wirksamkeit der Klausel heraus, steht damit fest, dass auch alle anderen Auslegungsvarianten wirksam sind. Von diesen ist die kundenfreundlichste Möglichkeit dem weiteren Verfahren zugrunde zu legen.[417]

B. Die Inhaltskontrolle gemäß §§ 307 bis 309

298 Die einzelnen Vertragsbestimmungen in den AGB unterliegen zum Schutze des Vertragspartners gemäß §§ 307–309 einer Inhaltskontrolle, weil der Vertragspartner bei der Einbeziehung der AGB in den Vertrag keinen Einfluss genommen hat und daher grundsätzlich schutzbedürftig ist. Nach der gesetzlichen Regelung ist bei der Inhaltskontrolle zu differenzieren:

- Nach **§ 307 Abs. 3 S. 1** gelten die Vorschriften über die Inhaltskontrolle grundsätzlich nur für Klauseln, durch die von Rechtsvorschriften abweichende oder diese ergänzende Regelungen vereinbart werden. Andere Klauseln können unwirksam sein, wenn sie nicht klar und verständlich sind (§ 307 Abs. 3 S. 2 i.V.m. Abs. 1).

- Vertragsbestimmungen, die einen Verstoß gegen **§ 309** enthalten, sind uneingeschränkt unwirksam.

- Auch die in **§ 308** aufgeführten Vertragsbestimmungen sind unwirksam, falls eine Wertung die Verwirklichung des Tatbestandes ergibt.

- Auch wenn kein Verstoß gegen § 309 oder § 308 gegeben ist, ist die Vertragsbestimmung gemäß **§ 307** unwirksam, soweit dadurch der Vertragspartner unangemessen benachteiligt wird.

- Ist der Vertragspartner **Unternehmer**, eine juristische Person des öffentlichen Rechts oder ein öffentlich-rechtliches Sondervermögen, findet gemäß **§ 310** Abs. 1 keine Inhaltskontrolle nach §§ 308 und 309 statt. Allerdings stellt eine Verletzung der in § 309 und § 308 genannten Anforderungen regelmäßig eine unangemessene Benachteiligung i.S.d. § 307 dar.

I. Ausschluss der Inhaltskontrolle gemäß § 307 Abs. 3

1. Abweichung oder Ergänzung von Rechtsvorschriften

299 Nach § 307 Abs. 3 S. 1 sind nur die Vertragsbestimmungen, durch die von Rechtsvorschriften abweichende oder diese ergänzende Regelungen vereinbart werden, der Inhaltskontrolle unterworfen. Von der Inhaltskontrolle ausgenommen sind:

- **Leistungsbeschreibungen**, die den Gegenstand der Hauptleistung unmittelbar festlegen,

---

417 BGH NJW 1992, 1097, 1099; Palandt/Grüneberg § 305 c Rn. 19.

- und **Preisvereinbarungen**, soweit sie Art und Umfang der Vergütung unmittelbar regeln,

- sowie **deklaratorische Klauseln**.

Der Gegenstand der Hauptleistung und der Preis sind nicht durch Rechtsvorschriften geregelt. Deswegen können Leistungsbeschreibungen und Preisvereinbarungen nicht von Rechtsvorschriften abweichen oder diese ergänzen. Vereinbarungen über Leistung und Gegenleistung sind allerdings nur insoweit der Inhaltskontrolle entzogen, wie sie wesentliche Vertragsbestandteile darstellen, bei deren Fehlen ein wirksamer Vertrag nicht mehr zustande gekommen ist.[418]

BGH:[419] „Da das Gesetz den Vertragspartnern grundsätzlich freistellt, Leistung und Gegenleistung im Vertrag frei zu bestimmen, unterliegen bloße Abreden über den unmittelbaren Gegenstand der Hauptleistung (sogenannte Leistungsbeschreibung) der gesetzlichen Inhaltskontrolle nach dem AGB-Gesetz ebenso wenig wie Vereinbarungen über das von dem anderen Teil zu erbringende Entgelt (...). Der gerichtlichen Inhaltskontrolle entzogene Leistungsbeschreibungen sind solche, die Art, Umfang und Güte der geschuldeten Leistung festlegen. Klauseln, die das Hauptleistungsversprechen einschränken, verändern, ausgestalten oder modifizieren, sind hingegen inhaltlich zu kontrollieren. Damit bleibt für die der Überprüfung entzogene Leistungsbeschreibung nur der enge Bereich der Leistungsbeschreibung, ohne deren Vorliegen mangels Bestimmtheit oder Bestimmbarkeit des wesentlichen Vertragsinhalts ein wirksamer Vertrag nicht mehr angenommen werden kann (...).“

Auch Art. 4 Abs. 2 der EG-RL 93/13 erfordert es nicht, den Anwendungsbereich des § 307 Abs. 3 zu erweitern.[420]

Art. 4 Abs. 2 der EG-RL 93/13 lautet: „Die Beurteilung der Missbräuchlichkeit der Klauseln betrifft weder den Hauptgegenstand des Vertrags noch die Angemessenheit zwischen dem Preis bzw. dem Entgelt und den Dienstleistungen bzw. den Gütern, die die Gegenleistung darstellen, sofern diese Klauseln klar und verständlich abgefasst sind.“

Leistungsbeschreibungen, die den Gegenstand der Hauptleistung unmittelbar festlegen, sind z.B. Baubeschreibungen, Kataloge oder Festlegungen des Umfangs einer Wartungsleistung.[421]

300

Preisvereinbarungen selbst sind nicht kontrollfähig, da Preise nicht gesetzlich festgelegt werden. Der Inhaltskontrolle unterliegen jedoch die Preisnebenabreden, d.h. alle auf Preise bezogenen Abreden, die zwar mittelbare Auswirkungen auf Preis und Leistung haben, an deren Stelle aber, wenn eine wirksame vertragliche Regelung fehlt, dispositives Gesetzesrecht treten kann.[422]

301

Als Preisvereinbarung nicht kontrollfähig sind z.B. Bestimmungen in AGB von Kreditkartenunternehmen, nach denen die Verwendung der Karte im Inland durch das jährliche Überlassungsentgelt abgegolten ist und für die Verwendung im Ausland eine gesonderte Vergütung berechnet wird. Da es ein gesetzliches Leitbild des Kreditkartenvertrags nicht gibt, obliegt es grundsätzlich jedem Kartenherausgeber, in eigener Verantwortung Art und Umfang der von ihm angebotenen Leistungen sowie die Bemessung des vom Kunden dafür zu entrichtenden Entgelts zu bestimmen.[423]

---

418 BGH, Urt. v. 09.04.2014 – VIII ZR 404/12, Rn. 43 f., BGHZ 200, 362.
419 BGHZ 141, 137, 141.
420 BGH, Urt. v. 22.11.2000 – IV ZR 235/99, NJW 2001, 1132, 1133.
421 BGH, Urt. v. 06.07.2000 – VII ZR 73/00, NJW 2000, 3348.
422 BGHZ 116, 117, 119; BGH NJW 1998, 383; v. Westphalen NJW Beilage zu Heft 43/2001, 9.
423 BGH NJW 1998, 383.

Kontrollfähig sind dagegen z.B. Fälligkeitsklauseln, Vorleistungsklauseln, Preisänderungsklauseln und Verzinsungsklauseln.[424]

302 **Deklaratorische Klauseln** unterliegen jedenfalls dann nicht der Inhaltskontrolle, wenn sie nur den Gesetzeswortlaut wiedergeben. Zum Teil wird eine Inhaltskontrolle – vor allem unter dem Gesichtspunkt der Transparenz – dann zugelassen, wenn das Gesetz mit eigenen Worten umschrieben wird.[425]

2. Transparenzgebot

303 Klauseln, die nach § 307 Abs. 3 S. 1 der Inhaltskontrolle grundsätzlich entzogen sind, können wegen eines Verstoßes gegen das Transparenzgebot unwirksam sein (§ 307 Abs. 3 S. 2, Abs. 1 S. 2, Abs. 1 S. 1).

II. Die Inhaltskontrolle gemäß § 309

304 Bei der Inhaltskontrolle gemäß §§ 307 Abs. 1 und 2, 308 und 309 ist mit der Prüfung des § 309 zu beginnen, da ein Verstoß gegen diese Vorschrift die betreffende Klausel „ohne Wertungsmöglichkeit", d.h. ohne Rücksicht auf Besonderheiten der vertragstypischen Interessenlage unwirksam macht. Die Klauselverbote des § 308 („mit Wertungsmöglichkeit") müssen dagegen bei ihrer Anwendung durch eine Interessenabwägung ausgefüllt werden. Gegenüber den speziellen Vorschriften der §§ 309 und 308 stellt § 307 als Generalklausel eine allgemeine Auffangvorschrift dar.

- § 309 Nr. 1 (Kurzfristige Preiserhöhung) verbietet Klauseln, die dem Verwender eine Preiserhöhung in den ersten vier Monaten nach Vertragsschluss gestatten. Unerheblich ist dabei, aus welchem Grund die Preiserhöhung erfolgen soll. Unwirksam sind auch Klauseln, die Preiserhöhungen wegen Kosten- oder Lohnerhöhung oder einer Erhöhung der Mehrwertsteuer gestatten. § 309 Nr. 1 gilt nicht für Dauerschuldverhältnisse (Mietverträge, Darlehensverträge, Sukzessivlieferungsverträge usw.). Preisanpassungsklauseln, die nicht in den Anwendungsbereich des § 309 Nr. 1 fallen, können gegen § 307 Abs. 1 verstoßen.

- Gemäß § 309 Nr. 2 (Leistungsverweigerungsrecht) sind formularmäßige Einschränkungen der Leistungsverweigerungsrechte (§ 320, § 273) unwirksam. Da das Leistungsverweigerungsrecht des § 320 bei einer Vorleistungspflicht tatbestandlich nicht gegeben ist (§ 320 Abs. 1 S. 1), fällt die Begründung einer Vorleistungspflicht nach h.M. nicht unter § 309 Nr. 2, sondern unter § 307 Abs. 1.

- Nach § 309 Nr. 3 (Aufrechnungsverbot) ist ein Aufrechnungsverbot unwirksam.

- § 309 Nr. 4 (Mahnung, Fristsetzung) verbietet es, den Verwender von der Obliegenheit zur Mahnung oder Fristsetzung freizustellen. Damit werden u.a. die Erfordernisse des § 281 Abs. 1 und § 286 Abs. 1 klauselfest. Unwirksam ist z.B. die Klausel, wonach der Schuldner „ab zwei Wochen nach Lieferung" in Verzug gerät.

---

424 Palandt/Grüneberg § 307 Rn. 47.
425 Armbrüster DNotZ 2004, 437, 446.

- § 309 Nr. 5 (Pauschalierung von Schadensersatzansprüchen) verbietet die Pauschalierung von Schadensersatz- oder Wertersatzansprüchen, wenn

  a) die Pauschale den nach dem gewöhnlichen Lauf der Dinge zu erwartenden Anspruch übersteigt,

  b) oder dem anderen Teil nicht ausdrücklich der Nachweis eines niedrigeren Schadens gestattet wird.

  Beispiel: Eine Schadenspauschale von 15% des Verkaufspreises als Schadensersatz wegen Nichterfüllung ist beim Neukauf von Möbeln der Höhe nach angemessen. Die Pauschalierung ist aber nur dann wirksam, wenn sie dem Käufer ausdrücklich den Nachweis eines niedrigeren Schadens gestattet.

- § 309 Nr. 6 (Vertragsstrafe) geht davon aus, dass der Verwender eine Sachleistung zu erbringen hat und der Kunde eine Geldleistung. Es sind die Klauseln unwirksam, durch die dem Verwender eine Vertragsstrafe versprochen wird für den Fall der Nichtabnahme oder verspäteten Abnahme, des Zahlungsverzugs oder für den Fall, dass sich der Kunde vom Vertrag löst.

- Nach § 309 Nr. 7 ist ein Haftungsausschluss bei Verletzung von Leben, Körper, Gesundheit und bei grobem Verschulden unwirksam.

- § 309 Nr. 8 (Sonstige Haftungsausschlüsse bei Pflichtverletzung)

  - Buchstabe a betrifft Fälle der Pflichtverletzung, die nicht zur Mängelgewährleistung des Kauf- oder Werkvertragsrechts gehören. Es sind Klauseln unwirksam, die das Recht, sich vom Vertrag zu lösen, ausschließen oder einschränken.

  - Buchstabe b trifft differenzierte Regelungen für Beschränkungen der Gewährleistung im Kauf- und Werkvertragsrecht.

- § 309 Nr. 9 (Laufzeit von Dauerschuldverhältnissen) erklärt formularmäßige langfristige Bindungen in Dauerlieferungsverträgen und Dienst- und Werkverträgen für unwirksam.

- § 309 Nr. 10 (Wechsel des Vertragspartners) will verhindern, dass dem Kunden ein Dritter anstelle des Verwenders als Vertragspartner aufgezwungen werden kann.

- § 309 Nr. 11 (Haftung des Abschlussvertreters) will eine formularmäßige Haftung des Vertreters verhindern, der auf der Seite des Kunden auftritt. Durch das Auftreten im fremden Namen erklärt der Vertreter, dass er nicht selbst haften will. Klauseln, die eine Haftung des Vertreters begründen, sind häufig schon gemäß § 305b oder § 305c Abs. 1 unwirksam.

  Dies ist aber dann nicht der Fall, wenn der Vertreter seinen Namen und seine Anschrift unter der fett gedruckten Überschrift „selbstschuldnerischer Bürge" in einen Formularvertrag einträgt. In diesem Fall verstößt eine haftungsbegründende Klausel gegen § 309 Nr. 11, wenn sie im Vertragstext enthalten ist. Nach § 309 Nr. 11a) ist eine gesonderte Erklärung des Vertreters erforderlich, die nur dann vorliegt, wenn sich der Text der Haftungserklärung sowie die Unterschrift deutlich vom Wortlaut des Vertrags absetzen.[426]

---

426 BGH, Urt. v. 19.07.2001 – IX ZR 411/00, NJW 2001, 3186 zu § 11 Nr. 14 AGBG.

- § 309 Nr. 12 (Beweislast) erklärt Klauseln für unwirksam, die die Beweislast zum Nachteil des Kunden verändern.

- § 309 Nr. 13 (Form von Anzeigen und Erklärungen) soll verhindern, dass dem Kunden bei Ausübung seiner Rechte durch überzogene Form- und Zugangserfordernisse Rechtsnachteile entstehen.

III. Die Inhaltskontrolle gemäß § 308

305 Die Vorschrift des § 308, die Klauselverbote mit Wertungsmöglichkeit enthält, bezieht sich insbes. auf Einzelregelungen in den AGB, die das Zustandekommen und die Abwicklung des Vertrags betreffen. Die Feststellung der Unwirksamkeit erfordert wegen der Verwendung unbestimmter Rechtsbegriffe in § 308 eine Wertung.

- § 308 Nr. 1 (Annahme- und Leistungsfrist)

„Unangemessen" ist es, wenn der Verwender sich im Alltagsgeschäft eine Annahmefrist von über 14 Tagen für die Annahme eines Angebots vorbehält. Bei einem Neuwagenkauf beträgt die Höchstfrist vier Wochen.[427] Unwirksam gemäß § 308 Nr. 1 ist eine Klausel, in der sich ein Möbelverkäufer eine Annahmefrist von drei Wochen vorbehält.[428]

- § 308 Nr. 2 (Nachfrist)

Bei einem üblichen Verbrauchergeschäft ist eine vom Verwender vorbehaltene Frist von 14 Tagen unangemessen lang.

- § 308 Nr. 3 (Rücktrittsvorbehalt)

Die Regelung soll verhindern, dass sich der Verwender grundlos vom Vertrag lossagt.

- § 308 Nr. 4 (Änderungsvorbehalt)

Dieses Klauselverbot ergänzt § 308 Nr. 3 und begrenzt die Möglichkeit von Vertragsänderungen.

- § 308 Nr. 5 (Fingierte Erklärungen)

Bloßes Schweigen ist keine Willenserklärung. § 308 Nr. 5 soll verhindern, dass dieser Grundsatz zulasten des Kunden unterlaufen wird. Die Fiktion von Willenserklärungen des Kunden aufgrund von AGB ist nur in engen Grenzen zulässig.

- § 308 Nr. 6 (Fiktion des Zugangs)

Eine Zugangsfiktion in AGB ist nur bei Erklärungen ohne besondere Bedeutung zulässig.

- § 308 Nr. 7 (Abwicklung von Verträgen)

Die Regelung ergänzt § 309 Nr. 5 (Pauschalierung von Schadensersatzansprüchen) und erklärt Klauseln für unwirksam, die unangemessen hohe Nutzungs- oder Wertersatzforderungen für den Fall des Rücktritts oder der Kündigung begründen.

- § 308 Nr. 8 (Nichtverfügbarkeit der Leistung)

Die Vorschrift betrifft einen Sonderfall des § 308 Nr. 3.

---

427 BGHZ 109, 359, 362.
428 BGH, Urt. v. 13.09.2000 – VIII ZR 34/00, NJW 2001, 303.

IV. Die Inhaltskontrolle gemäß § 307 Abs. 1 und 2

306

Die Vertragsbestimmungen in den AGB, die nicht gegen § 309 oder § 308 verstoßen, unterliegen der Inhaltskontrolle gemäß § 307 Abs. 1 und 2. Danach sind Vertragsklauseln, die den Vertragspartner **unangemessen benachteiligen,** unwirksam.

§ 307 Abs. 2 enthält dabei Regelbeispiele einer unangemessenen Benachteiligung. Diese ist im Zweifel anzunehmen, wenn eine Bestimmung

- Nr. 1: mit wesentlichen Grundgedanken der gesetzlichen Regelung, von der abgewichen wird, nicht zu vereinbaren ist, oder

- Nr. 2: wesentliche Rechte oder Pflichten, die sich aus der Natur des Vertrags ergeben, so einschränkt, dass die Erreichung des Vertragszwecks gefährdet ist.

Die Regelbeispiele sind nicht abschließend. Auch wenn keiner der Fälle des § 307 Abs. 2 vorliegt, kann eine Klausel in AGB unangemessen i.S.d. § 307 Abs. 1 sein. Der BGH sieht eine Klausel immer dann als unangemessen an, wenn sie von dem abweicht, was die Parteien bei einer Verhandlung über den streitigen Punkt vereinbart hätten.[429] § 307 Abs. 1 und 2 gelten gemäß § 310 Abs. 1 auch für Allgemeine Geschäftsbedingungen, die gegenüber einem Unternehmer verwendet werden.

1. Die Unangemessenheit im Fall des § 307 Abs. 2 Nr. 1

307

Nach § 307 Abs. 2 Nr. 1 ist im Zweifel eine unangemessene Benachteiligung gegeben, wenn eine Klausel mit wesentlichen Grundgedanken der gesetzlichen Regelung unvereinbar ist. Gesetzliche Regeln im Sinne dieser Vorschrift sind nicht nur die gesetzlichen Bestimmungen selbst, sondern auch die dem Gerechtigkeitsgebot entsprechenden allgemein anerkannten Rechtsgrundsätze, d.h. auch alle ungeschriebenen Rechtsgrundsätze, die Regeln des Richterrechts und die aus der Natur des Schuldverhältnisses zu entnehmenden Rechte und Pflichten.[430] Als wesentliche Grundgedanken der gesetzlichen Regelung sind der Zweck der Regelung und die in ihr getroffenen Wertentscheidungen anzusehen. Da § 307 Abs. 2 Nr. 1 den Schutz des Vertragspartners bezweckt, sind nur diejenigen wesentlichen Grundgedanken von Bedeutung, die die geschützten Interessen des Vertragspartners betreffen.

Beispiele:

1. In Maklerverträgen gehört es zu den wesentlichen Grundgedanken der gesetzlichen Regelung, dass die Provision des Maklers erfolgsabhängig ist. Klauseln, die einen erfolgsunabhängigen Provisionsanspruch begründen sollen, sind gemäß § 307 Abs. 2 Nr. 1 i.V.m. Abs. 1 unwirksam.[431]

2. Ein wesentlicher Grundgedanke der gesetzlichen Regelung ist es, dass eine Verpflichtung zum Schadensersatz regelmäßig nur bei schuldhaftem Verhalten besteht. Dieser allgemeine Grundsatz des Haftungsrechts kann nicht formularmäßig dadurch abbedungen werden, dass dem Vertragspartner des Verwenders eine verschuldensunabhängige Haftung auferlegt wird.[432]

---

429 BGH, Urt. v. 30.11.2004 – X ZR 133/03, NJW 2005, 422.

430 BGHZ 86, 206, 211; 121, 13, 18; Palandt/Grüneberg § 307 Rn. 29.

431 BGHZ 99, 374, 382.

432 BGHZ 115, 38, 42; BGHZ 114, 238, 240.

3. Bei schuldrechtlichen gegenseitigen Verträgen ist das Prinzip der Abhängigkeit von Leistung und Gegenleistung wesentlich. Diese wäre dann wesentlich gestört, wenn der Leasinggeber von seinen Leistungspflichten befreit wird, der Leasingnehmer aber seine Gegenleistung erbringen muss.[433]

4. Einer der wesentlichen Grundgedanken des Mietrechts ist es, dass der Vermieter gemäß § 535 Abs. 1 S. 2 verpflichtet ist, die Mietsache in dem zum vertragsmäßigen Gebrauch erforderlichen Zustand zu halten. Mit dieser gesetzlichen Wertung ist es unvereinbar, wenn dem Mieter formularmäßig die Kosten für Reparaturen der Mietsachen aufgebürdet werden.[434] Die Übertragung der Pflicht zur Vornahme von Schönheitsreparaturen ist allerdings nicht unwirksam nach § 307 Abs. 2 Nr. 1 i.V.m. Abs. 1. Die Übernahme dieser Pflicht durch den Mieter benachteiligt diesen schon deshalb nicht unangemessen, weil sie in aller Regel bei der Kalkulation der Miete berücksichtigt wird. Überdies ist sie Verkehrssitte geworden.[435] Unwirksam ist allerdings eine Renovierungsverpflichtung, die unabhängig vom Zeitpunkt der Vornahme der letzten Schönheitsreparatur bestehen soll.[436]

5. Wesentlicher Grundgedanke des § 651a Abs. 4 ist das Transparenzgebot. Eine Preiserhöhungsklausel, die nicht klarstellt, welcher Preis Grundlage der Forderung nach einem erhöhten Reisepreis ist, verstößt gegen diesen Grundgedanken. Die Klausel ist gemäß § 307 Abs. 2 Nr. 1 i.V.m. Abs. 1 unwirksam.[437]

6. Auch der Vorrang der Individualabrede vor Allgemeinen Geschäftsbedingungen (§ 305b) ist ein wesentlicher Grundgedanke der gesetzlichen Regelung. **Schriftformklauseln** sind unwirksam, wenn sie dazu dienen, insbesondere nach Vertragsschluss getroffene Individualvereinbarungen zu unterlaufen, indem sie beim anderen Vertragsteil den Eindruck erwecken, eine mündliche Abrede sei entgegen allgemeinen Grundsätzen unwirksam.

Danach verstoßen folgende Klauseln gegen § 307 Abs. 2 Nr. 1 i.V.m. Abs. 1:

– „Vereinbarungen, Zusicherungen oder Änderungen sind nur in schriftlicher Form gültig".
– „Mündliche Abmachungen haben ohne Bestätigung der Firma keine Gültigkeit".
– „Änderungen oder Ergänzungen bedürfen der Schriftform"[438].
– „Sämtliche Vereinbarungen sind schriftlich niederzulegen".[439]

Dagegen sind Formklauseln, die lediglich der Beweissicherung dienen sollen, grundsätzlich wirksam.

2. Die unangemessene Benachteiligung gemäß § 307 Abs. 2 Nr. 2

308 Gemäß § 307 Abs. 2 Nr. 2 liegt eine unangemessene Benachteiligung insbesondere vor, wenn wesentliche Rechte oder Pflichten, die sich aus der Natur des Vertrags ergeben, so eingeschränkt werden, dass die Erreichung des Vertragszwecks gefährdet ist. Wesentliche Vertragspflichten (Kardinalpflichten) sind bei gegenseitigen Verträgen vor allem die, die im Gegenseitigkeitsverhältnis stehen.[440]

Beispiel: Die Regelung in den AGB eines Bewachungsbetriebes, dass nur für grob fahrlässige oder vorsätzliche Missachtung der Bewachungsverpflichtungen ein Schadensersatzanspruch gegeben sei, verstößt gegen § 307 Abs. 2 Nr. 2, weil die Bewachung eine Kardinalpflicht innerhalb des Bewachungsvertrags ist.

309 Zu den wesentlichen Vertragspflichten gehören aber auch Nebenpflichten, die für den Schutz des Kunden von grundlegender Bedeutung sind.

---

433 BGHZ 96, 193, 109.

434 BGHZ 108, 1, 6.

435 BGHZ 92, 363, 368.

436 BGH, Urt. v. 25.03.2003 – VIII ZR 335/02, NJW 2003, 3192.

437 BGH, Urt. v. 19.12.2002 – X ZR 243/01, NJW 2003, 507.

438 BGH NJW 1995, 1488.

439 BGH, Urt. v. 27.09.2000 – VIII ZR 155/99, NJW 2001, 292.

440 BGH, Urt. v. 01.02.2005 – X ZR 10/04, NJW 2005, 1774.

Fall 10: Waschschäden

Die B betreibt automatische Waschanlagen für Kraftfahrzeuge. Den Verträgen über die Reinigung der Fahrzeuge liegen folgende „Allgemeine Waschbedingungen" zugrunde, in denen es u.a. heißt:

Nr. 2 Abs. 2: Folgeschäden, wie z.B. Nutzungsausfall, Wertminderung oder Mietwagenkosten, sind von der Haftung des Waschstraßenbetreibers ausgenommen.

Nr. 3: Eine Haftung für Lack- und Schrammschäden sowie für die Beschädigung der außen an der Karosserie angebrachten Teile bleibt ausgeschlossen.

Nr. 6: Soweit in diesen Allgemeinen Bedingungen die Haftung für einen Schaden ausgeschlossen oder begrenzt wird, gilt dies nicht für einen Schaden, der auf einem vorsätzlichen oder grob fahrlässigen Verhalten beruht.

A benutzt die Waschanlage. Es entsteht infolge eines leichten Versehens des Angestellten X ein Schaden am Fahrzeug des A. A verlangt Schadensersatz.

Anspruch des A gegen B aus § 280 Abs. 1

I. Es bestand im Zeitpunkt der Verletzungshandlung zwischen A und B ein wirksamer Werkvertrag.

II. Die Vertragspflicht des B, das Fahrzeug des A beim Waschvorgang nicht zu beschädigen, ist verletzt. Der Angestellte X hat infolge leichter Fahrlässigkeit den Schaden verursacht. Gemäß § 278 muss sich B das Verhalten des X zurechnen lassen, sodass bei Zugrundelegung der gesetzlichen Regelung dem A ein Schadensersatzanspruch aus § 280 Abs. 1 gegen B zustünde. Nach Nr. 6 der zum Vertragsinhalt gewordenen AGB soll eine Haftung jedoch nur dann bestehen, wenn der Schaden vorsätzlich oder grob fahrlässig verursacht worden ist.

1. Die Regelung verstößt nicht gegen § 309 Nr. 7.

2. Die Regelung in Nr. 6 ist dennoch gemäß § 307 Abs. 1 unwirksam, wenn der Vertragspartner A unangemessen benachteiligt wird. Eine unangemessene Benachteiligung ist gemäß § 307 Abs. 2 Nr. 2 im Zweifel dann gegeben, wenn Kardinalpflichten so eingeschränkt werden, dass die Erreichung des Vertragszwecks gefährdet ist.

    a) Die Pflicht, das Fahrzeug beim Waschvorgang nicht zu beschädigen, ist eine vertragliche Nebenpflicht aus dem Werkvertrag. Ob auch eine solche Pflicht eine Kardinalpflicht darstellt, ist umstritten.

        Zum Teil wird in der Rechtsprechung die Auffassung vertreten, dass der Kunde, der ein verhältnismäßig geringes Entgelt für das Waschen zahle, nicht erwarten könne, dass der Verwender für jeden fahrlässig verursachten Schaden am Fahrzeug hafte, zumal in der Regel kein erheblicher Schaden am Fahrzeug entstehen könne.[441]

---

[441] OLG Bamberg NJW 1984, 929; OLG Düsseldorf WM 1980, 1128.

Bei dem heutigen Stand der Technik darf jeder Kunde allerdings ohne weiteres erwarten, er werde sein Fahrzeug unbeschädigt zurückerhalten. Die Annahme, dass das Fahrzeug bei der Wäsche keine Schäden erleiden werde, gehört zu den zentralen Leistungserwartungen des Kunden. Daher wird die Pflicht, jegliche Beschädigungen zu vermeiden, überwiegend als Kardinalpflicht des Betreibers einer Autowaschanlage angesehen.[442]

b) Die Kardinalpflicht ist schuldhaft verletzt. Da B das Risiko des Schadensfalles versicherungsrechtlich abdecken könnte und B die Obhut über das Fahrzeug erlangt hat, werden die Rechte des A durch die AGB ohne sachlichen Grund ausgeschlossen, sodass eine unangemessene Benachteiligung vorliegt.

Der A kann von B Schadensersatz verlangen.

---

3. Die unangemessene Benachteiligung gemäß § 307 Abs. 1

310 § 307 Abs. 2 Nr. 1 und 2 stellen lediglich Regelbeispiele einer unangemessenen Benachteiligung dar. Diese kann auch dann vorliegen, wenn keiner der in Abs. 2 genannten Fälle vorliegt.

311 **a)** Dabei enthält § 307 Abs. 1 S. 2 einen weiteren Sonderfall. Danach kann sich eine unangemessene Benachteiligung auch daraus ergeben, dass eine Bestimmung nicht klar und verständlich ist. Es handelt sich insoweit um eine gesetzliche Normierung des von der Rechtsprechung entwickelten und in Art. 5 Satz 1 der Richtlinie 93/13/EWG vorgeschriebenen **Transparenzgebotes**.

Art. 5 S. 1 der Richtlinie lautet: „Sind alle dem Verbraucher in Verträgen unterbreiteten Klauseln oder einige dieser Klauseln schriftlich niedergelegt, so müssen sie stets klar und verständlich abgefasst sein."

Nach dem Transparenzgebot ist der Verwender Allgemeiner Geschäftsbedingungen gehalten, Rechte und Pflichten seines Vertragspartners möglichst klar und durchschaubar darzustellen. Dabei kommt es nicht nur darauf an, dass die Klausel in ihrer Formulierung klar und verständlich ist. Vielmehr ist es auch erforderlich, dass die Klausel die wirtschaftlichen Nachteile und Belastungen so weit erkennen lässt, wie dies nach den Umständen gefordert werden kann.[443]

Durch die Verwendung des Wortes „kann" wird deutlich, dass nicht jede Intransparenz die Unwirksamkeit einer Klausel begründet, sondern nur dann, wenn eine darin liegende unangemessene Benachteiligung tatsächlich festgestellt werden kann.[444]

Beispiele:

1. Klauseln, in denen sich Versicherungen ein uneingeschränktes Recht vorbehalten, Prämien, Tarife und sonstige versicherungsvertragliche Rechte und Pflichten abzuändern, sind wegen Verstoßes gegen das Transparenzgebot unwirksam, weil dieses auch gebietet, dass die Klausel die wirtschaftlichen

---

442   KG NJW-RR 1991, 698, 699; BGH, Urt. v. 30.11.2004 – X ZR 133/03, NJW 2005, 422.

443   BGH, Urt. v. 08.10.2003 – VIII ZR 55/03, NJW 2004, 1041; Armbrüster DNotZ 2004, 437.

444   v. Westphalen NJW 2002, 17.

Nachteile und Belastungen so weit erkennen lässt, wie dies nach den Umständen gefordert werden kann.[445]

2. Ein Haftungsausschluss „soweit gesetzlich zulässig" verstößt gegen das Verständlichkeitsgebot und ist gemäß § 307 Abs. 1 unwirksam.[446]

3. Der Bürge hat ein schutzwürdiges Interesse daran, dass sich – gemäß dem Transparenzgebot – aus dem Bürgschaftsformular Gegenstand und Umfang seines Risikos klar und richtig ergeben. Erstreckt sich die Bürgschaft formularmäßig nicht nur auf die Forderung, die Anlass der Verbürgung war, sondern auf alle bestehenden Ansprüche gegen den Hauptschuldner, so ist zwar klar, welche Hauptschulden darunter fallen, nämlich alle gegenwärtig vorhandenen. Als durchschnittlicher Vertragspartner, auf dessen Verständnismöglichkeiten bei der Prüfung von AGB im Rahmen der Inhaltskontrolle maßgeblich abzustellen ist, kann ein Bürge aber aus einer solchen Formularklausel regelmäßig nicht erkennen, ob und gegebenenfalls welche Ansprüche des Gläubigers gegen den Hauptschuldner bestehen. Klauseln, die die Bürgenhaftung über den konkreten Anlass hinaus auf alle bestehenden Ansprüche erstrecken, verstoßen gegen das Transparenzgebot des § 307 Abs. 1 S. 2.[447]

(Anm.: Die formularmäßige Erstreckung der Bürgenhaftung über den konkreten Anlass hinaus auf alle künftigen Ansprüche ist regelmäßig überraschend und wird dann gemäß § 305 c Abs. 1 nicht Vertragsbestandteil).

b) § 307 Abs. 1 S. 1 ist die Generalklausel, die jede unangemessene Benachteiligung erfasst, auch soweit diese nicht in § 307 Abs. 2 oder § 307 Abs. 1 S. 2 konkretisiert ist. | **312**

V. Die Inhaltskontrolle im unternehmerischen Bereich

Gemäß § 310 Abs. 1 sind die §§ 308 und 309 unanwendbar auf AGB, die gegenüber einem Unternehmer, einer juristischen Person des öffentlichen Rechts oder einem öffentlich-rechtlichen Sondervermögen verwendet werden. Auf die in § 308 und § 309 genannten Fälle ist § 307 Abs. 1 und 2 anzuwenden, wobei auf die im Handelsverkehr geltenden Gewohnheiten und Gebräuche angemessen Rücksicht zu nehmen ist. | **313**

■ Die Fallgruppen des § 308 (Klauselverbote mit Wertungsmöglichkeit) können im unternehmerischen Verkehr im Rahmen des § 307 Abs. 1 Anwendung finden. Bei den Wertungsspielräumen ist auf die unternehmerischen Belange angemessen Rücksicht zu nehmen.

■ Bei einem Verstoß gegen die in § 309 genannten Klauselverbote fehlt eine entsprechende Wertungsmöglichkeit. Der Verstoß ist allerdings ein Indiz für die Unwirksamkeit und ist im Rahmen des § 307 bei der Wertung („unangemessene Benachteiligung") zu berücksichtigen.[448] Grundsätzlich sind demnach die Klauselverbote des § 309 gemäß § 310 Abs. 1 S. 2 bei der Beurteilung, ob eine unangemessene Benachteiligung vorliegt, zu berücksichtigen. Ausnahmen:

  ■ Das Klauselverbot des § 309 Nr. 1 (kurzfristige Preiserhöhung) kann nicht auf den unternehmerischen Bereich übertragen werden. Insbesondere Umsatzsteuergleitklauseln sind grundsätzlich zulässig.

---

445 BGHZ 136, 394; BGH NJW 2000, 651.

446 BGH NJW 1996, 1407.

447 BGH NJW 2000, 658; BGH, Urt. v. 29.03.2001 – IX ZR 20/00, ZIP 2001, 1361 zu § 9 AGBG.

448 BGH, Urt. v. 19.09.2007 – VIII ZR 141/06, Rn. 12, NJW 2007, 3774; Palandt/Grüneberg § 307 Rn. 40.

- Auch die Wertung des § 309 Nr. 2 (Leistungsverweigerungsrecht) kann nicht übernommen werden. Im Geschäftsverkehr zwischen Unternehmern ist die formularmäßige Abbedingung der §§ 320 oder 273 grundsätzlich zulässig.

- § 309 Nr. 6 (Vertragsstrafe) ist auf den unternehmerischen Verkehr nicht übertragbar. Ob eine Vertragsstrafenklausel gemäß § 307 Abs. 1 einen Unternehmer unangemessen benachteiligt, ist im Einzelfall zu prüfen.

- § 309 Nr. 8 b) ee) (Ausschlussfrist für Mängelanzeige) ist unanwendbar.

- § 309 Nr. 9 (Laufzeit von Dauerschuldverhältnissen) ist auf den Schutz des Verbrauchers zugeschnitten und kann für den unternehmerischen Verkehr nicht übernommen werden. Ob eine formularmäßige Laufzeitregelung gegen § 307 Abs. 1 verstößt, ist im Einzelfall festzustellen (ohne die indizielle Wirkung).

- § 309 Nr. 13 (Form von Anzeigen und Erklärungen) gilt im unternehmerischen Verkehr nicht.[449]

4. Abschnitt: Die Rechtsfolgen der Unwirksamkeit einer Vertragsbestimmung, § 306

314
- Ist eine AGB-Klausel ganz oder teilweise nicht Vertragsbestandteil geworden oder unwirksam, bleibt der Vertrag im Übrigen gemäß § 306 Abs. 1 grundsätzlich wirksam.

- Der Inhalt des Vertrags richtet sich in diesen Fällen gemäß § 306 Abs. 2 nach den gesetzlichen Vorschriften.

- Nur wenn auch unter Berücksichtigung dieser Regeln das Festhalten am Vertrag für eine Partei eine unzumutbare Härte bedeuten würde, ist der Vertrag gemäß § 306 Abs. 3 unwirksam.

- Hat jede Partei Ihre Vertragserklärung unter Einbeziehung der AGB abgegeben und widersprechen sich einzelne AGB-Klauseln, so bleibt der Vertrag grundsätzlich wirksam.

A. Nicht einbezogene oder unwirksame Vertragsbestimmungen

315 Sind Allgemeine Geschäftsbedingungen ganz oder teilweise nicht Vertragsbestandteil geworden oder unwirksam, bleibt grundsätzlich gemäß **§ 306 Abs. 1 der Vertrag im Übrigen wirksam**. Die infolge der Unwirksamkeit der Klausel entstehende Regelungslücke ist wie folgt zu schließen:

- Nach § 306 Abs. 2 treten an die Stelle der nicht Vertragsbestandteil gewordenen oder unwirksamen AGB die **dispositiven gesetzlichen Vorschriften**, die im Falle des Fehlens einer Vereinbarung Gültigkeit erlangt hätten.

  Ist der Leistungsort oder die Leistungszeit unwirksam in den AGB geregelt, so gelten die §§ 269 bis 271; ist die Nichterfüllung in Form der Unmöglichkeit oder des Verzuges unwirksam geregelt, gelten die Unmöglichkeits- bzw. Verzugsregeln des Schuldrechts AT; die unwirksame Regelung der Mängelhaftung wird ersetzt durch die gesetzlichen Gewährleistungsregeln.

---

449 Palandt/Grüneberg § 309 Rn. 114.

- **Unzulässig** ist eine **geltungserhaltende Reduktion**. Es darf die unwirksame Vertragsklausel nicht auf ein zulässiges Maß reduziert werden.[450] Damit soll verhindert werden, dass der Verwender eine für ihn äußerst günstige Regelung trifft und im Falle der Beanstandung dieser Regelung diese durch eine zulässige Regelung ersetzt wird.[451]

  Beispiel: Ein Haftungsausschluss, der sich auch auf Vorsatz und grobe Fahrlässigkeit bezieht und daher gegen § 309 Nr. 7 b) verstößt, lässt sich nicht auf einen wirksamen Haftungsausschluss für einfache Fahrlässigkeit reduzieren.[452]

- Fehlt eine Regelung in den dispositiven Vorschriften zur Ausfüllung der Regelungslücke, finden die Grundsätze der **ergänzenden Vertragsauslegung** Anwendung.[453] Anders als bei der geltungserhaltenden Reduktion wird mit der ergänzenden Vertragsauslegung eine unangemessene Klausel nicht durch eine andere, noch angemessene ersetzt. Es geht vielmehr um die Ausfüllung einer Lücke im Vertragsgefüge, die durch den Wegfall der unwirksamen Klausel entstanden ist.[454]

- **Teilbare Klauseln** können teilweise unwirksam sein. Die Trennbarkeit in einen inhaltlich zulässigen und einen inhaltlich unzulässigen Teil ist dann gegeben, wenn der unwirksame Teil der Klausel gestrichen werden kann, ohne dass der Sinn des anderen Teils darunter leidet (blue-pencil-test).[455] Nach der Streichung des unwirksamen Klauselteils muss eine sprachlich und inhaltlich selbstständige und sinnvolle Regelung verbleiben.

Gemäß § 306 Abs. 3 ist der Vertrag unwirksam, wenn das Festhalten an ihm auch unter Berücksichtigung der nach Abs. 2 vorgesehenen Regelung für eine Partei eine unzumutbare Härte darstellen würde. Ob eine unzumutbare Härte vorliegt, ist im Wege der Interessenabwägung zu ermitteln. Hierbei sind sowohl die nachteiligen Veränderungen der Austauschbedingungen für den Verwender der AGB als auch das berechtigte Interesse des anderen Teils an der Aufrechterhaltung des Vertrags zu berücksichtigen.[456]

B. Die Rechtsfolgen bei widersprechenden AGB

Wenn jede Partei ihre Vertragserklärung unter Einbeziehung ihrer AGB abgegeben hat und einzelne Klauseln in den AGB der beiden Erklärungen sich widersprechen, so stellt sich die Frage, **316**

- ob der Vertrag wegen mangelnder Willensübereinstimmung bzgl. der AGB unwirksam ist oder

- ob der Vertrag wirksam bleibt und nur die einander widersprechenden AGB unwirksam sind.

---

450 Ständige Rechtsprechung, BGH, Urt. v. 23.01.2013 – VIII ZR 80/12, Rn. 25, NJW 2013, 991.

451 BGH WM 2000, 629, 634; BGH, Urt. v. 12.12.2000 – XI ZR 138/00, BGHZ 146, 138.

452 BGH, Urt. v. 12.12.2000 – XI ZR 138/00, BGHZ 146, 138.

453 BGH, Urt. v. 23.01.2013 – VIII ZR 80/12, Rn. 23, NJW 2013, 991.

454 BGH, Urt. v. 23.01.2013 – VIII ZR 80/12, Rn. 26, NJW 2013, 991.

455 BGH, Urt. v. 10.10.2013 – III ZR 325/12, Rn. 14, NJW 2014, 141.

456 BGH, Urt. v. 22.02.2002 – V ZR 26/01, BB 2002, 1017.

Fall 11: AGB im Widerspruch

V bietet dem K den Kauf von Textilien im Wert von 110.000 € an. Dem Angebot fügt er seine Allgemeinen Geschäftsbedingungen bei, in denen ein Eigentumsvorbehalt enthalten ist. K nimmt das Angebot an, wobei er seine Einkaufsbedingungen beilegt, die einen Eigentumsvorbehalt des Verkäufers nicht vorsehen und in denen es heißt: „anders lautende Bedingungen – soweit sie nicht in dieser gesamten Bestellung festgelegt sind – gelten nicht." Nach der Lieferung verlangt V Zahlung.

Ist ein Kaufvertrag zwischen den Parteien zustande gekommen?

Wenn ja, welchen Inhalt hat der Vertrag?

317 I. V hat ein Kaufangebot gemacht, nach dem seine AGB gelten sollten.

II. K hat dieses Angebot nicht uneingeschränkt angenommen. Er hat die AGB des V unter Hinweis auf seine AGB zurückgewiesen.

BGH:[457] Aus der von K verwendeten Klausel „folgt aber, dass die Klägerin (K) im Sinne einer allgemeinen Abwehrklausel nur die eigenen Bedingungen, nicht aber andere, die nicht in ihrem Regelwerk festgelegt waren, also auch nicht solche, die überhaupt nicht ausdrücklich erwähnt waren, gelten lassen wollte. Die Klägerin hat damit auch für die Beklagte unmissverständlich zum Ausdruck gebracht, dass ihre Bedingungen für sämtliche Bestellungen gelten sollten und für die Allgemeinen Geschäftsbedingungen des Lieferanten kein Raum sei; daraus ergibt sich der Wille der Klägerin, die Verkaufsbedingungen ihrer Lieferanten auszuschließen (...). Durch eine allgemein gehaltene Abwehrklausel sollen grundsätzlich nicht nur widersprechende, sondern auch zusätzliche ergänzende Klauseln ausgeschlossen werden."

1. Nach ständiger Rechtsprechung gilt eine Annahme, die mit der Ablehnung Allgemeiner Geschäftsbedingungen verbunden ist, gemäß § 150 Abs. 2 als neues Angebot.[458]

2. In der Literatur wird die Ansicht vertreten, dass § 150 Abs. 2 bei widersprechenden AGB nicht anwendbar ist. Diese Regelung soll nur dann anwendbar sein, wenn wegen der fehlenden Einigung über die maßgeblichen Allgemeinen Geschäftsbedingungen überhaupt kein Vertrag zustande gekommen ist.[459]

3. Die von der letztgenannten Ansicht vertretene Einschränkung des Anwendungsbereichs lässt sich dem § 150 Abs. 2 nicht entnehmen. Entsprechend dem eindeutigen Wortlaut des § 150 Abs. 2 ist eine Annahme mit widersprechenden AGB ein neues Angebot.

III. Dieses neue Angebot könnte V mit dem Vollzug des Vertrags angenommen haben. Er könnte mit der einschränkungslosen Lieferung zum Ausdruck gebracht haben, dass er mit dem neuen Angebot des K einverstanden ist (so die – früher vertretene – Theorie des letzten Wortes[460]).

---

457 Urt. v. 24.10.2000 – X ZR 42/99, NJW-RR 2001, 484.

458 BGH, Urt. v. 24.10.2000 – X ZR 42/99, NJW-RR 2001, 484; OLG Düsseldorf NJW-RR 1997, 946, 947.

459 Ulmer/Schmidt JuS 1984, 18, 20; Köster JuS 2000, 22, 26.

460 BGHZ 18, 212; Ebel NJW 1978, 1033 m.w.N.

Das Verhalten des V ist vom Empfängerhorizont des K auszulegen. Als sorgfältiger Empfänger musste K erkennen, dass V lediglich zu seinen Geschäftsbedingungen abschließen wollte. Auch erwartet niemand, dass die Annahme zu den AGB des K eine Ablehnung des Angebots und ein neues Angebot ist, das wiederum der Annahme bedarf.

IV. Die Parteien waren sich über die wesentlichen Vertragsbestandteile eines Kaufvertrags einig. Da aber bezüglich einzelner Punkte in den AGB, über die eine Einigung erzielt werden sollte, keine Einigung erreicht worden ist, liegt begrifflich ein offener Dissens i.S.d. § 154 vor. Nach § 154 ist der Vertrag aber nur „im Zweifel" nicht geschlossen. Diese Auslegungsregel greift nicht ein, wenn sich die Parteien trotz der noch offenen Punkte erkennbar vertraglich binden wollen.[461] Bei widersprechenden AGB wollen die Parteien im Regelfall, dass der Vertrag durchgeführt wird und die Wirksamkeit nicht davon abhängen soll, dass eine Einigung über alle Einzelheiten der AGB erzielt wird. Auch ergibt sich aus § 306 Abs. 1, dass die Unwirksamkeit von AGB grundsätzlich nicht zur Unwirksamkeit des gesamten Vertrags führen soll.[462] K und V haben daher einen wirksamen Kaufvertrag abgeschlossen.

318

V. Bezüglich des Inhalts des Kaufvertrags gilt Folgendes:

319

1. Soweit die AGB beider Parteien übereinstimmen, werden sie in vollem Umfang Vertragsinhalt.[463]

2. Soweit sich die beiderseitigen AGB widersprechen, werden sie nicht Vertragsinhalt. Insoweit gelten nach dem Rechtsgedanken des § 306 Abs. 2 die gesetzlichen Vorschriften. Lücken sind durch ergänzende Vertragsauslegung zu schließen.

3. Ist eine bestimmte Frage nur in den AGB eines Teils geregelt, während die AGB des Vertragspartners dazu schweigen (einseitige Regelung oder Ergänzungsregelung), so ist durch Auslegung zu ermitteln, ob der Vertragspartner dazu stillschweigend sein Einverständnis erklärt hat.[464]

   ■ Die Abwehrklausel soll regelmäßig nicht nur widersprechende, sondern auch ergänzende Regelungen ausschließen.[465]

   ■ Ist die Regelung für die andere Seite günstig, so gilt sie im Zweifel trotz einer Abwehrklausel.

4. Das bedeutet im vorliegenden Fall: Es handelt sich um widersprechende Klauseln, die nicht Vertragsinhalt werden. Es gilt das dispositive Gesetzesrecht, das keinen Eigentumsvorbehalt des Verkäufers enthält.

---

461 Palandt/Ellenberger § 154 Rn. 2.

462 BGHZ 61, 282, 289; MünchKomm/Busche § 154 Rn. 5; Palandt/Ellenberger § 154 Rn. 3; Freitag/Leible JA 2000, 887; BGH, Urt. v. 09.01.2002 – VIII ZR 304/00, NJW 2002, 1651 zum Vertrag nach UN-Kaufrecht.

463 BGH NJW 1985, 1838, 1839; 1991, 1604, 1606; OLG Düsseldorf NJW-RR 1997, 946, 947.

464 BGH NJW 1985, 1838, 1839.

465 BGH NJW-RR 2001, 484.

C. Die Verbandskontrolle nach dem Unterlassungsklagengesetz

320 Gemäß § 1 UKlaG kann derjenige, der in Allgemeinen Geschäftsbedingungen Bestimmungen, die nach den §§ 307 bis 309 unwirksam sind, verwendet oder für den rechtsgeschäftlichen Verkehr empfiehlt, auf Unterlassung und im Fall des Empfehlens auch auf Widerruf in Anspruch genommen werden.

- **Verwender** ist derjenige, der die AGB zum Vertragsschluss stellt, gleichviel, ob er die AGB entworfen hat oder nicht.

- **Empfehler** ist derjenige, der mehreren potenziellen Verwendern bestimmte AGB nahe legt oder vorgibt. Unter den Begriff des Empfehlers fallen in erster Linie die Wirtschafts- und Berufsvereinigungen, die für ihre Mitglieder einheitliche, auf die Bedürfnisse der jeweiligen Wirtschafts- und Berufsgruppe zugeschnittene AGB aufstellen und zur Verwendung empfehlen.

Anspruchsberechtigt sind die in § 3 UKlaG benannten Stellen.

Fall 12: Die Garantiekarte

Der Waschmaschinenhersteller F gibt Garantiekarten mit folgendem Inhalt aus.

„In der Gewährleistungszeit beseitigen wir jeden Mangel am Gerät, der nachweislich auf einem Material-, oder Herstellungsfehler beruht, oder liefern einen Ersatzartikel. Die Garantiezeit beginnt am Tage der Lieferung; Dauer 6 Monate."

Der Verbraucherverein X klagt nach Abmahnung gegen F auf Unterlassung des Gebrauchs der Garantieurkunde. Mit Erfolg?

---

321 A. Die Klage ist zulässig. X ist als rechtsfähiger Verbraucherschutzverein gemäß § 3 Abs. 2 Nr. 1 UKlaG zur Geltendmachung des Unterlassungsanspruchs berechtigt. F als Verwender ist der Beklagte.

B. Die Klage ist begründet, wenn es sich bei den Garantiebestimmungen um AGB handelt, die Inhaltskontrolle zulässig ist und die Bedingungen gegen die Regelung in §§ 307–309 verstoßen.

I. Da die Garantiebedingungen für eine Vielzahl von Fällen vorformuliert und gestellt worden sind, handelt es sich um AGB.

II. Inhaltskontrolle zulässig (§ 307 Abs. 3)?

Der Inhalt der Garantiebestimmungen erschöpft sich darin, den Kunden des jeweiligen Verkäufers die Mängelbeseitigung zuzusagen.

Mit der Aushändigung der Garantiekarte des Verkäufers an den Käufer überbringt der Verkäufer als Bote des Herstellers F ein Angebot zum Abschluss eines selbstständigen Garantievertrags (Herstellergarantie i.S.d. § 443). Dieses wird konkludent vom Kunden angenommen und damit kommt der Garantievertrag zustande, weil auf den Zugang der Annahmeerklärung verzichtet worden ist (§ 151). Die zugesagte Mängelbeseitigung ist in dem selbstständigen Garantievertrag Hauptleistungspflicht, daher könnte die Inhaltskontrolle unzulässig sein.

1. Sollte die Garantie den Verkäufer von seiner Gewährleistungspflicht gemäß §§ 434 ff. freistellen und somit F an die Stelle des Verkäufers treten, so ist die Inhaltskontrolle zulässig, weil Gewährleistungsregeln, die die Rechte des Käufers abändern oder ausschließen, der Kontrolle unterliegen.

2. Sollte hingegen die F neben dem Verkäufer für Mängel haften, so ist die Garantiezusage inhaltlich als Hauptleistungsverpflichtung einzustufen und einer Inhaltskontrolle gemäß § 307 Abs. 3 S. 1 grundsätzlich entzogen. Auch in diesem Fall gilt allerdings das Transparenzgebot. Gemäß § 477 Abs. 1 S. 1 muss eine Garantieerklärung „einfach und verständlich" abgefasst sein. Die Klausel ist gemäß § 307 Abs. 3 i.V.m. § 307 Abs. 1 S. 1 unwirksam, wenn sie nicht „klar und verständlich" ist.

BGH:[466] „Aus dem für Allgemeine Geschäftsbedingungen geltenden Transparenzgebot folgt, dass die Rechtsposition des Vertragspartners nicht unklar geregelt sein darf... . Nach der ständigen Rechtsprechung des Senats wird durch eine Klausel, die die Rechtslage unzutreffend darstellt und auf diese Weise dem Verwender die Möglichkeit eröffnet, begründete Ansprüche unter Hinweis auf die Klauselgestaltung abzuwehren, der Vertragspartner entgegen den Geboten von Treu und Glauben unangemessen benachteiligt... Bereits die Klauselfassung muss der Gefahr vorbeugen, dass der Kunde von der Durchsetzung bestehender Rechte abgehalten wird."

Aus der Klausel der F ergibt sich keine klare Trennung zwischen gesetzlichen Gewährleistungsrechten einerseits und vertraglichen Garantieansprüchen des Käufers andererseits. Da heute typischerweise die gesetzlichen Gewährleistungsrechte ausgeschlossen und stattdessen das Recht auf Nachbesserung bzw. Ersatzlieferung eingeräumt wird, muss ein rechtlich nicht vorgebildeter Durchschnittskunde die Klausel so verstehen, dass ihm bei mangelhafter Lieferung lediglich die in der Garantieurkunde aufgeführten Rechte zustehen sollen. Selbst wenn F die gesetzlichen Gewährleistungsrechte seiner Kunden nicht beschränken, sondern ihnen im Rahmen der Garantie zusätzliche Ansprüche zuerkennen wollte, so ist ein dahingehender Wille in der Formulierung der Garantiebedingungen jedenfalls nicht hinreichend deutlich zum Ausdruck gekommen. Die Garantiezusage ist somit wegen Verstoßes gegen das Transparenzgebot unwirksam.

Die Klage des Verbraucherschutzvereins gegen F ist somit begründet.

Abwandlung:

K hat eine Waschmaschine von V gekauft. Es treten Mängel auf. Ansprüche des K?

A. Der K kann gegenüber V gemäß §§ 434, 437 die Gewährleistungsansprüche geltend   **322**
machen, unabhängig davon, welches Ziel der V mit der Aushändigung der Garantie des F verfolgte.

---

466 BGHZ 104, 82, 92, 93.

B. Ansprüche K gegen F aus der Garantie?

   I. Obwohl die Garantiezusage im Falle der Verbandskontrollklage wegen der Verletzung des Transparenzgebotes unwirksam ist, kann die kundenfreundliche Auslegung der Garantiezusage (§ 305c Abs. 2) dazu führen, dass die Garantiezusage im Verhältnis zum Kunden wirksam ist und der Kunde entsprechende zugesagte Rechte geltend machen kann.

   II. Führt eine kundenfreundliche Auslegung nicht zum Ziel und ist die Garantiezusage gemäß § 306 Abs. 2 unwirksam, so ist zu prüfen, ob F nicht aufgrund der Regeln der ergänzenden Vertragsauslegung zur Mängelhaftung verpflichtet ist.[467]

---

467 BGHZ 104, 82, 91.

Allgemeine Geschäftsbedingungen

Begriff AGB, § 305 Abs. 1

- Es muss sich um eine **vorformulierte** Vertragsklausel handeln, die nicht notwendig vom Verwender erstellt worden ist und nicht notwendig vollständig formuliert vorliegen muss. Vorformulierung auch im „Kopf" möglich.
- Die Vertragsklauseln müssen für eine **Vielzahl** von Fällen vorgesehen sein und sie müssen vom Verwender **gestellt** worden sein.
- Ergänzende Sonderregeln für Verbraucherverträge, § 310 Abs. 3:
    - Nr. 1: Alle Vertragsbestimmungen gelten als vom Unternehmer gestellt, es sei denn, dass sie durch den Verbraucher eingeführt wurden.
    - Nr. 2: Die Vorschriften über Auslegung, Inhaltskontrolle und die Rechtsfolgen bei Nichteinbeziehung und Unwirksamkeit finden auch dann Anwendung, wenn die Vertragsbedingungen nur zur einmaligen Verwendung bestimmt sind.

Vertragsbestandteil

- In den Vertrag **einbezogen**: Nach § 305 Abs. 2 ist ein ausdrücklicher Hinweis (bzw. Aushang) erforderlich und dem Vertragspartner muss die Möglichkeit der Kenntnisnahme verschafft worden sein.
  Gegenüber Unternehmern gilt § 305 Abs. 2 gemäß § 310 Abs. 1 S. 1 nicht. Die Einbeziehung richtet sich nach allgemeinen Regeln. Der Verwender muss auf seine AGB hinweisen und der Vertragspartner die Möglichkeit der Kenntnisnahme haben.
- Vorrang der Individualvereinbarung, § 305 b
- Überraschende Klauseln werden nicht Vertragsbestandteil (§ 305 c Abs. 1). Klauseln haben einen Überrumpelungseffekt, wenn sie eine Regelung enthalten, die von den Erwartungen des Vertragspartners deutlich abweicht und mit der er nicht zu rechnen braucht.

Auslegung

- **Objektive Auslegung** aus der Sicht des Durchschnittskunden
- Zweifel (mehrdeutige Regelungen) gehen zulasten des Verwenders.

Inhaltskontrolle, §§ 307–309

- § 309: Klauselverbote ohne Wertungsmöglichkeit
- § 308: Klauselverbote mit Wertungsmöglichkeit (d.h. mit unbestimmten Rechtsbegriffen)
- § 307 Abs. 1 setzt eine unangemessene Benachteiligung voraus. Vier Prüfungsstufen:
    - § 307 Abs. 2 Nr. 1: Unvereinbarkeit mit wesentlichen Grundgedanken der gesetzlichen Regelung
    - § 307 Abs. 2 Nr. 2: Einschränkung vertraglicher Kardinalpflichten bei Gefährdung des Vertragszwecks
    - § 307 Abs. 1 S. 2: Transparenzgebot
    - § 307 Abs. 1 S. 1: Sonstige unangemessene Benachteiligung

Folgen der Unwirksamkeit, § 306

- Grundsätzlich ist nur die Klausel unwirksam, der Vertrag bleibt bestehen; Gleiches gilt bei widersprüchlichen AGB; keine geltungserhaltende Reduktion auf das inhaltlich Zulässige.
- Die Lücke ist durch Anwendung dispositiver Vorschriften oder ergänzende Vertragsauslegung zu schließen.

3. Teil: Fristen, Termine, Verjährung

1. Abschnitt: Fristen und Termine

323 In den §§ 186 ff. finden sich keine konkreten Frist- oder Terminsbestimmungen. Das BGB stellt mit diesen Normen vielmehr allgemeine Auslegungsregeln zur Frist- und Terminsberechnung zur Verfügung, welche die über das ganze BGB verstreuten Fristen und Termine präzisieren. Sie sind folglich dann nicht anwendbar, wenn sich aus dem Gesetz, der richterlichen Verfügung, der Vereinbarung oder den Umständen erkennbar etwas anderes ergibt.

Die §§ 186 ff. sind auch außerhalb des BGB von Bedeutung, so insbesondere über die Verweisungen der § 222 Abs. 1 ZPO, § 57 Abs. 2 VwGO für das Verfahrensrecht.

A. Fristen

324 Unter einer **Frist** versteht man einen bestimmten oder bestimmbaren Zeitraum, innerhalb dessen eine Handlung vorgenommen, insbesondere ein Recht ausgeübt oder eine Willenserklärung abgegeben werden soll.[468]

Zu unterscheiden ist zwischen gesetzlich, richterlich und rechtsgeschäftlich bestimmten Fristen. Eine weitere Differenzierung ist möglich nach

- Ersitzungsfristen: Der Fristablauf führt zur Rechtsbegründung (§ 937);

- Ausschlussfristen: Die vorgesehene Handlung muss innerhalb der Frist erfolgen; nach Fristablauf wird der Berechtigte mit seinem Recht ausgeschlossen (§ 124 Abs. 1);

- Verjährungsfristen: Der Ablauf der Frist begründet eine Einrede (§ 214 Abs. 1); Verjährungsfristen sind der Hemmung, Ablaufhemmung und einem Neubeginn zugänglich (§§ 203–213);

- Nachfristen: Diese grenzen den Zeitraum ab, in dem eine zunächst unzureichende Leistung zu erbringen ist (§ 281 Abs. 1 S. 1).

325 **Berechnungsgrundsätze:** Grundlage der Zeitberechnung ist der Gregorianische Kalender; gesetzliche Zeit ist die mitteleuropäische Zeit. Die Berechnung ist im Einzelnen möglich nach

- Zivilkomputation: Fristberechnung erfolgt nur nach vollen Tagen, wobei der Tag, in dessen Lauf das für den Fristbeginn maßgebende Ereignis fällt, nicht mitgezählt wird (Grundregel des § 187).

- Naturalkomputation: Fristberechnung nach ihrer natürlichen Länge, von Augenblick zu Augenblick; gilt für Stunden- und Minutenfristen.

---

468 MünchKomm/Grothe § 186 Rn. 4; Staudinger/Repgen § 186 Rn. 5.

B. Termine

Ein Termin ist ein bestimmter Zeitpunkt von rechtlicher Bedeutung (etwas soll geschehen oder eine Wirkung tritt ein). Diese Begriffsbestimmung des BGB ist von der des Verfahrensrechts, §§ 214 ff. ZPO, zu unterscheiden.[469]

326

2. Abschnitt: Verjährung

Verjährung i.S.d. §§ 194 ff. ist der Zeitablauf, der für den Schuldner das Recht begründet, die Leistung zu verweigern, § 214 Abs. 1.[470]

327

Die Verjährung dient insbesondere bei vertraglichen Ansprüchen der Sicherheit des Rechtsverkehrs und dem Rechtsfrieden. Nach einer bestimmten Zeit soll die Ungewissheit über das Bestehen und die Durchsetzbarkeit eines Anspruchs beendet sein.

Der Verjährung unterliegen gemäß § 194 Abs. 1 nur **Ansprüche**. Rechte und Rechtsstellungen, die keine Ansprüche sind, können nicht verjähren.

Gestaltungsrechte geben die Befugnis, durch einseitiges Rechtsgeschäft ein Recht zu begründen, es aufzuheben oder zu ändern (z.B. Anfechtung, Rücktritt, Kündigung). Sie sind selbst keine Ansprüche, auch wenn die Geltendmachung Ansprüche begründen kann (z.B. aus §§ 346 ff. oder §§ 812 ff.). Daher unterliegt auch das Anfechtungsrecht keiner Verjährung, es sind aber in den §§ 121, 124 zeitliche Grenzen für die Geltendmachung bestimmt. Auch das Rücktrittsrecht verjährt nicht, deswegen erklärt § 218 Abs. 1 den Rücktritt wegen nicht oder nicht vertragsgemäß erbrachter Leistung für unwirksam, wenn der Anspruch auf die Leistung oder der Nacherfüllungsanspruch verjährt sind.

Weiterhin unterliegen mangels Anspruchseigenschaft nicht der Verjährung: absolute Rechte, das Recht zum Besitz, Einreden und Dauerschuldverhältnisse.[471]

A. Überblick

Die Prüfung, ob ein Anspruch verjährt ist, ist in drei Schritte aufzuteilen:

328

- Zunächst ist die anwendbare Frist, d.h. die Fristdauer festzustellen.

- Danach ist der Fristbeginn zu ermitteln. Dabei sind gegebenenfalls „Höchstfristen" zu beachten (z.B.: § 199 Abs. 2 und 3).

- Schließlich ist das Fristende zu bestimmen unter Berücksichtigung einer eventuellen Hemmung, Ablaufhemmung oder eines Neubeginns der Frist.

Dabei sind Fristdauer und Fristbeginn häufig im Zusammenhang und auch im Besonderen Teil des Schuldrechts oder in anderen Gesetzen geregelt. So ergibt sich aus § 438 Abs. 1 die Verjährungsfrist für Mängelansprüche im Kaufrecht; den Beginn der Frist bestimmt § 438 Abs. 2. Werkvertragliche Mängelansprüche verjähren in der Frist des § 634a Abs. 1; die Verjährung beginnt gemäß § 634a Abs. 2 mit der Abnahme.

Die Fristberechnung richtet sich nach den §§ 186 ff. Auch die Hemmung, Ablaufhemmung oder der Neubeginn einer Frist bestimmen sich in aller Regel nach den Vorschrif-

---

469 Soergel/Walter § 186 Rn. 6.
470 Palandt/Ellenberger Überbl v § 194 Rn. 5; MünchKomm/Grothe § 194 Rn. 1.
471 Palandt/Ellenberger § 194 Rn. 4 ff.

ten des BGB AT (§§ 203–213), nur wenige Fälle sind in besonderen Bestimmungen geregelt (z.B. § 439 Abs. 3 HGB).

B. Regelverjährung

329 Die regelmäßige Verjährungsfrist beträgt nach dem mit Wirkung zum 01.01.2002 geänderten § 195 drei Jahre.

I. Fristbeginn

330 Die Frist beginnt gemäß § 199 Abs. 1 mit dem Schluss des Jahres, in dem

- der Anspruch entstanden ist und

- der Gläubiger von den den Anspruch begründenden Umständen und der Person des Schuldners Kenntnis erlangt oder ohne grobe Fahrlässigkeit erlangen müsste.

Mit dieser Regelung wird an § 852 Abs. 1 a.F. angeknüpft. Bei der Auslegung des § 199 Abs. 1 kann daher die Rechtsprechung und Literatur zu § 852 Abs. 1 a.F. herangezogen werden.

331 Ein **Anspruch** ist **entstanden**, sobald er im Wege der Klage geltend gemacht werden kann. Dies setzt grundsätzlich die Fälligkeit des Anspruchs voraus. Bei Schadensersatzansprüchen ist jedoch der Grundsatz der Schadenseinheit zu beachten. Da der aus einem bestimmten Ereignis erwachsene Schaden als ein einheitliches Ganzes aufzufassen ist, läuft eine einheitliche Verjährungsfrist für den Anspruch auf Ersatz dieses Schadens einschließlich aller weiteren adäquat verursachten, zurechen- und voraussehbaren Nachteile, sobald irgendein (Teil-) Schaden entstanden ist.[472]

Beispiel: S verursacht schuldhaft einen Verkehrsunfall, bei dem der G einen Unterschenkelbruch erleidet. Fünf Jahre später wird bei dem G eine durch den Unfall bedingte Arthrose im oberen Sprunggelenk festgestellt.

Wenn die Arthrose schon unmittelbar nach dem Verkehrsunfall voraussehbar war, ist nach dem Grundsatz der Schadenseinheit der Schadensersatzanspruch verjährt. Der BGH entschied (zu § 852 a.F.), dass bei Körperschäden für die Frage der Voraussehbarkeit grundsätzlich die Sicht medizinischer Fachkreise entscheidend ist. Die Arthrose im Kniegelenk wurde als eine auch für Ärzte nicht vorhersehbare Unfallfolge angesehen.[473]

332 Die für den Verjährungsbeginn erforderliche **Kenntnis** oder grobfahrlässige Unkenntnis setzt grundsätzlich keine zutreffende rechtliche Würdigung voraus. Es genügt die Kenntnis der den Ersatzanspruch begründenden Umstände. Eine Ausnahme kann dann geboten sein, wenn es sich um eine unübersichtliche und zweifelhafte Rechtslage handelt, die selbst ein rechtskundiger Dritter nicht zuverlässig einzuschätzen vermag.[474]

Grob fahrlässige Unkenntnis setzt voraus, dass schon einfachste, ganz naheliegende Überlegungen nicht angestellt werden und das nicht beachtet wird, was im gegebenen Fall jedem einleuchten musste.[475]

---

472 BGH NJW 1998, 1488; 2000, 861; Palandt/Ellenberger § 199 Rn. 14.
473 BGH NJW 2000, 861.
474 BGH, Urt. v. 19.03.2008 – III ZR 220/07, Rn. 7, ZIP 2008, 1538.
475 BGH NJW 1992, 3236.

Die Verjährung beginnt **mit dem Schluss des Jahres**, in dem Anspruchsentstehung 333
und Kenntnis vorliegen. Diese sogenannte Ultimoverjährung kann zu einer erheblichen
Beweiserleichterung führen, da nicht ein genaues Datum der Anspruchsentstehung
und Kenntnis festgestellt werden muss, sondern nur noch das Jahr, in dem diese Tatsachen eingetreten sind.

II. Höchstfristen gemäß § 199 Abs. 2–4

Unabhängig von der Kenntnis (bzw. grob fahrlässigen Unkenntnis), teilweise auch un- 334
abhängig vom Entstehen verjähren Ansprüche, die der regelmäßigen Verjährung unterliegen, gemäß § 199 Abs. 2–4.

Gemäß **§ 199 Abs. 2** verjähren Ansprüche, die auf der Verletzung des Lebens, des Körpers, der Gesundheit oder der Freiheit beruhen, ohne Rücksicht auf ihre Entstehung und
die Kenntnis oder grob fahrlässige Unkenntnis in dreißig Jahren von dem schadensauslösenden Ereignis an.

§ 199 Abs. 2 knüpft an den Wortlaut des § 823 Abs. 1 an. Wie dort bleiben auch hier das allgemeine Persönlichkeitsrecht und das Recht am eingerichteten und ausgeübten Gewerbebetrieb ungenannt.
Wenn man darauf abstellt, dass § 199 Abs. 2 alle höchstpersönlichen Rechtsgüter erfassen will, findet
diese Regelung auf das allgemeine Persönlichkeitsrecht Anwendung. Das Recht am eingerichteten und
ausgeübten Gewerbetrieb ist dagegen nicht höchstpersönlich, es verjährt nach § 199 Abs. 3.

Die nicht von § 199 Abs. 2 erfassten Schadensersatzansprüche verjähren gemäß **§ 199
Abs. 3**. Dies sind insbesondere die Ersatzansprüche wegen Verletzung des Eigentums
und des Vermögens. Diese Ansprüche verjähren ohne Rücksicht auf Kenntnis oder grob
fahrlässige Unkenntnis in zehn Jahren von ihrer Entstehung an. Ist der Anspruch nicht
entstanden, verjährt er in dreißig Jahren von dem schadensauslösenden Ereignis an.
Maßgeblich ist stets die im Ergebnis früher ablaufende Frist.

Andere Ansprüche als Schadensersatzansprüche verjähren gemäß **§ 199 Abs. 4** ohne
Rücksicht auf Kenntnis oder grob fahrlässige Unkenntnis in zehn Jahren von ihrer Entstehung an.

C. Andere Verjährungen

- Gemäß § 196 verjähren Ansprüche auf Übertragung des Eigentums an einem 335
  Grundstück und auf Verfügungen bezüglich eines Rechts an einem Grundstück sowie die Ansprüche auf die Gegenleistung in zehn Jahren.

- In 30 Jahren verjähren gemäß § 197 insbesondere Herausgabeansprüche aus Eigentum und anderen dinglichen Rechten und rechtskräftig festgestellte Ansprüche.

- Gemäß § 198 kommt bei abgeleitetem Besitzerwerb die Zeit des Besitzes des Vorgängers dem Rechtsnachfolger zugute.

Die „anderen" Verjährungsfristen, d.h. alle anderen als die regelmäßige Verjährung, beginnen gemäß § 200 mit der Entstehung des Anspruchs, soweit nicht ein anderer Verjährungsbeginn bestimmt ist.

Außerhalb des Allgemeinen Teils des BGB befinden sich als besondere Verjährungsfristen und/oder besondere Bestimmung über den Fristbeginn z.B.:

- Die Gewährleistungsfrist im Kaufrecht beträgt gemäß § 438 Abs. 1 grundsätzlich zwei Jahre und beginnt gemäß § 438 Abs. 2 bei Grundstücken mit der Übergabe, im Übrigen mit der Ablieferung der Sache.

- Die Gewährleistungsfrist im Werkvertragsrecht im Fall der Herstellung, Wartung oder Veränderung einer Sache beträgt zwei Jahre (§ 634a Abs. 1 Nr. 1) und beginnt grundsätzlich mit der Abnahme (§ 634a Abs. 2).

- Ansprüche des Reisenden wegen Mängeln verjähren gemäß § 651g Abs. 2.

- Verjährung der Ersatzansprüche des Vermieters verjähren gemäß § 548 Abs. 1.

- Verjährung der Ansprüche des Mieters auf Aufwendungsersatz oder auf Gestattung der Wegnahme (§ 548 Abs. 2).

- Beginn der Verjährung des Anspruchs auf Rückgabe der Sache bei einer Leihe gemäß § 604 Abs. 5.

- Verjährung der Ersatzansprüche des Verleihers sowie der Ansprüche des Entleihers gemäß § 606 in sechs Monaten.

D. Vereinbarungen über die Verjährung (§ 202)

336 **Verjährungserleichternde** Vereinbarungen (Verkürzung der Verjährungsfrist, Vorverlegung eines gesetzlichen Verjährungsbeginns) sind weitestgehend zulässig. Für solche Abreden besteht lediglich die Schranke des § 202 Abs. 1, wonach die Haftung wegen Vorsatzes nicht im Voraus durch Rechtsgeschäft erlassen werden kann.

Eine **Sonderregel** für verjährungserleichternde Vereinbarungen enthält § 475 Abs. 2. Danach kann beim Verbrauchsgüterkauf die Verjährung eines Mängelanspruchs nicht durch Rechtsgeschäft erleichtert werden, wenn die Vereinbarung zu einer Verjährungsfrist ab dem gesetzlichen Verjährungsbeginn von weniger als zwei Jahren, bei gebrauchten Sachen von weniger als einem Jahr führt. Eine ähnliche Regelung enthält § 651m S. 2.

337 **Verjährungserschwerende** Vereinbarungen (Verlängerung der Verjährungsfrist, Hinausschieben des Verjährungsbeginns) sind uneingeschränkt zulässig, nur darf im Gesamtergebnis die Verjährung nicht über eine Frist von 30 Jahren ab dem gesetzlichen Verjährungsbeginn hinaus erschwert werden.

Auch ein gänzlicher Ausschluss der Verjährung ist unzulässig. Dies folgt aus einem Erst-Recht-Schluss. Wenn § 202 Abs. 2 schon verbietet, die Verjährungsfrist auf eine Dauer von mehr als 30 Jahren seit dem gesetzlichen Beginn der Verjährung zu verlängern, so muss erst recht ein vollständiger Ausschluss der Verjährung von Ansprüchen unzulässig sein.[476]

E. Hemmung, Ablaufhemmung und Neubeginn

338 Bei der Hemmung der Verjährung wird der Zeitraum, während dessen die Verjährung gehemmt ist, in die Verjährungsfrist nicht eingerechnet (§ 209). Die Ablaufhemmung ist

---

476 Schimmel/Buhlmahn ZGS 2002, 199.

ein Unterfall der Hemmung. Bei dieser läuft die Verjährungsfrist frühestens eine bestimmte Zeit nach Wegfall von Gründen ab, die der Geltendmachung des Anspruchs entgegenstehen[477] (Beispiel: § 210). Beim Neubeginn beginnt eine schon angelaufene Frist erneut.

I. Hemmung der Verjährung bei Verhandlungen (§ 203)

Die Hemmung der Verjährung aufgrund von Verhandlungen konnte sich nach dem bisherigen Recht aus § 852 Abs. 2 a.F. ergeben. Ähnlich war die (gestrichene) Regelung des § 639 Abs. 2 a.F., nach der die Verjährung gehemmt war, wenn sich der Werkunternehmer im Einverständnis mit dem Besteller der Prüfung des Vorhandenseins des Mangels oder der Beseitigung des Mangels unterzog. Der Rechtsgedanke des § 852 Abs. 2 a.F. wurde durch § 203 in eine allgemeine Regelung übernommen.

339

■ Es müssen zwischen dem Schuldner und dem Gläubiger Verhandlungen über den Anspruch oder die den Anspruch begründenden Umstände schweben. Die Rechtsprechung zu § 852 Abs. 2 a.F. hat den Begriff der Verhandlungen weit ausgelegt. Es genügt jeder Meinungsaustausch über den Schadensfall, wenn nicht sofort erkennbar die Verhandlungen über die Ersatzpflicht oder jeder Ersatz abgelehnt werden.[478] Die bloße Anmeldung von Ansprüchen stellt aber keine Verhandlung dar.[479]

■ Die Hemmung endet, wenn der eine oder der andere Teil die Fortsetzung der Verhandlungen verweigert. Dies muss grundsätzlich durch ein klares und eindeutiges Verhalten der Partei zum Ausdruck kommen.[480] Schlafen die Verhandlungen ein, endet die Hemmung in dem Zeitpunkt, in dem der nächste Schritt nach Treu und Glauben zu erwarten gewesen wäre.[481]

■ Da das Ende der Verhandlungen für den Gläubiger überraschend eintreten kann, ist in § 203 S. 2 eine besondere Ablaufhemmung vorgesehen: Die Verjährung tritt frühestens drei Monate nach dem Ende der Hemmung ein.

II. Hemmung der Verjährung durch Rechtsverfolgung (§ 204)

§ 204 enthält Hemmungsgründe, die nach bisherigem Recht zur Unterbrechung der Verjährung und damit zum Neubeginn der Verjährungsfrist führten.

340

Zur Hemmung führen insbesondere:

■ die Klageerhebung (§ 204 Abs. 1 Nr. 1),

■ die Zustellung eines Mahnbescheids (§ 204 Abs. 1 Nr. 3),

■ die Zustellung der Streitverkündung (§ 204 Abs. 1 Nr. 6),

---

477 Krämer ZAP 2004, 117.
478 BGHZ 93, 64; Krämer ZAP 2004, 117, 118.
479 OLG Düsseldorf, Urt. v. 14.10.2003 – 23 U 222/02, ZGS 2004, 118.
480 BGH NJW 1998, 2819 zu § 852 Abs. 2 a.F.
481 BT-Drucks. 14/6040, S. 112; BGH NJW 1986, 1337, 1338.

- die Zustellung des Antrags auf Durchführung eines Beweisverfahrens (§ 204 Abs. 1 Nr. 7),

- die Zustellung eines Antrags auf Erlass eines Arrestes oder einer einstweiligen Verfügung (§ 204 Abs. 1 Nr. 9),

  Diese Regelung hat insbesondere Bedeutung für wettbewerbsrechtliche Unterlassungsansprüche. Da diese gemäß § 11 Abs. 1 UWG einer sechsmonatigen Verjährungsfrist unterliegen, war der Gläubiger teilweise gezwungen, allein zur Unterbrechung der Verjährung ein Hauptsacheverfahren anhängig zu machen.[482]

- die Veranlassung der Bekanntgabe des erstmaligen Antrags auf Prozesskostenhilfe (§ 204 Abs. 1 Nr. 14).

III. Neubeginn der Verjährung

341 Ein Neubeginn der Verjährung findet nach der Neuregelung des Verjährungsrechts nur noch in den engen Grenzen des § 212 statt, nämlich bei einem Anerkenntnis des Anspruchs oder durch Vornahme oder Beantragung einer gerichtlichen oder behördlichen Vollstreckungshandlung.

Umstritten ist, ob die Aufrechnung als Anerkenntnis gewertet werden kann. Nach der Begründung zum Regierungsentwurf ist dies nicht der Fall, nicht einmal bei einer Aufrechnung gegen eine unbestrittene Forderung.[483] Auch der BGH[484] hat es abgelehnt, die Aufrechnung mit einer bestrittenen Forderung gegen eine unbestrittene Forderung generell als Anerkenntnis anzusehen.

F. Übergangsvorschrift (Art. 229 § 6 EGBGB)

342 Gemäß Art. 229 § 6 Abs. 1 S. 1 EGBGB finden die Verjährungsvorschriften in der seit 01.01.2002 geltenden Fassung auch auf die an diesem Tag bestehenden und noch nicht verjährten Ansprüche Anwendung. Es gilt der **Grundsatz: Neues Recht auch für alte Ansprüche**.

I. Die Verjährungsfristen

343 Ab dem 01.01.2002 gelten grundsätzlich die Verjährungsfristen des neuen Verjährungsrechts. Eine Ausnahme von diesem Grundsatz besteht dann, wenn die Verjährungsfrist nach dem neuen Recht länger ist als nach dem bisherigen BGB. In diesem Fall gilt die bisherige Regelung, d.h. die kürzere Verjährungsfrist ist anzuwenden (Art. 229 § 6 Abs. 3 EGBGB).

Beispiel: K hat ein mangelhaftes Auto gekauft. Das Fahrzeug wurde ihm am 01.10.2001 übergeben.

Die Verjährungsfrist des § 438 Abs. 1 Nr. 3 (zwei Jahre) ist länger als die Verjährungsfrist nach § 477 a.F. (sechs Monate). Gemäß Art. 229 § 6 Abs. 3 EGBGB gilt die Frist des § 477

---

482 BT-Drucks. 14/6040, S. 115.
483 BT-Drucks. 14/4060, S. 120.
484 BGHZ 107, 395, 397.

Abs. 1 a.F. Fristende ist der 01.04.2002, wenn keine Hemmung, Ablaufhemmung oder der Neubeginn der Verjährung eintritt.

Ist dagegen die Verjährungsfrist nach dem neuen Recht kürzer als nach dem alten Recht, wird die kürzere Frist von dem 01.01.2002 an berechnet (Art. 229 § 6 Abs. 4 S. 1 EGBGB).

Beispiel: K hat gegen V einen Anspruch aus c.i.c. wegen der Verletzung einer vorvertraglichen Aufklärungspflicht. Der Anspruch ist am 15.01.1995 entstanden.

I. Nach dem bisherigen Recht verjährt der Anspruch aus c.i.c. gemäß § 195 a.F. in dreißig Jahren. Die Verjährung beginnt gemäß § 198 a.F. mit der Entstehung des Anspruchs, d.h. hier am 15.01.1995.

II. Nach der Neuregelung verjährt der Anspruch aus §§ 311 Abs. 2, 241 Abs. 2, 280 Abs. 1 in der Regelverjährung. Diese beginnt mit dem Schluss des Jahres, in dem der Anspruch entstanden ist und der Gläubiger davon Kenntnis erlangt. Bei uneingeschränkter Anwendung der Neuregelung wäre der Anspruch des K verjährt. Geht man von der Kenntnis jedenfalls im Jahr 1995 aus, beginnt die dreijährige Verjährungsfrist mit dem Ablauf des Jahres 1995 und würde, da eine Hemmung, Ablaufhemmung oder ein Neubeginn nicht ersichtlich sind, mit Ablauf des Jahres 1998 verjähren.

III. Um zu vermeiden, dass die kürzere neue Frist bereits am 01.01.2002 abgelaufen ist, bestimmt Art. 229 § 6 Abs. 4 S. 1 EGBGB, dass die kürzere Frist erst am 01.01.2002 zu laufen beginnt. Der Anspruch des K aus c.i.c. verjährt in drei Jahren ab dem 01.01.2002, wenn keine Hemmung, Ablaufhemmung oder ein Neubeginn eintritt.

Läuft allerdings die nach den bisherigen Vorschriften bestimmte längere Frist früher ab als die Frist des neuen Verjährungsrechts, tritt die Verjährung mit Ablauf der längeren bisherigen Frist ein (Art. 229 § 6 Abs. 4 S. 2 EGBGB), d.h. es ist die im Ergebnis kürzere Frist anzuwenden.

II. Beginn, Hemmung, Ablaufhemmung und Neubeginn

Beginn, Hemmung, Ablaufhemmung und Neubeginn bestimmen sich für den Zeitraum vor dem 01.01.2002 nach dem BGB in der bis zu diesem Tag geltenden Fassung (Art. 229 § 6 Abs. 1 S. 2 EGBGB).

344

Ist vor dem 01.01.2002 eine Unterbrechung der Verjährung (z.B. durch Klageerhebung) herbeigeführt worden, gilt die Unterbrechung als mit dem Ablauf des 31.12.2001 beendet. Die neue Verjährung ist mit Beginn des 01.01.2002 gehemmt (Art. 229 § 6 Abs. 2 EGBGB).

Stichwortverzeichnis

Unser Skriptenangebot   *05/2015*

B – Basiswissen   €

BGB AT	**2015**	**9,80**
Schuldrecht AT	2014	9,80
Kaufrecht/Werkvertragsrecht	2012	9,80
Gesetzliche Schuldverhältnisse	2014	9,80
Sachenrecht	**2015**	**9,80**
Strafrecht AT	**2015**	**9,80**
Strafrecht BT	**2015**	**9,80**
Grundrechte	ca. Juli	in Überarbeitung
Staatsorganisationsrecht	**2015**	**9,80**
Verwaltungsrecht	**2015**	**9,80**

F – Fälle   €

BGB AT	**2015**	**9,80**
Schuldrecht AT	2013	9,80
Schuldrecht BT 1 Kaufrecht	2013	9,80
Schuldrecht BT 3 GoA, BereicherungsR	**2015**	**9,80**
Schuldrecht BT 4 Unerl. Hdl./Allg. SchadensR	2014	9,80
Sachenrecht 1	2013	9,80
Sachenrecht 2	2013	9,80
Familienrecht	2013	9,80
Erbrecht	2012	9,80
Strafrecht AT	**2015**	**9,80**
Strafrecht BT Vermögensdelikte	**2015**	**9,80**
Grundrechte/Staatsorganisationsrecht	**2015**	**9,80**
Europarecht		in Überarbeitung
Verwaltungsrecht AT/ VwGO	2013	9,80
Handelsrecht	2013	9,80
Gesellschaftsrecht	**2015**	**9,80**
Arbeitsrecht	ca. Juli	in Überarbeitung

S – Skripten   €

Zivilrecht

BGB AT 1	2014	16,90
BGB AT 2	**2015**	**16,90**
Schuldrecht AT 1	2013	19,90
Schuldrecht AT 2	2014	19,90
Schuldrecht BT 1 KaufR/WerkR	**2015**	**19,90**
Schuldrecht BT 2 Bes. Vertragsarten (MietR)	2013	19,90
Schuldrecht BT 3 Auftrag, GoA, Bereicherungsrecht	**2015**	**16,90**
Schuldrecht BT 4 Unerl. Hdlg./Allg. SchadenR	**2015**	**19,90**
Sachenrecht 1 Allg. Lehren/Bewegl. Sachen	2014	19,90
Sachenrecht 2 GrundstücksR	2014	16,90
Familienrecht	ca. Ende Juni	in Überarbeitung
Erbrecht	2013	19,90

Strafrecht

Strafrecht AT 1	2014	19,90
Strafrecht AT 2	2014	19,90
Strafrecht BT 1 Straftaten gegen Eigentum und Vermögen	2014	19,90
Strafrecht BT 2 Nichtvermögensdelikte	**2015**	**19,90**

Öffentliches Recht

Staatsorganisationsrecht	2014	19,90
Grundrechte		in Überarbeitung
Europarecht	2013	19,90
Verwaltungsrecht AT 1	2014	19,90
Verwaltungsrecht AT 2 (mit StaatshaftungsR)	2013	19,90

VwGO	2013	19,90
Besonderes Ordnungsrecht (VerwR BT 1)	2012	19,90
Öffentliches Baurecht (VerwR BT 2)		in Überarbeitung
Umweltrecht		in Überarbeitung
Polizei- und Ordnungsrecht NRW	2013	19,90
Kommunalrecht NRW	2014	19,90
Bayerisches Kommunalrecht	2011	19,90

Besondere Rechtsgebiete

Handelsrecht	2013	16,90
Gesellschaftsrecht	2014	19,90
Arbeitsrecht	2014	22,90
Kollektives Arbeitsrecht	**2015**	**22,90**
Internationales Privatrecht	2013	22,90
ZPO	ca. Ende Juni **2015**	**22,90**
StPO	**2015**	**19,90**
Insolvenzrecht	2013	19,90
Mediation und Recht	2013	19,90
Rechtsgeschichte	**2015**	**22,90**
Rechtsphilosophie und Rechtstheorie	2014	19,90

Fremdsprachenkompetenz

Introduction to English Civil Law 1	2012	21,90
English Civil Law 2	2011	19,90
Introduction au droit français t. 1	2013	16,90
Introduction au droit français t. 2	2011	12,90

Steuerrecht

Allgemeines Steuerrecht	**2015**	**24,90**
Umsatzsteuerrecht	**2015**	**24,90**
Einkommensteuerrecht	**2015**	**24,90**
Bilanzsteuerrecht	**2015**	**24,90**

S2 – Skripten 2. Staatsexamen   €

Materielles Zivilrecht in der Assessorklausur	2013	19,90
Materielles Strafrecht in der Assessorklausur	2013	19,90
Materielles Verwaltungsrecht in der Assessorklausur	2014	19,90
Die zivilrechtliche Assessorklausur	**2015**	**19,90**
Vollstreckungsrecht in der Assessorklausur	ca. Ende Juni	in Überarbeitung
Die staatsanwaltliche Assessorklausur	2014	19,90
Strafurteil und Revisionsurteil in der Assessorklausur	2013	19,90
Die verwaltungsgerichtliche Assklausur	2013	19,90
Die behördliche Assessorklausur	2014	19,90

D – Definitionen   €

Zivilrecht	2014	10,90
Strafrecht	2014	9,90
Öffentliches Recht	2014	9,90

A – Aufbauschemata   €

Zivilrecht	2014	16,90
Strafrecht	2014	14,90
Öffentliches Recht	**2015**	**14,90**

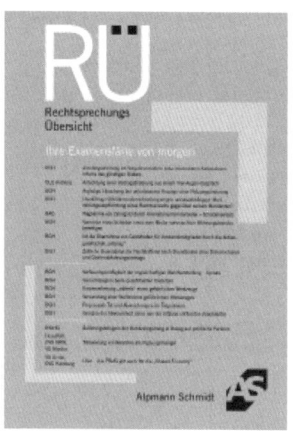 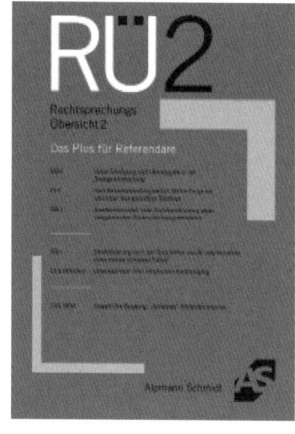
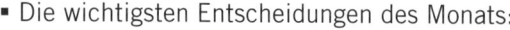